Luis Fernando Verissimo
Du hörst mir ja doch nie zu …

Aus dem Brasilianischen von Eva Maria Amberger
und Denise Dornelles Andres

Luis Fernando Verissimo

Du hörst mir ja doch nie zu ...

101 Erzählungen über die Liebe
und andere Mißverständnisse

Europa Verlag München·Wien

Die Deutsche Bibliothek – CIP-Einheitsaufnahme

Verissimo, Luis Fernando:
Du hörst mir ja doch nie zu … : 101 Erzählungen über die Liebe und
andere Mißverständnisse / Luis Fernando Verissimo.
Aus dem Brasilianischen von Eva Maria Amberger
und Denise Dornelles Andres. –
München ; Wien : Europa-Verl., 1999
Einheitssacht.: Comédias da vida privada ‹dt.›
ISBN 3-203-83675-0

Originalausgabe
Comédias da vida privada: 101 crônicas escolhidas
L&PM Editores, Porto Alegre 1994
© Luis Fernando Verissimo, 1994

Lektorat: Afra Margaretha
Titelillustration und Umschlaggestaltung:
Wustmann und Ziegenfeuter, Dortmund

© Alle deutschsprachigen Rechte beim
Europa Verlag GmbH, München, Wien 1999
Herstellung: Wiener Verlag, Himberg bei Wien
Printed in Austria
ISBN 3-203-83675-0

Inhalt

Treue und Untreue

Treue

Er kam an einem Dienstag ans Meer, ganz außer der Reihe. Als die Kinder vom Schwimmen zurückkehrten, trafen sie ihren Vater auf der Veranda. »Aber hallo«, sagten sie. Wenig später kam auch seine Frau und wunderte sich, ihn mitten in der Woche hier vorzufinden, noch dazu mit einem solchen Gesicht. Sie dachte gleich das Schlimmste. »Die Mama!« Nein, nein, ihrer Mutter ging es gut. In der Stadt war alles in Ordnung. Er hatte Sehnsucht nach ihnen bekommen, sich das Auto geschnappt und war ans Meer gefahren, das war alles.

Etwas später, als die Kinder außer Hörweite waren, sagte er die Wahrheit.

»Jemand hat mir erzählt, daß du einen Liebhaber hast.«

Die Frau lachte laut. Wer hatte denn bloß so einen Blödsinn erzählt?

»Man hat es mir halt erzählt«, sagte er unbestimmt und fügte hinzu: »Einen Surfer.«

»Ich soll etwas mit einem Surfer haben?!«

Die Frau konnte nicht glauben, daß er einer derartigen Geschichte aufgesessen war. Ausgerechnet sie! Er wurde dramatisch: »Ich mache mir Sorgen wegen der Kinder.«

»Aber das ist doch Wahnsinn! Ich mit einem Jungen?«

»Ich habe sein Alter nicht einmal erwähnt«, sagte er, als ob diese Bemerkung bereits ein Schuldbekenntnis wäre.

Sie versuchte zu scherzen: »Mensch, hier gibt's doch nur Kinder, Greise oder Polizisten.«

Er konnte nicht darüber lachen. Schien resigniert. Vielleicht verdiente er ja, daß sie ihm nicht treu war. Aber um die Kinder mache er sich Sorgen. Sie umarmte ihn. Was sollte das denn? Nach so vielen Ehejahren so ein Mißtrauen?

Sie hatten einander doch noch nie mißtraut. Noch nie. Sie ließ ihn wieder los und sagte:

»Das kommt von Marjorie, stimmt's? Ich wette, das kommt von Marjorie!«

Nein, es kam nicht von Marjorie. Ein anonymer Anruf. Er hatte sich Mühe gegeben, den Anruf nicht so wichtig zu nehmen, kein Wort zu glauben. Doch umsonst.

»Verzeih mir …«

Sie umarmte ihn erneut, ganz gerührt. Er mußte ihr etwas schwören.

»Nie mehr, aber auch wirklich nie mehr werden wir einander mißtrauen. Versprichst du mir das?«

»Ich versprech's dir.«

Sie umarmten sich und küßten sich lange, bis eines der Kinder kam, um ihnen einen Frosch zu zeigen, den es im Badezimmer gefunden hatte.

»Übernachtest du hier?« fragte die Frau.

»Nein. Ich habe morgen früh einen Termin in der Stadt.«

Er fuhr am Spätnachmittag nach Porto Alegre zurück. Den Termin hatte er noch am selben Abend. Sie hieß Maitê. Mit der Geschichte von dem anonymen Anruf hatte er geschickt vorgebeugt. Zum Teufel, in dem Zustand, in dem sich die Welt befand, war das vielleicht sein letzter Sommer. Aber er konnte nicht einmal dem Mann an der Mautstelle in die Augen sehen.

Copacabana und Grajaú

Es geschah so: Vânia gab endlich nach und war damit einverstanden, sich mit Rogério in einer Wohnung an der Copacabana zu treffen. Aber sie bestand darauf, daß alles absolut diskret vonstatten ginge. Niemand sollte sie kommen oder aus dem Gebäude gehen sehen. Wenn ihr Mann alles entdeckte, wenn ihr Mann nur den leisesten Verdacht schöpfte … Rogério schwor, daß niemand sie sehen würde.

»Die Straße ist nicht sehr befahren. Ich besteche den Portier, damit er nichts sieht. Die Nachbarn auf der einen Seite sind erst am Abend zu Hause. Die auf der anderen Seite bekommt man nie zu Gesicht. Ich glaube sogar, daß dort gar niemand wohnt. Es besteht keine Gefahr. Vertrau mir nur.«

Sie planten die »Aktion Zusammenkunft« – beziehungsweise die »Aktion Na endlich«, wie Rogério sie nannte – bis ins letzte Detail. Sie würde ihrem Mann erzählen, daß sie an die Copacabana zum Shopping ginge. Die Zeit der Hin- und Rückfahrt mit dem Bus bis Grajaú mitgerechnet, hätten sie zwei volle Stunden für sich. Von sechs bis acht. Sie würde allein ankommen, mit Sonnenbrille und Kopftuch, und den Aufzug nehmen. Er würde in der Wohnung auf sie warten. Alles klar? Vânia zögerte noch.

»Oh, mein Gott. Antônio, die Kinder … wenn irgend jemand etwas merkt!«

Niemand würde etwas merken. Niemand würde sie sehen. Zwei wunderschöne Stunden würden ihnen gehören, weit weg von der Welt, weit weg von den Augen und den Klatschmäulern des kleinbürgerlichen Grajaú. Vânia seufzte und gab nach. Also gut, dann um sechs.

Um sechs Uhr klopfte Vânia an Rogérios Tür. Außer der Sonnenbrille und dem Kopftuch trug sie auch noch eine

Jacke mit hochgeschlagenem Kragen und einen Schal, der Nase und Mund bedeckte. Alle hatten sich auf der Straße nach ihr umgedreht, nach dieser Frau, die trotz der Hitze winterlich gekleidet war und sich die größte Mühe gab, nicht aufzufallen.

Sie war nervös. »Oh, mein Gott, wenn Antônio das erfährt ...«

Rogério beruhigte sie. Er führte sie ins Schlafzimmer. Sie fingen an, sich auszuziehen. Plötzlich hörten sie Lärm im Flur. Schreie, eilige Schritte. Vânias Augen weiteten sich vor Schreck.

»Das ist Antônio!«

»Das kann nicht sein. Beruhige dich. Ich werde mal nachsehen.«

Rogério, in Unterhosen, war schon mitten im Wohnzimmer, als er hörte, wie laut und heftig an die Tür geklopft wurde. Er zögerte. Das konnte nicht ihr Mann sein. Unmöglich. Und dieser Lärm ... Es sei denn, er hätte all die Kleinbürger aus Grajaú mitgebracht. Eine Strafexpedition zur Ehrenrettung des Viertels. Ich werde gelyncht, dachte Rogério. Kastriert von der Mittelschicht. Ein Märtyrer der neuen Moral. Der erste heidnische Heilige der großbürgerlichen Copacabana ... Dann hörte er zwischen dem immer stärker werdenden Klopfen jemanden rufen:

»Aufmachen! Hier ist die Polizei! Aufmachen, oder wir treten die Türe ein!«

Rogério öffnete die Tür. Eine Lawine von mit Maschinenpistolen bewaffneten Männern schleuderte ihn gegen die Wand. »Alles durchsuchen! Auch die Küche! Schnell!« Rogério schrie noch lauter, er wolle wissen, was los sei. Der Inspektor sagte, daß sie die Wohnung von Gatão nebenan gestürmt hätten, aber dieser hätte durch den Hintereingang fliehen können. Er mußte hier sein.

Und sie würden ihn fassen. Gatão war der meistgesuchte Verbrecher in Rio de Janeiro. Dieses Mal würde er nicht entkommen.

Die Polizisten öffneten im Schlafzimmer einen Kleiderschrank und entdeckten Vânia, halbnackt und total verängstigt.

»Hier ist er!« schrie ein Polizist aufgeregt, bevor er merkte, daß es nicht Gatão war, sondern eine Frau. Er ließ sie wieder los.

Vânia floh aus dem Schlafzimmer. Schreiend rannte sie quer durch das Wohnzimmer, ohne zu wissen, ob sie besser das Gesicht oder ihre Brüste bedecken sollte. Sie lief in die Küche – Gatão direkt in die Arme.

Als Rogério und der Inspektor in die Küche kamen, hatte Gatão sie bereits von hinten gepackt und ihr ein Messer an die Kehle gesetzt.

»Keinen Schritt weiter! Keinen Schritt weiter, sonst mache ich ernst!«

Der Inspektor gab den Polizisten, die in die Küche stürmten, ein Zeichen stehenzubleiben. Er sagte:

»Klar, Gatão. Natürlich. Tu der Frau nichts. Laß uns miteinander reden.«

Gatão verlangte, daß alle die Küche verließen. Er würde nur durch Vânia mit ihnen sprechen. Er schob ihren Kopf durch die halboffene Küchentür und befahl ihr, ein Fluchtauto zu verlangen. Sonst schneide er ihr die Kehle durch. Vânia stammelte. Sie konnte nicht sprechen. Rogério sagte:

»Ruhig, Vânia, ruhig. Vertraue mir.«

Endlich konnte Vânia die Forderung des Verbrechers übermitteln. Der Inspektor erklärte sich bereit, das Auto zu besorgen. Aber er brauche Zeit. Fotografen und Journalisten trafen ein. Als Gatão Vânias Kopf noch einmal aus der Küchentür stieß, war bereits ein Fernsehteam mit Handkamera und Beleuchtung in der Wohnung.

»E-er sagt, daß er nur f-fünf Minuten wartet, nur f-fünf!« sagte Vânia und kniff die Augen im Scheinwerferlicht zusammen. Der Fernsehreporter hielt ihr ein Mikrophon vor den Mund. Gatão zog Vânia in die Küche zurück.

Die Reporter interviewten Rogério. Wer war die junge Frau? »Eine Bekannte …«

»Die Freundin?«

»Mehr oder weniger.«

Der Inspektor ließ Gatão ausrichten, daß das Auto bereit stand … Gatão kam aus der Küche, mit einem Arm hielt er Vânia um die nackte Taille gepackt, das Messer noch an ihrem Hals. Bei der geringsten Bewegung, von wem auch immer, steche er zu.

»Ruhig, Vânia, ruhig. Vertraue mir!« sagte Rogério mit weitaufgerissenen Augen.

Gatão ging mit Vânia durch das Treppenhaus nach unten. Das Fernsehteam folgte ihnen. Auf der Straße sammelte sich eine Menschenmenge. Ein Polizist bahnte ihnen den Weg durch die Neugierigen.

»Zurück, sonst sticht er zu!«

»Das ist der Gatão! Das ist der Gatão! Und den kann keiner fassen!«

Gatão stieg mit Vânia ins Auto und hieß den Fahrer Gas geben.

In Grajaú schrien die Kinder auf:

»Papa, guck mal, die Mama ist im Fernsehen!«

Irgendwo mitten im Bundesstaat Rio ließ Gatão das Auto halten. Er befahl dem Fahrer, die Lichter auszuschalten, fünfzehn Minuten zu warten und dann abzuhauen. Sonst würde er Vânia erstechen. Er stieg mit Vânia aus dem Auto und zog sie in der Dunkelheit durchs Gebüsch.

»Sie werden mich nie fassen. Nie. Ich verschwinde von hier.«

Als Gatão ihre Hand losließ und ihr sagte, sie sei frei und solle sich nach Hause durchschlagen, da dachte Vânia an António, dachte an Grajaú, und sie flehte ihn an:

»Nimm du mich mit! Nimm mich mit!«

Heute lebt sie mit Gatão im Vorort Rezende und hat ihn noch nie betrogen. Sie hat ihre Lektion gelernt.

Oder so: Vânia kam am nächsten Tag nach Hause. Zu allem bereit. Bereit zu sterben. Sie hatte verdient, was auch immer António mit ihr anstellen würde. Auf dem Gehsteig vor ihrem Haus hörte sie, wie eine Nachbarin sagte:

»Hey, Vânia, du im Fernsehen?«

Die Kinder kamen ihr aufgeregt entgegen:

»Mama! Du warst ja im Fernsehen!«

Den Kindern folgte Antônio, er lächelte stolz:

»Hey, du im Fernsehen? Meine Güte. Wie Sophia Loren!«

Der Tag der Geliebten

Gedenktage gibt es inzwischen für fast alles. Oder fast alle. Mit dem Muttertag fing es an. Ein Amerikaner, dessen Name bis heute gefeiert wird, wo auch immer Einzelhändler zusammenkommen, der mir aber im Moment nicht einfällt, kreierte den Muttertag. Und zwar zu Ehren seiner eigenen Mutter, dieser phantastischen Frau, die ihn neun Monate lang im Bauch trug, ohne einen Pfennig dafür zu verlangen, die ihn stillte, in seinem Bettlein wiegte, ihm seine Kleider nähte, die ihm Rizinusöl einflößte und ihm sogar einmal einen Holzlöffel auf dem Kopf zerbrach, als sie ihn dabei erwischte, wie er seinen Hund in einem Suppentopf wusch. Ja, diese Frau hatte sich ohne jede Gegenleistung für ihn aufgeopfert, aber jetzt verlangte sie eine höhere Unterstützung, weil sie zuviel beim Pferderennen verliere. Seine Einwände waren völlig zwecklos.

»Ich kann dir nichts geben, Mama. Die Geschäfte laufen nicht gut.«

»Das interessiert mich nicht.«

»Wir verdienen nur in der Weihnachtszeit. Den Rest des Jahres ...«

Aber dann hellte sich seine Miene auf. Er hatte eine Idee. Die Mutter verstand gar nichts und erzählte später ihren Freunden auf der Pferderennbahn, ihr Sohn sei verrückt geworden. Aber die Idee war großartig. Er stellte sie noch am selben Tag auf einer Versammlung der Einzelhandelskaufleute vor.

»Wir müssen zwei, nein drei, nein viele Weihnachtsfeste schaffen!«

»Jetzt mal langsam«, sagte jemand, »es gab doch nur einen Jesus Christus!«

»Und was ist mit den Aposteln? Das sind doch zwölf. Hat denn nicht jeder von denen Geburtstag?«

»Aber niemand weiß genau, an welchem Tag.«

»Noch besser. Wir werden jeden Monat den Geburtstag eines anderen Apostels erfinden. Wir werden das ganze Jahr über Weihnachten haben!«

Aber die Idee fand keinen Anklang. Die Apostel zogen kommerziell gesehen nicht so wie ein Jesus Christus. Obwohl die Idee, andere Feste als Anreiz zum Geschenkekaufen zu erfinden, an sich ganz gut war. Man mußte die Leute motivieren. Man mußte den Verkauf fördern. Man mußte mehr Geld verdienen. Wenn auch nur dazu, daß die Mutter es beim Pferderennen wieder verlöre.

»Diese alte Hexe«, murmelte er.

»Wie bitte?«

»Ich dachte gerade an meine Mutter.«

»Die Mutter! Das ist es!«

»Was?«

»Die Mutter! Der Muttertag. Du bist ein Genie!«

Es wurde ein Erfolg. Und niemand konnte das kommerziellen Opportunismus nennen, denn gegen den Muttertag zu sein hätte bedeutet, gegen die Mutter als Institution zu sein. Dies würde alle schockieren, vor allem die Mütter, die, wie man weiß, eine verschworene Gemeinschaft mit internationaler Verzweigung bilden. Wie die Mafia. Die Mütter bieten Schutz und bedrohen diejenigen, die sich gegen sie auflehnen, mit furchtbaren Strafen, angefangen von symbolischer Kastration bis hin zu sentimentaler Erpressung. Schrecklicher als die Mafia, die die Leute nur mit ein wenig Zement beschwert in den Fluß wirft.

Auch der Vatertag wurde in den USA geboren, konnte sich aber wegen des dort vorherrschenden Puritanismus, der bekanntlich die amerikanische Geschichte lange Jahre beeinflußte, nur langsam durchsetzen. Erst in den Zwanzigerjahren dieses Jahrhunderts stellten die Amerikaner die Verbindung zwischen sexuellem Akt und Kinderkriegen her. Bis dahin meinte man, daß die Mütter die Kinder allein erzeugten und daß Sex wie auch Alkoholgenuß und Kartenspielen Dinge waren, die die Männer gern am Samstag betrieben. Als im ganzen Land ein Sexverbot erlassen wurde, das bekannte Negationsgesetz, gewissermaßen ein Ableger des Prohibitionsgesetzes, fiel ein krasser Rückgang der Geburtenrate auf. Man schloß daraus, daß auch der Mann dafür wichtig war. Diese wichtige Rolle des Mannes wurde damals von den Frauen vehement bestritten, und noch heute existieren etliche Widerstandsgruppen. Viele Frauen halten den Mann für das absolut überflüssigste

Wesen der Welt, es sei denn, er übt einen echten Männerberuf aus wie zum Beispiel Modedesigner, Koch, Friseur, Innendekorateur oder Handwerker. Nachdem die wesentliche Rolle des Mannes beim Zustandekommen von Familienzuwachs festgestellt worden war, verging wenig Zeit, bis der Einzelhandel den Vatertag erfand – von einigen Männern auch »Tag des Supervaters« und von einigen Frauen mit leisem Lächeln »Tag des mutmaßlichen Vaters« genannt. Abermals ein guter Verkaufserfolg.

Tag der Sekretärin … Auch dieser Tag hat einen sonderbaren Ursprung. Einigen Darstellungen zufolge geht er darauf zurück, daß eine Frau in Brasilien im Terminkalender ihres Mannes folgenden Eintrag fand: »Blumen und Pralinen für Beth ins Hotel schicken«.

»Wer ist diese Beth?« fragte seine Frau scheinbar beiläufig und packte den Mann am Hals.

»Wie, wer ist diese Beth? Das ist Dona Elisabeth, meine Sekretärin. Du kennst sie!«

»Ich kenne sie und weiß, daß sie schon längst Geburtstag hatte. Warum also Blumen und Pralinen?«

»Wo hast du das gesehen?«

»In deinem Terminkalender.«

»Und hast du auch auf das Datum geachtet?«

»Was für ein Datum?«

»Es ist der Tag der Sekretärin.«

»Davon habe ich noch nie etwas gehört.«

»Er wurde kürzlich erfunden«, sagte der Mann, der ihn in eben diesem Moment erfunden hatte.

»Und das Hotel? Warum solltest du die Sachen ins Hotel schicken?«

»Dona Elisabeth wohnt vorübergehend im Hotel, bis die Reparaturarbeiten an ihrem Haus abgeschlossen sind.«

»Was ist mit ihrem Haus passiert?«

»Hast du das nicht gewußt? Es wurde von einer Elefantenherde niedergetrampelt.«

»Und du erwartest, daß ich das glaube?!«

»Liebste, würde ich so eine Geschichte erfinden?«

»Nein, wahrscheinlich nicht. Entschuldige, Schatz.«

»Na gut. Aber laß jetzt bitte meinen Hals los.«

Warum nicht ein Tag der Geliebten? Es gibt bereits den Valentinstag, und heutzutage ist der Unterschied zwischen Freund und Geliebtem sehr fließend geworden. Wann wird ein Freund zum Geliebten? Eine in diesen Dingen sehr erfahrene junge Frau, die wir befragt haben, sagte, wenn eine Frau siebzehnmal hintereinander mit demselben Mann schläft, wird dieser technisch gesehen vom Freund zum Geliebten. Aber die Kriterien variieren. In bestimmten Regionen werden Freunde erst nach zwei Jahren Beischlaf zu rechtmäßigen Geliebten. Manche einigen sich auf eine akzeptable Zwischenlösung: siebzehnmal oder zwei Jahre, je nachdem, was zuerst kommt. Einige andere behaupten, den Unterschied könne man am Grad der Intimität der Beziehung erkennen. In dem einen Fall suchen die Leute einen beliebigen Ort auf, an dem sich ein Bett befindet – Wohnung, Hotel, Motel, wobei Krankenhäuser, Kasernen und Möbelgeschäfte weniger empfehlenswert sind –, sie reißen sich die Kleider vom Leib, manchmal sogar mit den Zähnen, stürzen sich aufs Bett, rollen von einer Seite zur anderen und stecken sich die Finger in alle möglichen Köperöffnungen, lecken sich, saugen aneinander, mit oder ohne Strohhalm, massieren sich gegenseitig mit Chantibon, dann schiebt der Mann sein steifes Glied in den Körper der Frau, und beide Körper bewegen sich synchron bis zum simultanen Orgasmus inmitten von Schreien und Kratzspuren. Dann trennen sie sich verschwitzt und gehen gemeinsam unter die Dusche, bevor sie wieder auf die

Straße treten. Mit anderen Worten, eine oberflächliche und alltägliche Sache.

Ganz anders bei der Liebschaft. Bei einem Liebesverhältnis schiebt sich nicht nur das steife Glied des Freundes jeden Mittwoch ins Haus, sondern sein ganzer Körper. Sie sitzen Seite an Seite auf einem heißen Sofa, Schenkel an Schenkel, und bringen es sogar soweit, ihre Finger ineinanderzuflechten. Viele Male essen sie leise stöhnend den Nachtisch, den die Mutter des Mädchens bereitet hat, mit ein und demselben Löffel. Und dann diese unbeschreibliche Lust, mit dem Arm die Brüste der Geliebten zu streifen, während man mit ihrem Vater über Fußball spricht, eine Lust, die sich sogar noch steigert, wenn dabei dieser steife Spitzen-BH mit im Spiel ist, den zuletzt Terry Moore im Jahre 1953 trug. Ich meine, bei der Freundin, nicht bei ihrem Vater. Das ist Intimität.

Es gibt noch weitere Kriterien, um Freunde und Geliebte auseinanderzuhalten. Ein Geliebter ist zum Beispiel der Freund, der seinen Pyjama mitbringt. Ein untrügliches Zeichen, daß der Freund zum Geliebten geworden ist, ist auch, wenn sie ihm zum ersten Mal am Valentinstag anstatt Socken Unterhosen schenkt. Und ganz sicher kann man sich sein, daß er ihr Geliebter ist, wenn jemand ihr vorschlägt, ihm eine bestimmte Unterhose zu schenken, und sie antwortet zerstreut: »Die hat er ja schon …«

Aber wir sprachen gerade über unverheiratete Paare. Wenn ein verheirateter Mann eine Geliebte hat, dann wird die Sache kompliziert und nicht immer beneidenswert. Bei einem verheirateten Mann mit vielen Geliebten wird es noch komplizierter, aber dafür auch umso beneidenswerter. Bevor die Einzelhändler den Tag der Geliebten erfinden, müßten sie eine Marktanalyse durchführen. Was natürlich das Mißtrauen der Befragten erregen würde.

»Haben Sie eine Geliebte?«

»Hat meine Frau Sie geschickt?«

»Wir machen gerade eine Marktforschung und …«

»Wo ist das Mikrofon? Das ist eine Erpressung, nicht wahr?«

»Nein, mein Herr. Wir …«

»Schon gut, schon gut. Ich treffe mich mit einem Mädchen. Aber man kann sie nicht ›Geliebte‹ nennen. Um Gottes willen. Es ist nur für eine halbe Stunde, alle drei Tage. Und sie ist sehr klein. ›Geliebte‹ ist wirklich übertrieben. Aber ich verspreche, Schluß zu machen!«

Wenn einmal der Tag der Geliebten eingeführt werden sollte, müßten sich die PR-Agenturen eine Marketingstrategie ausdenken oder, wie man auf deutsch sagt, einen *approach*.

Die Werbespots wären natürlich unterschiedlich, je nachdem, um welchen Geschäftszweig es sich handelt. Haushaltswarengeschäfte könnten so werben: »Alles, was Sie für ihr zweites Heim brauchen«. Oder: »Geben Sie ihr das Gefühl, sie sei die Ehefrau. Schenken Sie ihr eine Waschmaschine.« Die Juweliergeschäfte könnten subtil den revanchistischen Geist ihrer Zielgruppe unterstreichen: »Das ist der Diamant, den Ihre Frau schon immer haben wollte … überreichen Sie ihn Ihrer Geliebten.« Oder pathetisch: »Wenn Sie ihr keinen Ehering bieten können, schenken Sie ihr einen Ring mit Edelsteinen …«. Parfum: »Damit Sie die beiden nicht verwechseln, schenken Sie *Furor* nur der anderen …«. Oder das praktische Geschenk: »Schenken Sie ihr am Tag der Geliebten einen Wecker. So werden Sie nie zu spät nach Hause kommen.«

Die Werbung im Fernsehen könnte sich beliebte Klischees zunutze machen. Zum Beispiel: Der Mann geht ins Schlafzimmer und findet die Geliebte auf dem Bett. Er wirft ihr ein Geschenk in den Schoß. Das erinnert sie an etwas. Sie zieht ihre Nachttischschublade auf und holt ein Geschenk heraus. Er will schon danach greifen, aber das Geschenk ist nicht für ihn. Sie steht auf, öffnet die Tür des Kleiderschrankes und gibt es ihrem Geliebten, der dort versteckt ist. Dann bleibt das Bild stehen, und es erscheint das Logo der Firma und der Satz: »Bereiten Sie ihm diesmal eine echte Überraschung am Tag der Geliebten.« Na, wie finden Sie das? Ist ja gut, es war ja nur ein Beispiel.

Mißverständnisse sind natürlich unvermeidlich.

Mann und Frau treffen sich in einem Dessousgeschäft. Die Frau überrascht:

»Du hier?«

»Ähm, häm, ja …«

»Du suchst ja ein Nachthemd aus!«

»Ja, es ist … hrm, hä. Richtig. Ich wollte …«

»Kannst du mir mal erklären, was hier los ist?«

»Hm, tja, ah …«

»Sag bloß nicht, daß du es für mich kaufst. Seit Jahren habe ich kein Nachthemd mehr getragen, und schon gar nicht so eines, schwarz, durchsichtig und mit einem Ausschnitt bis zum Nabel.«

»Ich kann dir das erklären.«

»Dann erkläre mal.«

»Also, äh …«

»Erkläre ein bißchen genauer.«

»Also gut! Es ist für mich, verstehst du jetzt? Für mich!«

»Für dich? Aber …«

»Seit Jahren versuche ich es vor dir zu verheimlichen. Aber jetzt hast du mich erwischt, und ich werde mich outen. Ich bin verrückt danach, in schwarzen Spitzen zu schlafen! Ich habe mich bis heute nur wegen der Kinder zurückgehalten!«

Sie versteht ihn. Versucht ihn zu beruhigen. Aber jetzt ist er aufgeregt. Er schlägt mit der Faust auf den Ladentisch und schreit: »Ich möchte auch rote Strapse, einen großen Hut und rosa bestickte Hausschuhe!«

Sie bringt ihn nach Hause, voller ergebenem Verständnis. Die Geliebte wird ohne ihr Geschenk zum Tag der Geliebten leben müssen, aber er hat wenigstens jeden Verdacht ausgeschaltet. Der einzige Nachteil ist, daß er bis zum Ende seines Ehelebens in einem schwarzen Nachthemd schlafen muß.

Und warum nicht gleich einen »Tag der beiden Geliebten«? Sie müssen allerdings einige Vorsichtsmaßnahmen treffen, abgesehen davon, daß Sie niemals ein Dessousgeschäft betreten sollten. Weil Ihre Abwesenheit zu Hause an diesem Tag Mißtrauen erwecken könnte, sollten Sie dort anrufen, bevor Sie mit Ihrer Geliebten feiern gehen.

»Hallo, ist meine Frau zu Hause?«

»Nein, mein Herr.«

»Sonderbar. Normalerweise ist sie um diese Zeit daheim. Aber besser so. Sagen Sie ihr, daß ich mich ein bißchen verspäten werde. Ich bin im Krankenhaus, weil ich verwundet bin. Nichts Schlimmes. Ich wurde von einer Elefantenherde niedergetrampelt.«

»Ah ja.«

Sie gehen anschließend zum Haus Ihrer Geliebten mit dem hübsch verpackten Geschenk unterm Arm. Dann fangen Sie an, über die Abwesenheit Ihrer Frau daheim nachzudenken. Wo sie wohl hingegangen war? Dann erinnern Sie sich, mehr als einmal gesehen zu haben, wie sie interessiert ein Schaufenster mit Pfeifen betrachtete. Vielleicht wollte sie Ihnen ein Geschenk machen. Doch plötzlich bleiben Sie wie angewurzelt auf dem Gehsteig stehen – als ob Sie gegen einen Elefanten geprallt wären. Sie rauchen gar nicht Pfeife!

Der Ehering

Das ist eine beispielhafte Geschichte, nur daß nicht ganz klar ist, wofür. Halten Sie sie auf jeden Fall von den Kindern fern. Sie hat auch nichts mit der brasilianischen Krise zu tun oder mit der Apartheid, mit der Lage in Mittelamerika oder Nahost oder mit dem großen Abenteuer des Menschen auf der Erde. Sie befaßt sich mit der niedrigeren Ebene der kleinen Kümmernisse der Mittelschicht. Kurz, es passierte einem Freund von mir. Natürlich nur fiktiv.

Er fuhr wie jeden Tag zur gleichen Zeit nach Hause. Ein Mann in den Vierzigern, ein Alter, in dem man bereits weiß, daß man niemals ein Kasinobesitzer in Samarkand mit Diamanten in den Zähnen sein wird, aber noch einige Überraschungen im Leben erwarten kann, wie zum Beispiel, daß man im Lotto gewinnt oder daß einem ein Rad am Auto platzt. Ihm platzte ein Rad. Mit Mühe fuhr er das Auto an den Straßenrand und bereitete sich auf den Kampf mit dem Wagenheber vor, nicht mit der Höllenmaschine seiner Kinderträume, sondern mit dem Heber seines Mittelklassewagens, der wahrscheinlich nicht funktionieren würde. Niedergeschlagenheit und Schweigen … Es gelang ihm, den Heber richtig zu betätigen, das Auto hob sich, er wechselte den Reifen und war gerade dabei, den Kofferraum zu schließen, als ihm der Ehering vom ölverschmierten Finger glitt und auf den Boden fiel. Er machte eine Bewegung, um ihn von der Straße aufzuheben, aber statt dessen schubste er ihn, ohne es zu wollen, weiter. Der Ehering prallte gegen die Reifen eines vorbeifahrenden Autos, flog in einen Abwasserkanal – und darin verschwand er, vor seinen eigenen Augen, denen er nicht trauen wollte.

Er säuberte sich die Hände so gut er konnte, stieg ins Auto und fuhr weiter nach Hause. Er überlegte, wie er es seiner Frau beibringen sollte. Er stellte sich die Szene vor:

Er geht ins Haus, und bevor sie ihn etwas fragen kann, gibt er ihr die Antworten.

»Weißt du, was passiert ist?«

»Was denn?«

»Etwas ganz Unmögliches.«

»Was denn?«

»Wenn ich es erzähle, wird mir niemand glauben.«

»Erzähl!«

»Fällt dir an mir nichts auf? Vermißt du nicht etwas?«

»Nein.«

»Schau mal.«

Und er würde ihr den Ringfinger zeigen, ohne Ehering.

»Was ist passiert?«

Und er würde es ihr erzählen. Alles, genau wie es passiert ist. Der Heber, das Öl. Der Ehering auf der Straße. Seine ungewollte Bewegung. Wie der Ring in den Abwasserkanal flog und verschwand.

»Schau mal einer an«, würde die Frau ganz gelassen sagen.

»Kaum zu glauben, nicht wahr?«

»Doch, doch. So etwas ist durchaus möglich.«

»Ja, aber ich ...«

»DU IDIOT!«

»Liebste ...«

»Glaubst du, ich bin bescheuert? Doof? Ich weiß, was mit dem Ehering passiert ist. Du hast ihn vom Finger genommen, zum Flirten. Stimmt's oder etwa nicht? Du hattest ein Date! Du kommst um diese Zeit nach Hause und traust dich noch, so eine Geschichte zu erzählen, die nur ein Idiot glauben würde.«

»Aber, Liebste ...«

»Ich weiß, wo dein Ehering ist. Du hast ihn auf dem dicken Teppich irgendeines Hotels verloren. Im Abflußsieb irgendeiner runden Badewanne. Schamlos!«

Und sie würde die Kinder nehmen und das Haus verlassen, ohne eine Erklärung abzuwarten.

Er kam nach Haus, ohne ein Wort zu sprechen. Warum die Verspätung? Viel Verkehr. Warum diese Miene? Nichts, nichts. Und endlich:

»Was ist mit deinem Ehering passiert?«

Und er sagte:

»Ich habe ihn runtergetan zum Flirten. Ich hatte ein Date. Und im Hotel habe ich ihn verloren. Fertig. Ich habe keine Entschuldigung. Wenn du jetzt unsere Ehe beenden willst, ich kann's verstehen.«

Sie wollte weinen. Dann lief sie ins Schlafzimmer und knallte die Tür zu. Zehn Minuten später kam sie wieder. Sie sagte, daß das eine Krise in ihrer Ehe bedeute, aber die würden sie mit etwas gutem Willen schon überstehen.

»Das Wichtigste ist, daß du mich nicht angelogen hast.«

Und sie ging das Abendessen vorbereiten.

Der Ehemann von Dr. Pompeu

Niemand dachte sich etwas dabei, als die Frau von Dr. Pompeu nach fünfundzwanzig Jahren Ehe – die Kinder waren inzwischen erwachsen – die Scheidung einreichte. Ihre Gründe waren völlig legitim und zeitgemäß: Sie wollte nicht mehr nur Hausfrau sein. Sie wollte ihr eigenes Leben leben, Psychologie studieren, einen eigenen Beruf haben. So weit, so gut. Daß es dennoch Vorurteile gibt, konnte man an dem Skandal sehen, der ausbrach, als bekannt wurde, daß Dr. Pompeu anstatt einer anderen Frau einen Mann gefunden hatte.

»Mensch, wer hätte das gedacht? Ausgerechnet Pompeu.«

Die eigene Frau wollte eine Erklärung haben.

»Pompeu, bist du verrückt geworden?«

»Warum?«

»All diese Jahren habe ich nicht geahnt, daß du einer von … dieser Sorte bist.«

»Von welcher Sorte?«

»Das weißt du genau. Ein …«

Die Frau schwieg, weil genau in diesem Moment der Mann von Dr. Pompeu nach Hause kam. Der Mann war ein bißchen älter als Pompeu, graumeliert, seriös. Ein sehr bekannter Unternehmer.

»Hallo«, sagte der Mann von Dr. Pompeu etwas verlegen.

»Hi!« sagte Dr. Pompeu fröhlich.

»Guten Abend«, sagte die Frau trocken.

Der Mann von Dr. Pompeu verschwand im Bad, nachdem Dr. Pompeu ihm versprochen hatte, daß das Abendessen bald auf dem Tisch stünde.

Als die Frau wieder etwas sagen wollte, unterbrach Dr. Pompeu sie mit einer Handbewegung.

»Es ist nicht so, wie du denkst«, sagte er.

»Nicht wie ich denke, nein, Pompeu, sondern wie alle Welt denkt.«

»Wir haben eine Vereinbarung. Ich mache den Haushalt für ihn, überwache die Hausangestellen, erledige den Einkauf und tue alles, damit er ein organisiertes und glückliches Privatleben hat. Er übernimmt dafür den Unterhalt. Wir haben keinen sexuellen Kontakt, weil keiner von uns, wie du so eloquent gesagt hast, einer von dieser Sorte ist.«

»Aber Pompeu …«

»Ich kann mich über nichts beschweren. Mein Lebensstandard ist gestiegen. Er gib mir Geld für alles, was ich brauche. Übrigens auch für deinen Unterhalt. Heute kann ich alles tun, wovon ich immer geträumt habe. Ich muß nicht arbeiten, ich muß mich nicht um Rechnungen sorgen oder um die Sicherheit der Familie, um all diese Männersachen. Und das beste ist, wenn ich meinen Beruf angeben muß, kann ich schreiben: ›Hausmann‹.«

»Aber Pompeu!«

»Und jetzt entschuldige mich bitte, ich muß mich um das Abendessen kümmern. Nach dem Essen will er sich die Nachrichten anschauen und ich meine Serie danach. Komm gut nach Hause.«

Konventionen (I)

Die Mittelschicht … das ist ein weites Feld.

Mirtes konnte es nicht mehr aushalten und erzählte es Lurdes:

»Dein Mann wurde gesehen, wie er in ein Hotel ging.«

Lurdes öffnete den Mund und machte große Augen. So blieb sie, wie ein Monument des Schreckens, eine Minute, eineinhalb Minuten. Dann wollte sie Genaueres wissen. Wann? Wo? Mit wem?

»Gestern. Im Diskretissimus.«

»Mit wem? Mit wem?«

»Das weiß ich nicht.«

»Was heißt, du weißt es nicht? War sie groß? Dünn? Blond? Humpelte sie?«

»Ich weiß es nicht, Lu.«

»Carlos Alberto, das wirst du mir bezahlen. Warte nur!«

Als Carlos Alberto nach Hause kam, eröffnete ihm

Lurdes, daß sie ihn verlassen würde. Und sie sagte auch warum.

»Aber was soll diese Geschichte, Lurdes? Du weißt genau, wer die Frau war, die mit mir ins Hotel ging. Du warst es.«

»Ja. Aber verdammt nochmal, warum bin ich bloß mit dir ins Diskretissimus gegangen. Die ganze Stadt weiß Bescheid. Gott sei Dank hat man mich nicht erkannt.«

»Und warum jetzt das?«

»Ich muß dich verlassen. Kannst du das nicht verstehen? Alle meine Freundinnen erwarten das jetzt von mir. Ich bin nicht die Frau, die vom Mann betrogen wird und nicht reagiert.«

»Aber du bist nicht betrogen worden. Du warst doch mit mir dort!«

»Aber das wissen sie nicht!«

»Ich fasse es nicht, Lurdes. Wegen dem, was die Leute denken, willst du unsere Ehe auflösen? Wegen einer Konvention?«

»Ja, das will ich.«

Als Lurdes später mit ihren Koffern das Haus verlassen wollte, hielt Carlos Alberto sie auf. Er war bedrückt.

»Ich habe gerade einen Anruf bekommen«, sagte er. »Von Dico.«

»Was wollte er?«

»Er hat ein bißchen drumherum geredet, aber dann erzählte er es mir endlich. Er meinte, er als mein Freund müsse mir das sagen.«

»Was denn?«

»Du wurdest gestern gesehen, wie du das Hotel Diskretissimus mit einem Mann verlassen hast.«

»Der Mann warst du.«

»Das weiß ich, aber man hat mich nicht erkannt.«

»Und du hast nicht gesagt, daß du es warst?«

»Was? Willst du, daß meine Freunde denken, ich gehe mit meiner eigenen Frau in ein Hotel?«

»Und jetzt?«

»Entschuldige, Lurdes, aber …«

»Was?«

»Ich muß dich erschießen.«

Konventionen (II)

Dado, sechzehn Jahre alt, sagte zu Caco, fünfzehn, und Marcelinho, vierzehn: »Heute ist es soweit.« Seine Eltern wollten am Wochenende verreisen. Das Haus wäre also frei. »Super!« sagte Caco und rieb sich die Hände. Marcelinho schwieg. Sie hatten die Anzeige schon ausgesucht: »Samantha, Massage für Unternehmer. Hausbesuch.« Dado rief an. Schließlich war er der Hausherr. Während Dado telefonierte, sagte Marcelinho zu Caco:

»Glaubst du nicht, daß so etwas Stunk gibt?«

»Wieso Stunk?«

Dado legte auf.

»Sie kommt! Um zehn.«

»Und wie war ihre Stimme? Wie war ihre Stimme?« wollte Caco wissen.

»Wie Janet Jackson.«

»Scharf.«

»Hat sie keinen Verdacht geschöpft?«

»Warum?«

»Weil wir keine Unternehmer sind.«

Dado und Caco lachten auf und machten sich daran, den Vorrat an Getränken zu inspizieren. Marcelinho sagte: »Ich geh mal kurz nach Hause.« Und lief zur Tür hinaus.

»Ah!« sagte Dado, »der wird nicht wiederkommen.«

»Das dachte ich mir schon. Er war ja total nervös.«

Um fünf vor zehn läutete es an der Tür:

»Das ist sie!«

Aber es war nicht Samantha. Es war Marcelinho. In Anzug und Krawatte.

»Warum das denn?«

»Ich weiß nicht. Für den Fall des Falles.«

Und er setzte sich aufs Sofa, sehr ernst, und wartete auf Samantha.

Der wahre José

José starb mit poetischer Angemessenheit genau mitten auf dem Weg zwischen Rio de Janeiro und São Paulo im Flugzeug. Das Herz. Er starb im grauen Anzug mit dunkler Krawatte, in der Hand dieselbe schwarze Tasche, die er seit Jahren jeden Montag beim Aussteigen auf dem Flughafen Santos Dumont bei sich trug. Nur lag die schwarze Tasche dieses Mal auf seiner Brust, auf der Tragbahre, wie ein provisorischer Grabstein.

»Der alte Paulistaner«, sagten seine Arbeitskollegen bei der Beerdigung, traurig über den Verlust eines so seriösen, so effizienten, so arbeitsamen Partners. In Rio nannte man ihn den Paulistaner.

Die Ehefrau und der achtzehnjährige Sohn zeigten während des ganzen Begräbnisses nüchterne Resignation. Dies war der Stil von José. Keine Gefühlsausbrüche, keine öffentlichen Szenen ... Nüchternheit. Es war die Idee seines Sohnes, ihn mit Weste zu begraben.

»In Wahrheit«, murmelte einer seiner Arbeitskollegen,

»hat er sich nie recht mit den Gewohnheiten in Rio anfreunden können …«

»Er hat sich immer als Paulistaner im Exil gefühlt«, stimmte ein anderer zu.

»Im Exil?« wunderte sich ein dritter. »Aber er wohnte hier und dort …«

In diesem Moment platzten zwei Frauen, eine ältere und eine jüngere, weinend in das Begräbnis. Beide trugen die gleichen Jeans und große Ledertaschen, mit denen sie die Reise von São Paulo nach Rio gemacht hatten.

»Carioca!« schrie die ältere und stürmte Richtung Sarg. »Bist du es, Carioca?«

»Papa!« schrie die jüngere und beugte sich über die feierliche Leiche.

Allgemeine Bestürzung.

Dr. Lupércio, dem Anwalt der Familie, gelang es, beide Frauen von José an einem von der Leichenhalle entfernt gelegenen Ort zusammenzuführen. Am schwierigsten war es, die zweite Frau – nach Reihenfolge der Ankunft beim Begräbnis – vom Sarg loszureißen. In wenigen Minuten bestätigte sich, was auf der Hand lag. José hatte eine andere Familie in São Paulo. Die Tochter war bereits fünfzehn Jahre alt. Die Frau aus Rio sagte trocken:

»Die eheliche bin ich.«

»Meine Liebe«, begann die andere.

»Nenne mich bitte nicht ›meine Liebe‹. Wir kennen uns ja nicht einmal.«

»Ruhig, ruhig«, bat Dr. Lupércio.

»Jetzt weiß ich, wieso Carioca mich nie nach Rio mitnehmen wollte«, sagte die andere.

»Sein Name ist José. Oder war es zumindest, bis das hier geschah«, sagte die erste, und man wußte nicht, ob sie den Tod oder die Entdeckung der zweiten Familie damit meinte.

»In São Paulo nennt ihn die ganze Clique ›Carioca‹.«

»Clique?« sagte die erste befremdet. In Rio hatten sie keine Clique. Sie gingen selten aus. Das eine oder andere Abendessen im kleinen Kreis. Manchmal ein Konzert. Normalerweise waren sie noch vor zehn Uhr im Bett.

In der Leichenhalle vermied der Sohn den Blickkontakt mit der Halbschwester. Die zwei waren sich sehr ähnlich. Sie hatten die Physiognomie des Vaters. Das Mädchen sagte mit tränenerfüllten Augen, das sei das erste Mal, daß sie den Vater mit Krawatte sehe. Der Sohn wollte sagen, daß er sich nicht erinnern könne, ihn jemals ohne Krawatte gesehen zu haben. Aber er fand es besser, nichts zu sagen. Es war eine peinliche Situation.

»Armer Papa«, sagte das Mädchen schluchzend, »er war immer so lustig ...«

Der Sohn verstand bald gar nichts mehr.

Sein Spitzname in São Paulo war Carioca. Er landete jeden Donnerstag auf dem Flughafen Congonhas im Sporthemd, höchstens noch einen Pullover über die Schultern geworfen. Einmal kam er sogar mit Bermudas und Schlappen an. Er liebte es, die Wohnung voller Freunde zu sehen oder mit der Clique zum Essen oder zum Tanzen zu gehen. Und wenn jemand mit dem Hinweis »Morgen ist ein Arbeitstag« früher nach Hause wollte, dann schrie er, daß die Paulistaner nicht zu leben verstünden und nur ans Geld dächten, nur die Cariocas wüßten zu leben. Mit seiner fröhlichen Ungezwungenheit hatte er Erfolg in São Paulo. Auch geschäftlich, obwohl bei manchen Konferenzen sein bis zum Nabel geöffnetes Hemd einen unangenehmen Eindruck hinterließ. Jeden Montag flog er nach Rio, denn er müsse die Strände sehen und ein bißchen atmen.

»Fandest du es nie etwas merkwürdig, daß er immer so weiß von Rio zurückkam?« fragte die eheliche.

»Er sagte, daß die Bräune vom Strand ihm nichts nütze, denn sobald er seinen Fuß auf den Boden von Congonhas setze, sei sie dahin«, sagte die andere.

Beide lächelten.

Etwas später überdachte Dr. Lupércio den Fall zu Hause.

»Ein Held zweier Welten«, urteilte er.

Seine Frau hörte wie immer nicht zu. Dr. Lupércio fuhr fort:

»In Rio ein typischer Paulistaner. Eine Karikatur. Ja, das ist es!«

Dr. Lupércio geriet immer in Erregung, sobald er mit seinen langen Fingern eine Theorie in der Luft entwerfen konnte. Das war es. In Rio war José die Karikatur eines Paulistaners. Das Bild, das die Cariocas von einem aus São Paulo hatten. Und in São Paulo genau das Gegenteil.

»Es geht noch weiter. Wenn er in Rio die Rolle eines stereotypen Paulistaners übernahm, dann war es Spaß. Wenn er aber in São Paulo den Carioca mimte, dann war das Verkaufsstrategie.«

In seiner Begeisterung drückte der Anwalt den Arm seiner Frau so heftig, daß sie aufschrie: «Laß los, Lupércio!»

»Merkst du was? Er war frech wie ein Carioca, wenn er sich als Paulistaner gab, und zielstrebig wie ein Paulistaner, wenn er zum Carioca wurde. Ein Gigolo der Stereotype! Eine brasilianische Synthese! Aber welcher von beiden war der echte José?«

Die zwei Witwen schliefen allein. Die aus Rio ohne ihren José, diesem Monolithen der Vernunft und Verantwortung inmitten all der Widersprüchlichkeiten der Cariocas. Die aus São Paulo ohne ihren Carioca, dieser Meeresbrise im grauen São Paulo.

Und beide seufzten.

Farce

Als die Frau hörte, wie sich die Wohnungstür geräuschvoll öffnete, stand sie schnell vom Bett auf und sagte, sie sagte wirklich:

»Um Himmels willen, mein Mann!«

Der Liebhaber stand auch auf, weniger erschrocken wegen des Mannes als wegen des Satzes.

»Was hast du gesagt?«

»Ich sagte ›Um Himmels willen, mein Mann!‹.«

»Das habe ich mir schon gedacht, aber ich wollte es nicht glauben.«

»Er sagte mir, daß er nach São Paulo fliegen wollte!«

»Vielleicht ist er es gar nicht. Vielleicht ist es ein Einbrecher.«

»Das wäre zuviel des Glücks. Er ist es. Und er kommt geradewegs hierher. Schnell, versteck dich im Kleiderschrank!«

»Was? Alles, nur nicht in den Kleiderschrank!«

»Dann eben unter dem Bett.«

»Der Kleiderschrank ist besser.«

Der Liebhaber sprang aus dem Bett, nahm seine Kleider vom Stuhl und stieg in den Schrank, während er noch dachte: Das kann doch nicht wahr sein. Und er fing an, völlig unkontrolliert zu lachen. Bis ihm einfiel, daß seine Schuhe noch neben dem Bett standen. Er hörte, wie die Zimmertür aufging. Und die Stimme des Mannes:

»Mit wem sprichst du gerade?«

»Ich? Mit niemandem. Das war der Fernseher. Hast du nicht gesagt, daß du nach São Paulo reisen würdest?«

»Moment mal. In diesem Zimmer gibt es gar keinen Fernseher.«

»Wechsle nicht das Thema. Was machst du hier?«

Der Liebhaber fing an zu lachen. Er konnte nicht mehr

an sich halten, obwohl er spürte, wie der ganze Schrank geschüttelt wurde. Er hielt die Hand vor den Mund. Der Ehemann fragte: »Was ist das für ein Geräusch?«

»Interessiert mich nicht. Warum bist du nicht in São Paulo?«

»Ich mußte nicht verreisen, basta. Diese Schuhe ...«

Der Liebhaber erstarrte zu Eis. Aber der Ehemann meinte die eigenen Schuhe, die ihm zu eng waren. Jetzt mußte er beim Ausziehen der Schuhe sein. Schweigen. Das Geräusch der Badezimmertür, die auf- und dann zuging. Der Mann im Bad. Der Liebhaber wollte schon wieder lachen, als die Schranktür plötzlich aufgerissen wurde und er fast einen Schrei losließ. Es war die Frau, die ihm seine Schuhe in die Hand drückte. Sie machte die Tür zu und warf sich wieder auf das Bett, bevor er sie warnen konnte, daß es nicht seine Schuhe waren, sondern die des Mannes. Ein Wahnsinn!

Die Badezimmertür ging auf. Der Mann kam ins Schlafzimmer zurück. Langes Schweigen. Die Stimme des Mannes:

»Diese Schuhe ...«

»Was ist damit?«

»Von wem sind sie?«

»Wie, von wem sind sie? Es sind deine. Du hast sie gerade ausgezogen.«

»Diese Schuhe habe ich noch nie gesehen.«

Schweigen. Die Frau sah sich wohl die Schuhe an und realisierte ihren Fehler. Der Liebhaber kriegte außerdem keine Luft. Die Stimme der Frau, aggressiv:

»Woher hast du diese Schuhe?«

»Ich habe schon gesagt, daß diese Schuhe nicht von mir sind!«

»Genau. Und von wem sind sie dann? Wie kannst du in deinen Schuhen aus dem Haus gehen und mit anderen zurückkommen?«

»Warte mal …«

»Wo bist du hingegangen? Na los, antworte!«

»Ich bin mit denselben Schuhen nach Hause gekommen, mit denen ich weggegangen bin. Das hier sind nicht meine Schuhe.«

»Es sind die Schuhe, die du ausgezogen hast. Du selbst hast gesagt, sie seien zu eng. Also waren es nicht deine Schuhe. Ich will eine Erklärung.«

»Einen Moment mal. Einen Moment mal!«

Schweigen. Der Mann versucht zu überlegen, was er sagen soll. Endlich die Stimme der Frau, siegessicher:

»Ich warte.«

Der Mann versucht all seine Kräfte zusammenzunehmen und geht zum Angriff über:

»Ich bin mir absolut sicher – absolut! –, daß ich in dieses Zimmer nicht mit diesen Schuhen hereingekommen bin. Und schau doch mal, sie können mir gar nicht zu eng sein, weil sie größer als meine Füße sind.«

Abermals Schweigen. Dann die Frau, kühl:

»Dann gibt es nur eine Erklärung.«

Der Mann: »Welche?«

»Ich war hier mit einem anderen Mann zusammen, als du ankamst. Er sprang in den Kleiderschrank und vergaß, seine Schuhe mitzunehmen.«

Furchtbares Schweigen. Der Liebhaber hätte die Luft angehalten, wenn er sie nicht zum Atmen gebraucht hätte. Die Frau fährt fort:

»Und wenn es so ist, wo sind dann deine Schuhe?«

Der Mann, nicht sehr überzeugt:

»Du könntest versehentlich dem Mann im Schrank meine Schuhe gegeben haben.«

»Sehr gut. Jetzt beschuldigst du mich nicht nur des Ehebruchs, sondern auch noch der Dummheit. Vielen Dank.«

»Ich weiß es nicht, ich weiß es nicht. Und ich habe Stimmen hier gehört ...«

»Dann mach folgendes. Geh zum Schrank und öffne die Tür.«

Der Liebhaber fühlte, wie der Schrank bebte. Aber jetzt nicht mehr vom Lachen. Es war sein Herz. Er hörte die nackten Füße des Ehemannes immer näher kommen. Er machte sich bereit, aus dem Schrank zu springen und durch das Zimmer, durch die Wohnung davonzulaufen, bevor der Mann recht zu sich käme. Er würde ihn im Vorbeilaufen umstoßen. Schließlich hatte er die größeren Füße. Aber die Frau sagte:

»Aber du weißt natürlich, daß in dem Moment, in dem du diese Tür aufmachst, unsere Ehe zerstört sein wird. Wenn niemand im Schrank ist, werden wir nie mit der Tatsache leben können, daß du gedacht hast, jemand wäre da drin. Es würde das Ende bedeuten.«

»Und wenn tatsächlich jemand drin ist?«

»Das wäre noch schlimmer. Wenn in diesem Schrank ein halbnackter Liebhaber säße, würde unsere Ehe zu einer drittklassigen Farce verkommen. Ein billiges Theater. Wir würden mit dieser Lächerlichkeit nicht leben können. Auch dies würde das Ende bedeuten.«

Nach einigen Minuten sagte der Ehemann:

»Ich muß den Schrank auf jeden Fall aufmachen, um meine Sachen aufzuhängen ...«

»Mach auf. Aber denke an das, was ich dir gesagt habe.«

Langsam öffnete der Mann den Schrank. Ehemann und Liebhaber standen Auge in Auge. Keiner von beiden sagte etwas. Nach drei oder vier Minuten sagte der Mann: »Entschuldigen Sie!« und fing an, seine Kleider aufzuhängen. Der Liebhaber stieg langsam aus dem Schrank, auch er entschuldigte sich und ging in Richtung Tür. Er hielt inne, als er ein »Psst« hörte. Er fragte: »Sprechen Sie mit mir?«

»Ja«, sagte der Ehemann, »meine Schuhe!«

Der Liebhaber erinnerte sich daran, daß er, zusammen mit seinen restlichen Kleidungsstücken, die falschen Schuhe in der Hand hielt. Er stellte die Schuhe des Mannes auf den Boden und nahm seine eigenen. Er ging zur Tür hinaus, und niemand verlor mehr ein Wort über die Sache.

Die Bräute von Grajaú

Wenn es nach mir ginge, sollte jeder eine Braut in Grajaú haben, vor allem verheiratete Männer. Bevor man mir vorwirft, Ehebruch und suburbane Freizügigkeit zu fördern, möchte ich erklären, daß meine Braut in Grajaú nur rein theoretisch existiert. Man beachte, daß ich von einer Braut und nicht von einer Geliebten spreche. Die Bräute in Grajaú sind ehrbar und zurückhaltend. Sie lassen nur zu, daß man ihre Hand hält, und das nur unter Ermahnungen! Diese Wölbung unterhalb des Daumens zum Beispiel darfst du erst nach der Hochzeit berühren.

Man braucht zwei Wochen, um endlich anzukommen. Nicht bei ihr, sondern an ihrer Haustür. Wenn man ihren Ellenbogen berührt, ertönt eine Alarmglocke im Haus, und ihr Bruder, ein ehemaliger Fallschirmspringer, kommt, um nachzuschauen, was vor sich geht. Ein verheirateter Mann, der eine Braut in Grajaú hat, ist seiner Frau treuer, als sie es verdient. Es ist fast unerläßlich für das Glück einer Ehe, daß der Ehemann eine Braut in Grajaú hat und sie täglich von fünf bis sechs Uhr besucht. Außer donnerstags, weil sie dann Klavierunterricht hat.

Wie kann man die Anziehungskraft einer Braut von Grajaú erklären? Es gibt in der Beziehung zu ihr kein sexuelles Versprechen. Wenn du Glück hast, kannst du sie nach eineinhalb Jahren fester Verlobung ins Ohrläppchen beißen. Sie wird dich bitten, dies nie wieder zu tun, weil sie sehr kitzlig ist und, schau doch mal, fast hätte sie den Ohrring verloren. Eines Tages, wenn es dir gelingt, den Fallschirmspringer zu überzeugen, und er ihr erlaubt, mit dir allein ins Café um die Ecke auf eine Limonade zu gehen, schaffst du es, eine nervöse Hand zwischen ihren nackten Arm und die Bluse zu legen, fast ganz oben. Aber sie wird den Arm mit solcher Kraft an den Körper drücken, daß du eine Nekrose in den Fingern befürchten wirst.

Und das Gespräch? Die intimste Sache, die sie dich fragen wird, ist: »Verfolgst du irgendeine Serie im Fernsehen?«

Du wirst versuchen, etwas treffender zu fragen:

»Bist du eifersüchtig?«

Oder kühn: »Welche Seife benutzt du?«

Aber sie wird alle Versuche zu einem ernsten Gespräch zurückweisen. Sie wird sogar lachen bei deinem Versuch, poetisch zu sein, du Naivling!

»Diese Stunde, diese Dämmerung, ich weiß nicht …«

Sie wird sich vor Lachen biegen. Und ihre Mutter wird am Fenster auftauchen, nur um zu sehen, ob du schon wieder ihr Ohr angefallen hast.

Du begegnest permanenter Wachsamkeit. Ihr Vater – Rentner, Spiritualist – trägt ein Revolverhalfter am Gürtel. Das ist zwar leer, aber seine Größe spricht für sich: An irgendeinem Platz bewahrt er die große Waffe auf, mit der er über sein Vermögen ebenso wacht wie über die Jungfräulichkeit seiner Tochter und die gebundenen Bücher von Malba Tahan. Das einzige Mal, als du mit ihm gesprochen hast, hat er dir erzählt, daß er siebzehn Nierensteine ausgeschieden hat und früher militantes Mitglied einer rechtsgerichteten Gruppierung war. Vorsicht. Die Mutter hat einen Schnurrbart. Ihre schwarze Augen am Fenster sind wie zwei Leuchttürme, die die Tugend des Grajaú in Gestalt ihrer Tochter jeden Abend unberührt ins Bett geleiten.

»Schaut deine Mutter keine Serie im Fernsehen an?«
»Nur die um acht.«
»Hat sie nichts in der Küche zu tun?«
»Wir haben eine Haushälterin.«
»Macht sie …«
Doch die Mutter unterbricht:
»Was ist mit diesem Geflüster, was soll das denn …«
Die Bräute in Grajaú haben einen kleinen Bruder, der sich einen Spaß daraus macht, dich ins Schienbein zu treten. Eines Tages verfehlt er sein Ziel und erwischt die Mauer. Dann wird er zur Mutter laufen und erzählen, daß du ihn geschlagen hast.

Es ist eine Herausforderung, in Grajaú verlobt zu sein. Warum beharrst du darauf?

Die Bräute in Grajaú haben Freundinnen, die in Gruppen Arm in Arm spazierengehen und lachen, und zwar — daran zweifelst du nicht im mindesten — über dich.

Das ist zuviel. Auf so etwas kannst du verzichten. Eine Ehe kommt nicht in Frage. Du bist ja auch schon verheiratet. Oder du hast eine Braut in irgendeinem anderen Vorort, wo man weniger wachsam ist und wo man leichter ans Ziel kommt. Aber du bist ausdauernd. Die Anziehungskraft ist unwiderstehlich. Um Punkt sechs Uhr macht ihre Mutter das Licht an der Eingangstür an. Das ist das Zeichen, daß du heimgehen sollst. Du schwörst, nie mehr zurückzukommen.

Aber dann spuckt sie den Kaugummi aus und fragt:
»Kommst du morgen wieder?«
Und du kommst.

Silvas Frau

Es war ein Skandal, als an der Wand von Souzas Haus eines Morgens ein knapper Satz über den – sagen wir mal – Lebenswandel der Frau von Silva, der gegenüber wohnte, aufgemalt war.

Silva fragte Souza entrüstet:

»Wer war das?«

»Ich weiß es nicht.«

»Wie, du weißt es nicht. Das ist doch dein Haus.«

»Ich kann nicht die ganze Zeit auf dem Gehsteig stehen, nur um aufzupassen, ob nicht jemand die Fassade beschmiert, oder?«

Natürlich nicht. Aber es konnte nicht so bleiben. Am schlimmsten war, daß der Satz nicht einmal den Namen von Silvas Frau nannte. Es hieß nur »die Frau von Silva«. Und damit kein Zweifel aufkam: »von gegenüber«.

»Mach es weg«, bat Silva.

»Wie denn?«

»Mit weißer Farbe. Mal einfach drüber.«

»Aber mein Haus ist gelb.«

»Dann male gelb drüber.«

»Nur einen gelben Streifen? Das wird furchtbar aussehen.«

»Dann streiche das ganze Haus.«

»Mit welchem Geld?«

»Ich verlange von dir, daß du das ganze Haus streichst.«

»Nur wenn du mir das Geld dafür gibst.«

»Es ist dein Haus.«

»Aber es ist deine Frau.«

Silva willigte ein. Er zahlte Souza die Malerarbeiten für das ganze Haus. Er war nur nicht einverstanden, als Souza ihm vorschlug, auch die Innenräume zu renovieren, die es auch nötig hätten. Silva bat ihn, niemandem etwas davon zu erzählen. Aber die Nachricht verbreitete sich in der Nachbarschaft. Und es dauerte nicht lang, als an Moreiras Haus, dessen Farbe schon am Abblättern war, wieder ein Satz über gewisse vermutete Gewohnheiten von Silvas Frau stand. Silva ging hin.

»Wer war das?«

»Keine Ahnung. Irgendwelche Straßenjungen.«

»Mach es weg.«

»Das geht nicht weg.«

»Mal drüber.«

»Nur wenn ich das ganze Haus streiche …«

Als Silva Moreiras Haus verließ, nachdem er sich zur Finanzierung der gesamten Malarbeiten bereit erklärt hatte, sah er nebenan an der Hausfront von Santos den Satz:

»Ich glaube es auch.« Er ging sofort hinein, um den Preis für die Farbe zu vereinbaren.

Die Häuserfront wurde sehr schön, alle Fassaden frisch gemalt. Einige Häuser haben natürlich noch den alten Anstrich. Aber jeden Morgen überprüft sie Silva, das Schlimmste vermutend. Wenn auch einige meinen, daß er lieber auf seine Frau aufpassen sollte.

Unterhosen

Giselda vertraute ihrer besten Freundin Martô an, daß nichts in den letzten Nachrichten sie so sehr erschüttert habe als die Meldung, daß Boxershorts wieder in Mode kämen.

»Ich weiß nicht, ob du mich verstehst«, sagte Giselda.

»Ich verstehe dich«, sagte Martô.

»Júlio trägt Boxershorts«, sagte Giselda.

»Ich weiß«, sagte Martô.

»Und das gab mir eine gewisse Sicherheit. Verstehst du?«

Martô verstand. Der Nachmittag ging zu Ende. Die zwei hatten ihre Schuhe ausgezogen und die Füße auf Giseldas Wohnzimmertisch gelegt. Zwei junge Frauen.

»Sicher, es ist idiotisch«, sagte sie. »Aber kannst du mich verstehen?«

»Völlig«, sagte Martô.

»Sie waren geradezu ein Symbol, die Unterhosen von Júlio. Für Stabilität. Für Vernunft. Sogar für eine gewisse Resignation dem Leben gegenüber. Aber im guten Sinne.«

»Sicher.«

»Stell dir mal vor, er wäre eines Tages mit einem Slip heimgekommen. Mit einem Slip. Noch dazu bunt! Ein Zeichen wofür?«

»Für eine andere.«

»Genau. Oder einfach für mehrere andere.«

»Das kannst du glauben.«

»Aber nein. Er wollte immer Boxershorts haben. Er haßte es sogar, sich neue zu kaufen. Er wollte immer dieselben haben. Sogar wenn sie schon aufgerissen waren, machte ihm das nichts aus. Könntest du so einem Mann mißtrauen? Ich sag dir mal was. Unterhose ist Charakter.«

»Wer die Unterhosen sieht, sieht auch das Herz.«

»Du meinst wohl, ich mache bloß Spaß?«

»Ach was, ich bin ganz deiner Meinung.«

»Ich wollte immer, daß er sich andere Unterhosen kauft. Aber im Grund, im Grunde, mochte ich ihn, wie er war. Und jetzt das …«

»Was?«

»Die Boxershorts sind wieder modern. Verstehst du mich?«

»Jaaaa.«

»Er wird sich nicht mehr schämen, die Hose vor der anderen runter zu lassen.«

»Oder vor den anderen.«

»Oder vor den anderen. Er kann sogar sagen, daß es nicht seine Schuld ist. Er hat sich nicht geändert, es war die Mode, die es tat. Er bleibt derselbe ernste und konservative Mann, der er ist. Nicht er hat sich entschlossen, sich ins Leben zu stürzen, sondern das Leben hat ihn eingeholt. Ich muß aufpassen. Jetzt erst recht. Ein wachsames Auge auf ihn haben. Oder findest du, ich übertreibe?«

»Nein, nein.«

Nachdem Martô heimgegangen war, machte Giselda das Abendessen für die Kinder und für Júlio. Erst Stunden später, als Júlio schnarchend neben ihr vor dem Fernseher saß, dachte sie über das Gespräch von diesem Nachmittag nach. Sie rief Martô an.

»Martô?«

»Was ist, Gi?«

»Was hast du mit ›ich weiß‹ gemeint?«

Quindins

Als er fühlte, daß es ans Sterben ging, bat Dr. Ariosto, seine Frau, Dona Quiléia, genannt Quequé, allein zu sprechen.

»Setz dich, Quequé.«

Sie setzte sich an den Bettrand. Als ihr Mann ihr eröffnete, er sehe sein Ende nahen, protestierte sie unter Tränen. Aber Dr. Ariosto beruhigte sie. Sie beide wüßten, daß ihm nur mehr wenig Zeit zum Leben bliebe, und es wäre besser, aus der Situation kein Drama zu machen. Er müsse ihr noch etwas erzählen. Um in Frieden sterben zu können.

Und er erzählte ihr dann, daß er noch eine andere Familie habe.

»Wie? Ariosto?!«

Ja, so war es. Schluß, aus. Er hatte eine andere Frau, andere Kinder, sogar andere Enkelkinder. Dona Quiléia hätte so oder so davon erfahren, denn er hatte auch die andere im Testament bedacht. Aber er hatte sich entschlossen, ihr selbst davon zu erzählen. Mit lebender Stimme, sozusagen. Damit keine Lüge zwischen ihnen bliebe. Und damit Dona Quiléia nachsichtig mit seinem Andenken und mit der anderen umginge. »Versprichst du das, Quequé?« Dona Quiléia weinte lange. Sie konnte nicht sprechen, nur zustimmend nicken. Erleichtert ließ Dr. Ariosto den Kopf ins Kissen fallen. Nun konnte er in Frieden sterben.

Aber es passierte folgendes: Er starb nicht. Sein Gesundheitszustand besserte sich ganz erstaunlich, die Ärzte konnten es sich nicht erklären. Dona Quiléia schrieb es dem Gelübde zu, das sie ihrer Lieblingsheiligen gegeben hatte. Sie würde auf ihre Quindins verzichten. Nach wenigen Wochen konnte Dr. Ariosto das Bett verlassen. Natürlich war noch Vorsicht geboten. Dona Quiléia mußte noch sehr auf die Ernährung achten, zur richtigen Zeit Medizin verabreichen … Sie saßen im Wohnzimmer und schauten schweigend fern. Verlegenes Schweigen. Dr. Ariosto bereute seine Beichte. Dona Quiléia ihrerseits fand, daß man nicht gut ein Geständnis ausnutzen konnte, das der Mann schließlich auf seinem Sterbebett gemacht hatte. Sie sprachen nicht mehr darüber. Am nächsten Tag bekam Dr. Ariosto wieder die Erlaubnis des Arztes, ausgehen zu dürfen. Er machte sich zurecht und bat, ihm ein Taxi zu rufen.

»Willst du, daß ich mitkomme?« fragte die Frau.

»Nicht nötig.«

»Wie lange bist du weg?«

»Nicht lang. Ich gehe nur …«

Er beendete den Satz nicht. Sie blieben noch einige Zeit schweigend an der Tür stehen. Dann sagte er:

»Also. Bis bald.«

»Bis bald.«

Nun muß man allerdings auch sagen, daß Dona Quiléia ihr Gelübde nicht hielt. Sie kaufte weiterhin heimlich Quindins und aß sie ganz allein. Ja, sie fing sogar an, Riesenquindins zu essen. Große, geradezu gigantische, durchscheinende Riesenquindins.

Trapezkünstler

»Liebste, ich schwöre dir, daß ich es nicht war! Das ist doch lächerlich! Wenn du hier wärst – Hallo? Hallo? – schau, wenn du hier wärst und mein Gesicht sehen könntest, unschuldig wie der Teufel selbst … Was? Aber wieso Ironie? ›Wie der Teufel‹ ist nur ein Kraftausdruck, zum Teufel. Glaubst du, mir ist in so einem Moment nach Witzen zumute? Hallo! Ich schwöre beim Allerheiligsten, beim Grab meiner Mutter, bei unserem Bankkonto und bei den Häuptern unserer Kinder, daß ich nicht der auf dem Faschingsfoto beim Cascalho bin, das die *Morgenpost* publiziert hat. Was? Hallo! Hallo! Woher ich weiß, welches Foto du meinst? Aber du hast gerade gesagt … Ah, du hast nicht gesagt … Ah, du hast nicht gesagt, bei welcher Zeitung. Ja, gut. Du wirst es nicht glauben, aber ich habe das Foto auch gesehen. Leg nicht auf! Ich habe das Foto auch gesehen und genauso reagiert wie du. Der Typ schaut ja so aus wie ich, dachte ich. Der könnte mein Zwillingsbruder sein. Nun, Liebste, kam mir aber nie, niemals – hörst du mir zu? – niemals kam mir in den Sinn, du könntest denken –

Liebste, ich fange sogar langsam an, das lustig zu finden –
daß ich dieser Typ sein könnte. Um Gottes willen. Zum
ersten, kannst du dir vorstellen, wie ich im roten Pareo und
Blumenkette bei Cascalho auf dem Fasching herumhopse,
in jedem Arm eine Tussi? Also, ich bitte dich. Und die
Gesichter dieser Tussis! Ehrlich, wenn du schon nicht an
meine Treue glaubst, dann wenigstens an meinen guten
Geschmack! Was? Liebste, ich habe doch nicht ›roter Pareo‹
gesagt. Ich habe die absoluteste, die ruhigste, die unerschüt-
terlichste Gewißheit, daß ich nur ›Pareo‹ gesagt habe. Wie
könnte ich wissen, daß er rot war, wenn das Foto nur
schwarzweiß ist? Ist doch klar. Hallo? Hallo? Leg nicht auf!
Nein … Schau, wenn du auflegst, dann ist alles aus zwischen uns. Alles aus. Du brauchst gar nicht wieder vom
Strand in die Stadt zurückkommen. Bleib mit den Kindern
da und gründe ein Fischerdorf. Nein, ich meine es ernst.
Ich habe die Geduld verloren. Denn wenn du mir nicht
mehr vertraust, warum sollten wir dann weitermachen.
Eine Ehe soll … wie sagt man doch gleich? … auf gegen-
seitigem Vertrauen aufbauen. Eine Ehe ist wie eine Trapez-
übung, einer muß dem anderen vertrauen, sogar mit
geschlossenen Augen. So ist es eben. Und noch etwas: Ich
mußte gar nicht während des Faschings in der Stadt bleiben. Das war eine Lüge. Von wegen Berge von Arbeit im
Büro … Weißt du, warum ich geblieben bin? Um dich zu
testen. In der Stadt zu bleiben war für mich wie ein Salto
mortale ohne Netz, ich wollte nur wissen, ob du mich in
der Luft auffängst. Es war ein Test für unsere Liebe. Und
du hast versagt. Du hast mich enttäuscht. Ich werde nicht
einmal um Hilfe rufen. Nein, unterbrich mich nicht. Entschuldigungen helfen nicht mehr. Das nächste Geräusch,
das du hören wirst, ist, wie mein Körper auf dem Boden
aufschlägt, mit dem dumpfen Schlag der Enttäuschung auf
dem harten Boden der Wirklichkeit. Hallo? Ich habe

gerade gesagt, daß das Geräusch … Was? Du hast nichts gehört? Was war das letzte, das du gehört hast, mein Herz? Aber ja, ich habe wirklich nicht gesagt … da bin ich mir absolut sicher, ich habe nicht ›roter Pareo‹ gesagt. Was weiß ich, welche Farbe der Pareo dieses Idioten auf dem Bild hat. Du muß mir glauben, Liebste. Die Ehe ist wie ein Übung auf dem … Ja. Nein. Klar. Wie? Nein. Klar. Wenn du zurückkommst, kannst du jemanden fragen … Du willst, daß ich schwöre? Also nochmals: Ich schwöre, ich habe Samstag, Sonntag, Montag und Dienstag im Büro verbracht. Ich habe nicht mal vom Fenster aus etwas vom Fasching gesehen. Ich bin nur kurz zum Duschen und Essen nach Hause gegangen und dann gleich wieder hierhergekommen. Wie? Du hast im Büro angerufen? Liebste, ist doch klar, daß die Telefonistin nicht gearbeitet hat, oder? Ha, ha, du bist super. Schau, Liebste … Hallo? Ich komme Samstag zu Euch. Küßchen an die Kinder. Hallo! Ich sagte, Küßchen.«

Untreue

»Ich war meiner Frau niemals untreu, Herr Doktor.«

»So.«

»Im übrigen habe ich nie eine andere Frau gehabt. Ich habe jungfräulich geheiratet.«

»Klar.«

»Aber ich habe von Anfang an, wenn ich mit ihr zusammen war, an eine andere gedacht. Nur so schaffte ich es, zu funktionieren, verstehen Sie?«

»Zu funktionieren?«

»Liebe zu machen. Sex. Sie wissen schon.«

»Natürlich.«

»Am Anfang dachte ich an Gina Lollobrigida. Können Sie sich an Gina Lollobrigida erinnern? Eine Zeitlang habe ich auch an Sophia Loren gedacht. Ich machte die Augen zu und stellte mir diese Brüste vor. Diesen Mund. Und Silvana Mangano. Ich hatte auch meine Silvana-Mangano-Phase. Diese großen Schenkel ...«

»In der Tat.«

»Manchmal dachte ich zur Abwechselung an Brigitte Bardot. Samstags zum Beispiel. Aber für das Tagtägliche, oder besser Nachtnächtliche, waren mir die Italienerinnen lieber.«

»Das ist nichts Unnormales. Viele Männer ...«

»Klar, Herr Doktor. Und Frauen auch. Woher weiß ich, daß sie nicht die ganze Zeit nur an Raf Vallone denkt. Wenigstens waren sie vom selben Schlag.«

»Fahren Sie fort.«

»Ich hatte auch meine amerikanische Phase. Mitzi Gaynor.«

»Mitzi Gaynor?!«

»Da sehen Sie mal! Jane Fonda, als sie jünger war. Einige Playmates. Ich hatte auch meine nationalistische Phase. Sônia Braga. Vera Fischer. Und dann fing es an.«

»Was?«

»Nichts half mehr. Ich versuchte, an alle möglichen Frauen zu denken. Ich machte die Augen zu und konzentrierte mich. Nichts. Ich schaffte es nicht, ich schaffte es nicht ...«

»Zu funktionieren.«

»Zu funktionieren. Und das, als wir bereits in der EPW-Phase waren.«

»EPW?«

»Ein Mal pro Woche. Aber nichts half. Bis ich eines Tages an einen Staubsauger dachte. Und das erregte mich.

Aus irgendeinem Grund erregte mich dieses Bild. Ein andermal dachte ich an einen Studebaker 48. Und hatte Erfolg. Dann kam die Objekt-Phase. Ich versuchte, an die seltsamsten Dinge zu denken. An diese Holzeier, die man benutzt, um Socken zu stopfen. Das hat mir zweimal hintereinander geholfen. An violette Leuchtstifte. An die Freiheitsstatue. An die Brücke zwischen Rio und Niterói. Alles das hat geholfen. Immer wenn meine Frau mir im Bett näherkam, fing ich verzweifelt an, einen imaginären Katalog zu durchblättern, um Sachen zu finden, an die ich denken konnte. Die Pickelhaube des Kaisers? Nein. Eine halbautomatische Singernähmaschine? Auch nicht. Eine Ziehharmonika! Hmm, ja, eine Ziehharmonika, eine verführerische Ziehharmonika, warm, schnaufend … Aber nach einiger Zeit ging auch die Phase mit den Objekten vorbei. Ich versuchte, an Tiere zu denken. An historische Figuren. Nichts nutzte mehr. Aber dann erschien plötzlich eine Person vor meinem inneren Auge. Eine reife Frau. Ihr Haar bekam schon graue Strähnen. Dunkle Augen … Ich mußte nur an diese Frau denken, und schon war ich erregt. Sogar mehr als einmal in der Woche. Sogar montags, Herr Doktor!«

»Und ging diese Phase auch vorbei?«

»Nein. Diese Phase ist geblieben.«

»Wo liegt dann Ihr Problem?«

»Ja, merken Sie das nicht, Herr Doktor? Diese Frau, die ich beschrieben habe, ist *sie*.«

»Wer?«

»Meine Frau. Meine eigene Frau. Helfen Sie mir, Herr Doktor!«

Treffen und Auseinandergehen

As time goes by

Ich habe Rick Blaine in Paris kennengelernt, es ist noch nicht lang her. Er hat eine Spelunke nah der Madeleine, die alle betrunkenen Amerikaner aufnimmt, welche aus Harry's Bar hinausgeschmissen werden. Er ist schon siebzig Jahre alt, sieht aber nicht älter als 69 aus. Die geschwollenen Augen sind dieselben geblieben, aber die Haare sind ihm ausgefallen, und der Bauch hörte erst zu wachsen auf, als kein Platz mehr hinter der Theke war. Am Anfang leugnete er, Rick zu sein.

»Ich kenne keinen Rick.«

»Aber draußen hängt ein riesiges Schild, ›Rick's Café Americain‹.«

»Ist das wahr? Es ist schon Jahre her, daß ich da draußen war. Was willst du trinken?«

»Einen Bourbon. Und essen will ich auch etwas.«

Ich wählte ein Sandwich, und Rick bestellte es laut bei einem großen Schwarzen in der Küche. Ich erkannte ihn sofort. Es war der Klavierspieler aus Rick's Café in Casablanca. Ich fragte ihn, ob er nicht mehr Klavier spiele.

»Sam? Er konnte nur ein Lied spielen. Die Kunden konnten es nicht mehr ertragen. Er macht auch immer dieselben Sandwiches. Aber keiner kommt wegen des Essens hierher.«

Ich sang eine Strophe von *As time goes by*. Danach fragte ich ihn:

»Was würdest du tun, wenn sie jetzt hier hereinkäme, durch diese Tür?«

»Ich würde sagen: ›Ein Täßchen Tee, Mütterchen?‹ Die Vergangenheit kehrt nicht zurück.«

»Einmal kehrte sie schon zurück. Von allen Kneipen der Welt, in die man gehen kann, hatte sie deine in Casablanca ausgesucht.«

»Sie kommt nicht zurück.«

Aber er schaute schnell auf, als die Tür plötzlich geöffnet wurde. Es kam ein Amerikaner, der sich Geld leihen wollte, um in die Staaten zurückzukehren. Er wollte vor Mitterrand fliehen. Rick ignorierte ihn. Er fragte mich, was ich noch wollte, außer dem Bourbon und Sams Sandwich, das übrigens grauenvoll schmeckte.

»Ich wollte immer wissen, was geschah, nachdem sie mit Victor Laszlo in das Flugzeug gestiegen war und du und Inspektor Louis weggingen, bis euch der Nebel verschluckte.«

»Ich verbrachte vierzig Jahre im Nebel«, antwortete er. Er war offensichtlich nicht bereit, besonders viel zu erzählen.

»Ich habe eine Theorie.«

Er lächelte. »Noch eine …«

»Du warst der erste, der sich von der großen Sache enttäuscht fühlte. Du warst eigenständig und neutral. Victor Laszlo war ein engagierter Typ. Ich glaube, er ist früh gestorben und hat einige andere Idealisten mit sich genommen, und sie alle dachten, daß sie die Welt für die Demokratie und gute Gesinnung retten konnten. Du hast dir niemals Illusionen über die Menschheit gemacht. Du warst ein Zyniker. Aber auch ein Romantiker. Du hättest Laszlo loswerden und sie bekommen können, aber du hast die große Geste vorgezogen, du wolltest dich vor ihren Augen mit Laszlo gleichsetzen. Warum?«

»Kannst du dich an ihr Gesicht in diesem Moment erinnern?«

Ich konnte mich erinnern. Trotz Nebel. Ich konnte mich erinnern. Er hatte recht. Für ein solches Gesicht opfert man sogar den Mangel an Idealen.

Abermals ging die Tür auf, und beide schauten wir schnell hin. Doch es war wieder nur ein Betrunkener.

Das Treffen

Sie traf ihn in Gedanken versunken vor den Importweinen an. Sie wollte noch umkehren, aber es war zu spät, ihr Einkaufswagen hielt direkt vor seinem Fuß. Er schaute sie an, zuerst ausdruckslos, dann überrascht, danach verlegen, und zum Schluß lächelten beide. Sie waren sechs Jahre verheiratet gewesen und seit einem Jahr geschieden, und jetzt trafen sie sich zum ersten Mal nach der Scheidung. Sie lächelten und sprachen fast zur gleichen Zeit, doch er kam ihr noch zuvor.

»Wohnst du hier in der Nähe?«

»Ich wohne in Papas Haus.«

In Papas Haus! Er schüttelte den Kopf und tat so, als hätte er etwas in seinem Wagen zu ordnen – Büchsen, Kekse und viele Flaschen –, damit sie nicht merkte, wie aufgeregt er war.

Er hatte vom Tod seines ehemaligen Schwiegervaters erfahren, sich aber nicht überwinden können, zur Beerdigung zu gehen. Das war kurz nach der Scheidung, er hatte nicht den Mut gehabt, der Frau offiziell zu kondolieren, die er eine Woche zuvor »blöde Kuh« genannt hatte. Was hatte er genau gesagt? »Du bist eine herzlose, blöde Kuh!« Sie hatte nichts von einer Kuh, sie war sogar sehr schlank, aber eine andere Beleidigung war ihm nicht eingefallen. Das waren die letzten Worte, die er zu ihr gesprochen hatte. Und sie hatte ihn einen Heuchler genannt. Er fand es besser, sich nicht nach ihrer Mutter zu erkundigen.

»Und du?« fragte sie, weiter lächelnd.

Sie war immer noch schön.

»Ich habe hier in der Nähe eine Wohnung.«

Es war besser, daß er nicht zur Beerdigung des Alten gekommen war. Es war besser, daß sie sich erst so wieder trafen, ganz inoffiziell, am späten Abend, in einem Supermarkt. Was hatte sie um diese Zeit hier zu suchen?

»Kaufst du immer so spät ein?«

Mein Gott, dachte er, sie wird diese Frage sicher für ironisch halten!

Das war eines der Probleme in ihrer Ehe gewesen, er wußte nie, wie sie das, was er sagte, auffaßte. Deswegen hat er sie zum Schluß »blöde Kuh« genannt, was keinen Zweifel daran ließ, daß er sie geringschätzte.

»Nein, nein. Es sind ein paar Freunde gekommen, wir wollten etwas essen, aber es war nichts im Haus.«

»Komisch, ich habe auch Leute bei mir und wollte Getränke und ein paar Kleinigkeiten kaufen.«

»Komisch.«

Sie sagte »ein paar Freunde«. Ob es Leute waren, die er noch kannte? Die alte Clique? Er hatte die gemeinsamen alten Freunde nie wieder gesehen. Sie hatte immer schon ein sozial aktiveres Leben geführt als er. Ob nicht eher *ein* Freund gemeint war? Sie war eine schöne Frau, schlank, sicher konnte sie einen Freund haben, die blöde Kuh.

Und sie dachte: Er haßte Feste, haßte es, Leute bei sich daheim zu haben. Für ihn war es ein super Programm, zu

Papa zu gehen, um Canasta zu spielen. Jetzt hatte er Freunde bei sich. Oder war es eine *Freundin?* Schließlich war er noch jung ... Er hatte bestimmt die Freundin in der Wohnung gelassen und war einkaufen gegangen. Und er kaufte ausländische Weine, der Heuchler.

Er dachte: Sie vermißt mich nicht. Sie hat das Haus voller Leute. Und sie hat sicherlich gemerkt, daß ich einen Frosch im Hals spürte, als ich sie sah. Sie denkt, daß ich sie vermisse. Aber diese Befriedigung werde ich ihr nicht verschaffen, nein.

»Mein Vorrat an Getränken hält nie lange vor. Ich habe immer ein volles Haus«, sagte er.

»Bei mir folgt ein Fest auf das andere.«

»Du hast immer schon gerne gefeiert.«

»Im Gegensatz zu dir.«

»Man verändert sich, nicht wahr? Ändert seine Gewohnheiten ...«

»Wie man sieht.«

»Du würdest mich nicht wiedererkennen, wenn du noch einmal mit mir zusammenleben würdest.«

Sie sagte, immer noch lächelnd:

»Gott behüte.«

Beide lachten. Man gab sich vollkommen locker.

Sechs Jahre lang hatten sie einander sehr geliebt. Einer konnte ohne den anderen nicht leben. Die Freunde behaupteten: »Bei den beiden ist es so, wenn einer stirbt, bringt sich der andere um.« Die Freunde wußten nicht, daß zwischen ihnen immer Mißverständnisse drohten. Sie liebten sich, aber sie verstanden einander nicht. Es war, als ob die Liebe stärker war, weil sie das Verstehen ersetzte, sie hatte eine einigende Funktion. Sie interpretierte, was er sagen wollte, er wollte aber gar nichts sagen.

Sie gingen zusammen zur Kasse, er machte keine Anstalten, für sie zu zahlen, letztendlich spendierte er ihr ja

mit seinem Unterhalt die Feste für »ein paar Freunde«. Er
wollte sie nach ihrer Mutter fragen, sie wollte sich nach
seiner Gesundheit erkundigen, ob sein Problem mit der
Harnsäure sich erledigt hatte, sie fingen beide gleichzeitig
zu sprechen an, lachten und verabschiedeten sich dann,
ohne noch ein Wort zu sagen.

Als sie nach Hause kam, hörte sie noch ihre Mutter vom
Bett her brummen, sie solle sich abgewöhnen, so spät am
Abend einkaufen zu gehen, sie solle sich neue Freunde
suchen, etwas unternehmen, anstatt immer noch ihrem
Ex-Mann nachzuweinen. Sie sagte nichts. Und räumte die
Einkäufe weg, bevor sie schlafen ging.

Als er in seiner Wohnung ankam, öffnete er eine Dose
Streichwurst, eine Tüte Kekse und einen portugiesischen
Wein. Er aß und trank allein, bis er schläfrig wurde und ins
Bett ging.

»Dieser Heuchler«, dachte sie, bevor sie einschlief.

»Diese blöde Kuh«, dachte er, bevor er einschlief.

Im Wartezimmer

Das Wartezimmer eines Zahnarztes. Ein ungefähr vierzig-
jähriger Mann. Eine junge und schöne Frau. Sie blättert
in einer Illustrierten von 1950. Er tut so, als lese er das
Zahnärztliche Leben.

Er denkt: Super Frau. Was für Beine. Selten heutzutage,
daß man Beine zu sehen bekommt. Alle laufen nur in Jeans
herum. Wir sind zu den Zeiten zurückgekehrt, in denen
man höchstens die Knöchel erblickt. Ich war immer ein
Mann für Beine. Beine in Strümpfen. In Nylonstrümpfen.
Wie altmodisch ich bin. Dieses aufregende Geräusch.

Suisch-suisch. Sie schlugen die Beine übereinander, und es machte suisch-suisch. Ich war verrückt nach einem Suisch-suisch.

Sie denkt: Komischer Kauz. Er liest die Zeitschrift verkehrt herum.

Er: Ich reiße dir die Kleider herunter und küsse dich überall. Zuerst am Fuß. Was für eine Szene. Die Arzthelferin macht die Tür auf und findet uns nackt auf dem Teppichboden, und ich küsse gerade ihren Fuß. Was ist das denn?! Nicht, was Sie denken. Ihr ist etwas ins Auge gefallen und ich versuche, ihr zu helfen. Aber das Auge ist am anderen Ende! Dort werde ich schon noch hinkommen. Ganz bestimmt werde ich dort noch hinkommen!

Sie: Er schaut unter der Zeitung durch auf meine Beine. Ich werde sie nebeneinanderstellen und dann nochmals übereinanderschlagen. Nur damit er weiß, was los ist.

Er: Sie hat die Beine nebeneinandergestellt und dann wieder übereinandergeschlagen. Oh, mein Gott. Das bringt mich um. Sie weiß, daß ich sie beobachte. Natürlich, wenn ich die Zeitschrift verkehrt herum halte. Und jetzt? Ich muß irgend etwas sagen ...

Sie: Er ist sogar sympathisch, der Arme. Graumeliert. Seriös. Jetzt wird er gleich etwas sagen ...

Er: Was soll ich nur sagen? Ich muß irgendwie erklären, wieso ich die Zeitschrift verkehrt herum halte. Ich kann nicht zulassen, daß sie mich für einen Idioten hält. Ich bin doch nicht in der Pubertät. Ich muß so tun, als ob ich die Zeitschrift näher untersuchte, dann sage ich: «Weißt du, daß ich erst jetzt bemerke, daß ich die Zeitschrift verkehrt herum gelesen habe? Ich dachte, das sei Russisch.» Dann lacht sie, und ich sage: »Und deine Illustrierte? Die ist so alt, daß sie wohl auf Pergament gedruckt worden ist, stimmt's? Da sind sicherlich noch Kinderzeichnungen von

Millôr drin.« Dann werden wir beide lachen, ganz zivilisiert. Wir sprechen dann über die Wahlen und über das Leben im allgemeinen. Letztendlich sind wir zwei normale Menschen, die zufällig im Wartezimmer eines Zahnarztes aufeinandergetroffen sind. Wir werden uns angeregt unterhalten. Dann springe ich auf und reiße ihr die Kleider vom Leib.

Sie: Wird er etwas sagen oder nicht? Er ist einer dieser schüchternen Typen. Er wird sagen: »Das ist ein Wetter, nicht wahr? Finden Sie nicht?« Er ist einer von diesen Typen, die noch fragen: »Frau oder Fräulein?« Oder es wäre ganz anders. Heutzutage sind sie ja alle so drauf: »Wechseln wir die Position, Babe?« Aber halt, wir kennen uns ja noch nicht einmal und haben uns in noch überhaupt keiner Position geliebt. Das kommt daher, daß ich Vorspiele hasse. Der da ist aber anders drauf. Vornehm. Respektvoll.

Er: Was soll ich nur sagen? Es muß irgendwie schlüssig sein. Wir warten beide darauf, daß wir drankommen. Wir haben bereits etwas gemeinsam. Das erste Mal hier? Nein, nein. Ich bin eine alte Patientin. Mitten in der Behandlung. Wurzelbehandlung? Ja. Und Sie? Die alljährliche Routineuntersuchung. Ich glaube, ich habe hier hinten Karies. Wollen Sie mal sehen? Bei diesem Licht, ich weiß nicht … Gehen wir zu mir. In meiner Wohnung ist das Licht besser. Oder sie sagt: Du Armer, wie du leiden mußt. Komm, lehne deinen Kopf an meine Schulter, komm. Ich gebe dir ein Küßchen, und alles ist wieder gut. Schau, ich glaube, ein Kuß von außen hilft nicht. Es tut sehr weh. Vielleicht, wenn du mit der Zunge …

Sie: Er wird nichts sagen. Ich mag schüchterne Männer. Reif und schüchtern. Er fächelt sich mit der Zeitschrift Luft zu. Wird über das Wetter sprechen: Warm, nicht? Dann sage ich: Ja, es ist Sommer. Und er: Genau! Wie scharfsinnig du bist. Ich hätte jetzt Lust, ein Bier trinken zu gehen. Ich sage: Komm mir jetzt nicht mir Bier. Und er: Bier schmeckt dir nicht? Doch, aber die Kälte läßt meine Füllungen schmerzen. Ach, dann mußt du zum Zahnarzt gehen wie ich. Ein erstaunlicher Zufall! Wir spüren beide die Hitze und sind beide der Meinung, daß es wegen des Sommers ist. Wir haben auch denselben Zahnarzt. Es ist Schicksal. Du bist die Frau, auf die ich all die Jahre gewartet habe. Kann ich um deine Hand anhalten?

Er: Jetzt hat sie die Zeitschrift zu Ende gelesen. Sie hat bereits den Artikel über diesen spektakulären Mord gelesen, sich Fotos von Ufos angeschaut … Sie ist fertig, sie schaut zu mir! Jetzt oder nie. Ich muß etwas sagen: Bist du hier wegen der Behandlung deiner Beine? Ich meine, deiner Zähne? Oder hat es einen tieferen Grund, willst du dich vielleicht einer hinreißenden Leidenschaft hingeben mit mir armem Schlucker?

Sie: Und wenn ich etwas sage? Ich brauche jemanden Beständigen in meinem Leben. Jemanden mit graumelierten Schläfen. Dies kann meine große Chance sein. Wenn er etwas sagt, dann greife ich an. Warm, nicht? – Ich liebe dich auch!

Er: Besser nichts sagen. Eine super Frau wie diese. Wer bin ich denn schon? Das ist zuviel Bein für mich. Wenn es nur eines wäre, aber es sind zwei. Vergiß es, Mann. Denk lieber an deine Karies. Natürlich, es wäre nicht schlecht, irgend etwas zu sagen. Kommst du immer hierher? Magst du Julio Iglesias? Was sind Schwarze Löcher? O mein Gott, sie sagt gleich etwas!

»Könnten Sie …«

»Nein! Ich meine, ja?«

»Mir eine andere Zeitschrift geben?«

»*Cigarra* oder das *Wochenblatt?*«

»*Cigarra.*«

»Hier, bitte.«

»Danke.«

Da öffnet die Arzthelferin die Tür und sagt:

»Der Nächste, bitte.«

Und sie sehen sich nie wieder.

Anmache

»Ich weiß, du wirst lachen, aber …«

»Ja?«

»Bitte, denke nicht, daß ich dich dumm anmachen will.«

»Nein, das denke ich schon nicht. Sprich nur weiter.«

»Kenne ich dich nicht irgendwoher?«

»Kann sein …«

»Nizza. 1971. Die Empfangshalle im Hotel Negresco. Promenade des Anglais. Bekannt gemacht hat uns der Baron … Baron … Wie hieß er doch gleich?«

»Nein, nein. 1971 bin ich nicht in Nizza gewesen.«

»Es kann auch 1977 gewesen sein. Wäre das möglich?«

»In welchem Monat?«

»April?«

»Nein!«

»August?«

»August? In der Hochsaison? Gott behüte.«

»Du hast recht. Ich war auch noch nie im August in Nizza. Wo hab' ich bloß meinen Kopf?«

»Kann es nicht Portofino gewesen sein?«

»Wann?«

»Oktober 72. Ich war zu Gast auf der Jacht von Komtur … Komtur …«

»Petrinelli.«

»Nein. Ich erinnere mich, groß und weiß …«

»Der Komtur?«

»Nein. Die Jacht. Ich kann mich schwach erinnern, dein Gesicht gesehen zu haben.«

»Unmöglich. Es ist Jahre her, seit ich das letzte Mal in Portofino war. Dort habe ich damals alles, was ich hatte, im Casino gelassen … Mein Gott, sieben Jahre!«

»Aber soviel ich weiß, hat Portofino doch gar kein Casino.«

»Es war ein Geheimcasino in der Sommerresidenz des Grafen … des Grafen …«

»Ach ja, ich habe davon gehört.«

»Wie war der Name des Grafen?«

»Farci d'Amieu.«

»Genau.«

»Du hast alles im Spiel verloren?«

»Alles. Meine Rettung war eine bolivianische Millionärin, die mich adoptierte. Ich lebte einen Monat auf Kosten von Sklavenarbeitern in Zinnminen. Hatte ziemliche Gewissensbisse. Der Kaviar blieb mir im Hals stecken. Glücklicherweise schickte mir meine Familie dann Geld. Banco do Brasil hat mich aus der Hölle gerettet.«

»Gut, wenn es nicht Portofino war, dann …«

»New York! Ich bin mir sicher, daß es New York war! Warst du nicht auch in Elizinhas Wohnung beim Dinner für den König von Griechenland?«

»Ja, da war ich.«

»Dann ist das Rätsel gelöst! Wir haben uns dort kennengelernt.«

»Warte mal. Ich erinnere mich jetzt. Es war nicht für den griechischen, sondern für den türkischen König. Ein anderes Fest.«

»Die Türkei hat, soviel ich weiß, keinen König.«

»Er war der Geheimkönig. Er gründete im 24. Stock des Olympic Tower eine Exilregierung. Die einzige Wohnung in New York, in der Ziegen auf dem Teppichboden grasen.«

»Warte mal! Ich weiß. Ich hab's. Sankt Moritz. Winter …«

»'79?«

»Genau.«

»Dann war ich es nicht. Ich war '78 dort.«

»Dann war es '78.«

»Das kann nicht sein. Ich war incognito dort. Ich fuhr mit einer Maske Ski. Und ich habe mit niemandem gesprochen.«

»Dann warst du die maskierte Skifahrerin! Man erzählte sich, es sei Farah Diba.«

»Ich war es selbst.«

»Mein Gott, wo haben wir uns dann kennengelernt?«

»London, sagt dir das was?«

»London, London …«

»Lady Asquiths Haus in Mayfair?«

»Die liebe Lady Asquith. Ich kenne sie gut. Aber ich war nie in ihrem Stadtdomizil. Nur in ihrem Landhaus.«

»In Devonshire?«

»Nicht Hamptonshire?«

»Kann sein. Diese Shires verwechsle ich immer.«

»Wenn es nicht London war … wo war es dann?«

»Wir müssen es herausfinden. Vorher kann ich heute bestimmt nicht schlafen.«

»Bei mir oder bei dir?«

»Mmmmmmmm. Es war phantastisch.«

»Für mich auch.«

»Magst du eine Zigarette?«

»Hast du Gauloises? Seit ich in Paris gelebt habe, kann ich keine andere Marke rauchen.«

»Sag die Wahrheit. Hast du jemals in Paris gelebt?«

»Meine Liebe! Für mich ist stets eine Suite an der Place Athène reserviert.«

»Die Wahrheit …«

»O.k., es ist keine Suite. Ein Zimmer.«

»Gestehe. Es war alles gelogen.«

»Woher weißt du das?«

»Der Graf von Farci d'Amieu. Es gibt ihn nicht. Ich habe den Namen erfunden.«

»Wenn du wußtest, daß ich gelogen habe, warum hast du dann …«

»Weil du mir gefallen hast. Wenn du zu mir gekommen und gleich gefragt hättest: ›Willst du?‹ hätte ich sofort ja gesagt. Und wo hast du das alles her? Hotel Negresco, Sankt Moritz …«

»Ich lese immer die Regenbogenpresse. Ich sah dich und dachte, bei dieser Frau mußt du dich schon ein bißchen anstrengen. Und jetzt sag mal …«

»Was?«

»Bist du wirklich in Sankt Moritz maskiert Ski gefahren?«

»Ich bin noch nie in meinem Leben Ski gefahren. Ich bin nie aus Brasilien rausgekommen. Ich kenne nicht mal Bahia.«

»Ich weiß, du wirst lachen, aber …«

»Was?«

»Ich kenne dich echt irgendwoher.«

»Guarapari. Es ist drei Jahre her. Mama bekam dort Lehmbehandlungen. Wir lernten uns am Strand kennen.«

»Na klar! Jetzt erinnere ich mich. Ich habe dich ohne Badeanzug nicht wiedererkannt.«

»Willst du eine Zigarette oder nicht?«

»Welche hast du denn?«

»Marlboro.«

»Gib her.«

Copacabana, Abschnitt 5

Bittersüße Szene am Strand.

Alzira, 43 Jahre alt, höhere Beamtin, schön, auch wenn sie sich nicht hätte liften lassen, geschieden, eine Tochter, die beim Vater wohnt. Abschnitt 5, Sonntag vormittag. Sie sieht zwischen den Sonnenschirmen und Argentiniern Rogério, zweiundzwanzig Jahre, in ihre Richtung kommen. Ihr Herz hämmert in ihrer Brust, als ob sie neunzehn wäre. Um ihre Aufregung zu kaschieren, sucht sie in ihrer großen Strandtasche nach den Zigaretten – Sonnencreme, Papiertaschentücher, Zeitung, mein Gott, er kommt näher! Rogério bleibt zwischen ihr und dem Meer stehen und, oh mein Gott, er sagt:

»Hallo, Alzira.«

Sie weiß noch nicht, welches Gesicht sie aufsetzen, was sie sagen soll. Sechs Monate, und er sagt nur »Hallo«. Sie sollte ihn zum Teufel schicken. Sich umdrehen. Ihn charakterlos, undankbar nennen. Alles – nur nicht dieses Verlangen spüren, seine Beine zu umschlingen und ihn zurückhaben zu wollen.

»Wie geht es dir, Rogério?«

»Ganz o.k. Und dir? Geht's dir gut?«

Er kauert sich neben sie. Sie intensiviert die Suche nach den Zigaretten. Ruhe, Alzira. Erinnere dich, was du geschworen hast. Nie wieder. Auch wenn er auf Knien zurückkommt. Er stützt ein Knie auf den Boden. Berührt ihre Haare mit den Fingerspitzen.

»Du siehst gut aus.«

»Mir geht's auch gut.«

»Wie schön.«

»Und dir?«

»Es geht schon.«

»Hast du eine Zigarette? Ich kann meine …«

»Du rauchst wieder?«

Wegen dir, du Schuft. Zigaretten, Valium und Verzweiflung. Nur wegen meiner Tochter habe ich mich nicht umgebracht.

»Ich rauche wenig.«

»Du mußt aufhören.«

»Du bist doch nicht hierher gekommen, um mir das zu sagen?«

»Du bist sauer auf mich.«

»Warum sauer? Nur weil du mich eines Tages verlassen hast, ohne Erklärung, ohne Anruf, ohne ... So etwas geschieht doch jeden Tag.«

»Es gab nichts zu erklären.«

»Ich habe zwei Monate gewartet, dann habe ich deine Unterhosen dem Hausmeister geschenkt.«

»Alzira ...«

Dieses Lächeln. Ruhig, Alzira, ganz ruhig. Verlange kein Mitleid. Verlange nichts. Wenn er zurückkehren will, stelle Bedingungen. Dir geht es doch gut, Alzira. Er hat gemerkt, daß er verloren hat. Sag nichts. Laß ihn sprechen. Und er spricht.

»Du bist ein sehr wichtiger Mensch für mich.«

»So?«

»Ich habe noch nie jemanden wie dich gekannt.«

»Ich weiß.«

»Es ist die Wahrheit. Ich glaube, daß ich mit dir ... ich weiß nicht, aber mit dir habe ich mich sehr verändert. Bin reifer geworden. Es war eine sehr ernste Sache. Tief ...«

Es ist dein Triumph, Alzira. Genieße es.

»Ich glaube, daß das, was zwischen uns war, zu tief ist, um zerstört zu werden. Verstehst du? Es war mein Fehler. Ich hätte nicht einfach davongehen sollen.«

»Das kommt vor.«

»Sei nicht so, Alzira.«

»Wie denn?«

»Du bist sauer.«

»Nein, ich bin nicht sauer. Es war schön, und jetzt ist es aus. Basta.«

Jetzt wird er sagen, daß es nicht aus ist. Daß es nicht aus sein muß. Er stützt beide Knie in den Sand. Er wird betteln, Alzira. Er sagt:

»Ich will, daß du jemanden kennenlernst.«

Alzira, Alzira ...

»Wen denn?«

»Sie ist mit mir hier. Kann ich sie holen?«

»Ja, hole sie.«

Er steht auf und läuft Richtung Meer. Es ist elf Uhr. Alzira denkt auch an Laufen. Nach Hause. Davonlaufen. Sie ist verstört. Alzira sucht nach ihrer Sonnenbrille in der großen Tasche. Sie findet die Zigaretten, aber nicht die Brille. Rogério kommt zurück, Hand in Hand mit einem Mädchen. Achtzehn Jahre.

»Alzira, Silvia. Silvia, Alzira.«

»Hallo, Silvia.«

»Sehr erfreut.«

»Silvia ist meine Verlobte, Alzira.«

»Echt. Verlobte?«

»Ich wollte, daß du sie kennenlernst.«

»Sie ist sehr schön.«

»Alzira ist ein Mensch ...«

Er wird sagen, daß du fast wie ein Mutter für ihn bist, Alzira. Er berührt ihre Haare mit den Fingerspitzen, Alzira.

»... ein Mensch, den ich sehr schätze. Ihre Meinung.«

»Meine Meinung ist, daß Silvia süß ist. Gratuliere.«

»Danke sehr«, sagt das Mädchen.

»Danke, Alzira«, sagt Rogério.

»Danke wofür?«

»Für alles.

»Was meinst du damit, mein Junge?«

Nachdem sie wieder gegangen sind, öffnet Alzira mit Entschiedenheit ihre Strandtasche. Erstens braucht sie ihre Sonnenbrille. Zweitens ein Taschentuch, um sich die Nase zu putzen, denn das Leben ist eben so.

Abfall

Sie treffen sich bei den Mülltonnen, jeder hat einen Müllsack in der Hand. Es ist das erste Mal, daß sie miteinander sprechen. »Guten Tag«, sagt er.

»Guten Tag«, sagt sie.

»Sie sind von 610.«

»Und Sie von 612.«

»Ja …«

»Ich habe Sie noch nicht persönlich kennengelernt …«

»Das stimmt …«

»Entschuldigen Sie die Zudringlichkeit, aber ich habe in Ihren Müll geschaut …«

»In meinen was?«

»In Ihren Müll.«

»Ach …«

»Ich habe gemerkt, daß es nie viel ist. Ihre Familie ist wohl klein.«

»Ehrlich gesagt, ich bin allein.«

»Hmmm. Ich habe auch gemerkt, daß Sie sehr viel aus der Dose essen.«

»Ich muß mein Essen selbst zubereiten. Und da ich nicht kochen kann …«

»Ich verstehe.«

»Auch Sie …«

»Sie können mich ruhig duzen.«

»Verzeih meine Neugier, aber ich habe Lebensmittelreste in deinem Müll gesehen. Champignons und so …«

»Ich koche sehr gern und probiere oft neue Gerichte aus. Aber ich lebe ja allein, und ab und zu bleibt eben etwas übrig …«

»Haben Sie … hast du Familie?«

»Ja, aber nicht hier.«

»In Espírito Santo.«

»Woher weißt du denn das?«

»Ich habe ein paar Briefumschläge in deinem Abfall gesehen. Aus Espírito Santo.«

»Ja. Mama schreibt mir jede Woche.«

»Ist sie Lehrerin?«

»Unglaublich! Wie hast du das erraten?«

»Durch die Schrift auf den Umschlägen. Der Schrift nach muß sie Lehrerin sein.«

»Du bekommst nicht sehr viele Briefe, wenn ich mir deinen Müll so ansehe.«

»Ja, das ist wahr.«

»Neulich war auch ein zerknülltes Telegramm drin.«

»Ja.«

»Schlechte Nachrichten?«

»Mein Vater ist gestorben.«

»Tut mir leid.«

»Er war schon ziemlich alt. Lebte im Süden. Es ist schon lang her, daß wir uns das letzte Mal gesehen haben.«

»Hast du deswegen wieder zu rauchen angefangen?«

»Woher weißt du denn das?«

»Von einem Tag zum anderen waren plötzlich zerknüllte Zigarettenschachteln in deinem Müll.«

»Ja. Aber ich habe es geschafft, wieder aufzuhören.«

»Ich habe Gott sei Dank nie geraucht.«

»Ich weiß. Aber ich habe manchmal Tablettenschachteln in deinem Müll gesehen.«

»Beruhigungsmittel. Das war nur eine Phase. Die ist aber vorbei.«

»Du hast dich mit deinem Freund zerstritten, stimmt's?«

»Hast du das auch im Müll entdeckt?«

»Zuerst die Blumen, mitsamt der Karte. Und dann die vielen Papiertaschentücher.«

»Ja, ich habe sehr viel geweint. Aber das ist überwunden.«

»Aber heute sind auch eine ganze Menge Taschentücher drin ...«

»Weil ich erkältet bin.«

»Ach so.«

»Ich sehe sehr viele Kreuzworträtsel in deinem Müll.«

»Ich bin häufig zu Hause. Ich gehe nicht sehr oft aus. Du weißt, wie das ist.«

»Freundin?«

»Nein.«

»Aber vor einigen Tagen war ein Foto von einer Frau in deinem Abfall. Die war sogar sehr schön.«

»Also, ich hatte ein paar Schubladen ausgemistet. Altes Zeug.«

»Du hast das Foto aber nicht zerrissen. Das bedeutet, daß du dir im Grunde wünschst, daß sie zurückkommt.«

»Du analysierst meinen Müll!«

»Ich kann nicht leugnen, daß ich mich für deinen Müll interessiere.«

»Komisch. Als ich deinen Müll untersuchte, dachte ich mir, daß ich dich gern kennenlernen würde. Ich glaube, das war das Gedicht.«

»Nein! Du hast meine Gedichte gefunden?«

»Ich habe sie gelesen, und sie haben mir gut gefallen.«

»Aber sie sind sehr schlecht!«

»Wenn du sie tatsächlich schlecht fändest, hättest du sie zerrissen. Sie waren nur gefaltet.«

»Wenn ich gewußt hätte, daß du sie lesen würdest ...«

»Ich habe sie nur nicht behalten, weil ich mir dann wie ein Dieb vorgekommen wäre. Obwohl ich nicht so recht weiß: Bleibt der Abfall von jemandem in dessen Besitz, wenn er in der Mülltonne gelandet ist?«

»Ich glaube, nein. Müll ist öffentliches Eigentum.«

»Du hast recht. Durch den Müll wird das Private öffentlich. Die Reste unseres Privatlebens vereinigen sich mit den Resten der anderen. Der Müll ist etwas Gemeinschaftliches. Er ist unser sozialster Teil. Ist es nicht so?«

»Also ich glaube, jetzt gehst du zu tief in den Müll hinein. Ich denke ...«

»Gestern waren in deinem Müll ...«

»Was?«

»Wenn mich nicht alles täuscht, waren da Krabbenschalen.«

»Richtig. Ich habe große Krabben gekauft und sie geschält.«

»Ich liebe Krabben.«

»Ich habe sie geschält, aber noch nicht gegessen. Vielleicht können wir ...«

»Zusammen zu Abend essen?«

»Ja ...«

»Ich will dir keine Arbeit machen.«

»Es macht keine Arbeit.«

»Die Küche wird verdreckt.«

»Ach was. Im Nu ist alles wieder sauber, und die Reste werfen wir in den Abfall.«

»In deinen oder in meinen?«

Dreißig Jahre

Sie trafen sich dreißig Jahre danach auf einem Fest. Sie lächelte und sagte: »Wie geht es dir?«

»Kennt Ihr euch?« fragte die Gastgeberin.

Er sagte nicht: Wir kennen uns. Sogar im biblischen Sinn. Sie war die Liebe meines Lebens. Ich habe mich wegen ihr fast umgebracht. Ich könnte jetzt noch für sie sterben. Ach, das Leben, das Leben.

Er sagte: »Ja.«

»Lang ist's her, nicht wahr?« sagte sie.

Er setzte sich neben sie. Er war sehr bewegt, konnte fast nicht sprechen: »Dreißig Jahre ...«

»Iiih! Sprich nicht darüber. Da fühle ich mich gleich so alt.« Und sie fügte hinzu: »Steinalt.«

Komisch. Sie war natürlich dicker geworden. Hatte Falten bekommen. Aber was sich wirklich verändert hatte, war ihre Stimme. Oder hatte sie immer schon diese schrille Stimme gehabt? Unmöglich. Er konnte sich an alles an ihr erinnern. Alles. Die Liebe seines Lebens. Jetzt zupfte sie ihn am Ärmel.

»Du schaust aber gut aus.«

»Wie ist es eigentlich bei dir weitergegangen seitdem? Ich meine ...«

»Ach, rede nicht darüber, Junge. Weißt du, daß ich schon Großmutter bin?«

»Nein!«

Er konnte den Schrecken in seiner Stimme nicht verbergen. Aber sie faßte das als Kompliment auf. Sie rief »Haroldo!« und winkte ihrem Mann, der lächelnd herankam. Sie stellte ihn vor: »Das ist ein alter Freund ...«, aber sie nannte seinen Namen nicht. Mein Gott, sie hat meinen Namen vergessen! Sie bat ihren Mann:

»Zeig doch mal das Foto von Gustavinho.«

Und zu ihm: »Du wirst sehen, ein süßes Enkelkind.«

Haroldo griff zur Brieftasche. Sie hat meinen Namen vergessen. Und ich erinnere mich noch an alles! Die Blinddarmnarbe. Die Wohnung in der André-da-Rocha Straße. »Ich werde dich immer, immer lieben!« Alles!

Haroldo zog das Foto aus der Brieftasche. Er nahm es in die Hand. Der kleine Gustav starrte erschrocken in die Kamera.

»Ist er nicht goldig?« fragte sie.

Er gab Haroldo das Foto zurück und sagte:

»Nein.«

»Wie, ›nein‹?«

»Ich finde ihn nicht goldig. Basta.«

Und ging sich ein Glas Whisky holen.

Die Serenade

Souza gestand: »Ich bin der letzte Romantiker der Welt!«

Und er verkörperte wirklich einen Typus, der im Aussterben begriffen ist. Er war ein Charmeur. Die Frauen wußten nicht, wie sie auf Souzas übertriebene Galanterie reagieren sollten. Sie waren irritiert, wenn Souza ihnen nicht nur die Hand küßte, sondern noch hinzufügte: »Ich liege Ihnen zu Füßen!« Sollte das ein Witz sein?

Aber es gefiel ihnen. Das war mal etwas anderes. Manchmal mußten sie sich zusammennehmen, um nicht zu lachen, wenn Souza einen verschnörkelten Satz über die Farbe ihrer Augen machte und dann ihre Hälse mit Alabastertürmen verglich. Aber zum Teufel, ein Kompliment ist nun mal ein Kompliment, egal, in welchem Stil. Und nicht wenige erlagen Souzas verstaubtem Charme. Später erzählten sie dann, daß der Souza nichts von ihnen wollte, nur eben flirten, ins Kino gehen und später in ein Café. Souza war etwas, was längst überholt war, ein wohlerzogener junger Mann.

Laura war wunderschön, und als Souza sie kennenlernte, schrieb er sogleich ein Sonett für sie. Laura fand das sehr witzig, gab irgendeinen Kommentar ab – »super« oder »nett« – und vergaß ihn. Auch, weil sie nicht recht wußte, was sie mit einem Mann mit Haarpomade und tailliertem Sakko reden sollte.

Souza schickte Laura Blumen. Jeden Tag einen Strauß, Tag für Tag, immer von einem Sonett begleitet. Geschrieben mit grüner Tinte, »der Farbe meiner Hoffnung«. Aber Laura reagierte nicht.

Sie arbeitete und studierte, sie wollte ihr Diplom in Psychologie machen, sie hatte anderes zu tun. Was für ein nerviger Typ, das war ihre einzige Reaktion. Bis Souza eine Idee hatte:

»Eine Serenade!«

Die Freunde versuchten, ihn davon abzubringen.

»Das ist längst aus der Mode, Souza.«

»Das ist es ja gerade! Die Wirkung wird umso größer sein.«

In kürzester Zeit organisierte Souza alles Nötige: zwei Gitarren, eine Fiedel, eine Flöte und als Sänger »den Unseren«, einen Apotheker. Die Freunde hatten ihn so lange »unseren Troubadour« genannt, bis der Apotheker nur noch unter diesem Spitznamen bekannt war. Davon war dann nur noch »der Unsere« übriggeblieben.

Alles war vorbereitet für die Serenade. Es gab nur ein Problem. Laura wohnte im achten Stockwerk, und zwar zum Hof hin. Wenn man die Serenade vor dem Haus spielte, würde man alle Bewohner der Vorderseite aufwecken, nur Laura würde sie nicht hören. Und der Hof grenzte an eine Überführung.

Souza und seine Gruppe – zwei Gitarren, eine Fiedel, eine Flöte und der »Unsere« – überprüften das Terrain. Die Überführung hatte einen Vorteil. Sie reichte bis zum vierten Stockwerk, was sie näher an Lauras Fenster im achten bringen würde.

Allerdings liefen sie dort Gefahr, während der Serenade überfahren zu werden.

»Um wieviel Uhr steigt die Sache?« fragte der »Unsere«.

»Es muß nach Mitternacht sein. Sonst ist es nicht schön.«

»Um diese Zeit ist nicht viel Verkehr. Und wenn ein Auto auftaucht, haben wir genug Zeit davonzulaufen.«

»Nein«, sagte Souza, dem die Vorstellung nicht behagte, daß Laura vielleicht mitansehen mußte, wie ihre nächtlichen Musiker mitten in der zweiten Strophe von einem Bus auseinandergetrieben wurden. Es gab nur eine Lösung: »Wir müssen ins Haus gehen.«

»Und wie?«

»Na, durch die Tür. Wir gehen rein, nehmen den Aufzug und spielen im Hausflur vor ihrer Tür.«

Der »Unsere« fand das nicht gut. Serenade im Hausflur, das paßte nicht so recht. Aber schließlich war es Souzas Sache.

Sie trafen sich um Mitternacht vor der Eingangstür. Souza betrachtete das Gepäck eines der Gitarrenspieler, Saraiva, mit Befremdung. Was war das?

»Meine elektrische Gitarre!«

»Auch das noch. Und wo finden wir eine Steckdose?«

Die Haustür war zugesperrt. Sie mußten klingen. Bis sie den richtigen Knopf gefunden hatten, hörten sie einige

Beschimpfungen. Endlich fanden sie den richtigen. Die verschlafene Stimme von Laura fragte, was los sei.

»Los!« rief Souza.

Durch die Sprechanlage konnte Laura hören, wie der »Unsere« zu singen begann, danach nur Schreie – »Die Polizei … Ruhe … wir sind keine Einb …« – danach etwas, das sich wie Schüsse anhörte.

Dann hörte sie nichts mehr. Sie ging ins Bett zurück und sagte zu ihrem Freund, einem Informatiker, daß es wahrscheinlich nur ein Scherz gewesen sei.

Als sie erfuhr, was geschehen war, fühlte Laura sich verpflichtet, Souza im Krankenhaus zu besuchen. Der Schuß der Polizei war knapp an seiner Lunge vorbeigegangen. Als Souza Laura ins Zimmer kommen sah, sprang er zum Entsetzen seiner Freunde aus dem Bett, wobei er über den Infusionshalter stolperte. Er wurde wieder ins Bett zurückgebracht. Laura bat ihn um Verzeihung. Aber er sagte, mühsam nach Luft ringend:

»Ach, das macht doch nichts!«

Er war eben unverbesserlich.

Die Rückkehr (I)

Vom Zugfenster aus erblickt der Mann das alte Städtchen, das ihn einst zur Welt kommen sah. Seine Augen füllen sich mit Tränen. Dreißig Jahre! Er steigt am Bahnhof aus – demselben wie damals, es hat sich nicht viel verändert – und atmet tief durch. Sogar der Geruch ist derselbe! Geruch von Wald und Staub. Es riecht nur nicht mehr nach Kohle, weil die Züge jetzt elektrisch betrieben werden. Und der Bahnhofsvorsteher – ist das möglich? – ist noch derselbe. Abgesehen von der Glatze, dem weißen Schnurrbart, den Falten und dem vom Alter gebeugten Körper hat er sich nicht verändert.

Der Mann muß nicht fragen, wie er zur Ortsmitte kommt. Er geht zu Fuß, läßt sich von der Erinnerung leiten. Der Ortskern sieht aus wie damals. Der Hauptplatz. Die Kirche. Die Präfektur. Sogar der Losverkäufer vor dem Club Comercial scheint derselbe zu sein.

»Hast du nicht einen Hund gehabt?«

»Den Cusca? Ach, der ist schon vor zwanzig Jahren gestorben.«

Der Mann weiß, welche Straße zum Kino Elite führt: die Rua Quinze. Er geht die Rua Quinze hoch. Das Kino ist noch da, heißt aber jetzt Rex. Nebenan gibt es eine Konditorei. Ach, die Süßigkeiten seiner Kindheit … Er geht hinein. Alles gleichgeblieben. Außer der Resopaltheke ist alles gleichgeblieben. Er müßte sich schon schwer täuschen, aber ist das nicht noch derselbe Besitzer?

»Senhor Adolfo, nicht wahr?«

»Lupércio.«

»Na ja, dann habe ich es ja fast getroffen. Ich suche mein Geburtshaus. Ich weiß, daß es neben einer Apotheke stand.«

»Neben welcher, der Fortschritts-Apotheke, der Hat Alles oder der Modernen Apotheke?«

»Welche ist die älteste?«

»Die Moderne Apotheke.«

»Dann war es die.«

»Sie befindet sich in der Rua Voluntários-da-Pátria.«

Klar. Die alte Rua Voluntários. Da steht sein Haus, unbeschädigt. Ihm ist zum Weinen zumute. Früher hatte es eine andere Farbe. Die Tür ist ausgewechselt und eines der Fenster offenbar zugemauert worden. Aber es gab keinen Zweifel, das war das Haus seiner Kindheit. Er klopfte an die Tür. Die Frau, die aufmachte, kam ihm irgendwie bekannt vor. Es wird doch nicht …

»Tante?«

»Puluca!«

»Aber ich heiße …«

»Alle nannten dich Puluca. Komm rein.«

Sie schenkte ihm einen Likör ein. Und fragte ihn nach Verwandten, die er nicht kannte. Er fragte sie nach Verwandten, an die sie sich nicht erinnern konnte. Sie unterhielten sich, bis es dunkel wurde. Dann stand er auf und sagte, daß er gehen müsse. Leider könne er nicht länger in Riachinho bleiben. Er war nur gekommen, um die Sehnsucht zu stillen. Die Tante schien verwirrt.

»Riachinho, Puluca?«

»Ja, warum?«

»Du willst nach Riachinho?«

Er verstand nicht.

»Ich bin in Riachinho.«

»Nein, nein. Riachinho ist die nächste Zughaltestelle. Du bist in Coronel Assis.«

»Dann bin ich am falschen Bahnhof ausgestiegen!«

Einige Minuten lang schauten sich die beiden schweigend an. Endlich fragte die Alte:

»Wie ist denn dein Name?«

Aber er war bereits auf der Straße, völlig verstört. Und jetzt? Er wußte nicht, wie er zum Bahnhof zurückfinden sollte, in diesem fremden Ort.

Die Rückkehr (II)

Stürmisches Klopfen am Eingang. Die alte Dame bewegt sich mit Mühe durch das Wohnzimmer des alten Hauses in Richtung Tür. Als sie öffnet, steht ein großer Mann davor, fast doppelt so groß wie sie, der sie erwartungsvoll anlacht.

»Tante«, sagt der Mann.

»Was?«

»Ich bin es, Tante.«

»Du!« ruft die Alte.

Aber dann merkt sie, daß sie gar nicht weiß, wer er ist.

»Wer bist du?«

»Erkennst du mich nicht mehr, Tante?«

Die Alte schaut sich den Mann aufmerksam an. Dann ruft sie aus:

»Es kann nicht sein.«

Überrascht tritt sie ein wenig zurück. Und wiederholt:

»Es kann nicht sein! Es kann nicht sein!«

Dann kommt sie wieder vor und sagt:

»Es kann wirklich nicht sein. Er ist tot. Wer bist du?«

»Überlege, Tante. Du hast mich sehr gemocht.«

»Ja?«

»Ich war das Wichtigste in deinem Leben. Du hast mich umsorgt, mir zu Essen gegeben, mir das Bad bereitet …«

»Ja, ich fange an, mich zu erinnern …«

»Eines Tages war ich verschwunden und kam nicht mehr zurück. Aber jetzt bin ich wieder da!«

»Du bist zurückgekommen, oh, Rex!«

»Rex?«

»Mein Hündchen, Rex. Mein Knuddeltier. Mein Herz. Du bist wieder da!«

»Nein, Tante. Ich bin nicht der Rex.«

»Wer bist du dann?«

»Tante, hör zu. Ich bin … der Walter.«

»Nein!«

»Doch!«

»NEIN!«

»Doch, Tante. Doch!«

»ICH KENNE KEINEN WALTER!«

»Dein Lieblingsneffe. Du hast mich großgezogen. Versuche dich zu erinnern, Tante!«

»Ich habe noch nie einen Neffen großgezogen. Schon gar nicht einen namens Walter.«

»Bist du sicher?«

»Absolut. Ich habe schon immer hier gewohnt, und zwar allein.«

»Ist das hier nicht Hausnummer 201?«

»Nein. Hier ist 2001.«

»Mein Gott. Ich habe mich getäuscht. Können Sie mir verzeihen?«

»Alles klar.«

Die Alte macht die Tür zu. Nach einigen Minuten hört sie wieder ein Klopfen. Sie macht auf. Es ist Walter.

»Hören Sie …« sagt er.

»Was gibt's?«

»Hatten Sie wirklich keinen Neffen namens Walter?«

»Niemals.«

»Und … hätten Sie nicht gern einen?«

»Also …«

»Die Hausnummer 201 ist so weit weg von hier. Und da Sie hier allein wohnen …«

»Na gut«, sagt die Alte zustimmend. »Komm rein.«

Doch sie fügt gleich hinzu:

»Aber Bad gibt's keines!«

Super-Edgar

So etwas ist dir bestimmt auch schon passiert:

»Kannst du dich nicht an mich erinnern?«

Du kannst dich nicht an ihn erinnern. Du suchst in rasender Geschwindigkeit alle Speicherplätze in deinem Gedächtnis nach seinem Gesicht und dem dazugehörigen Namen ab und findest nichts. Und du hast keine Zeit, im ausgelagerten Archiv nachzuschauen. Er steht vor dir, lächelnd, seine Augen leuchten, und wartet auf deine Antwort. Erinnerst du dich oder nicht?

Zu diesem Zeitpunkt hast du noch die Wahl. Drei Wege stehen dir offen.

Der erste ist kurz, grob und ehrlich:

»Nein.«

Du erinnerst dich nicht an ihn und hast keinen Grund, es zu verschleiern. Das trockene »Nein« kann sogar einen Tadel implizieren. Man stellt keine solchen möglicherweise peinlichen Fragen, niemandem, mein Lieber. Guterzogene Menschen tun dies jedenfalls nicht. Du solltest dich schämen. Ich kann mich nicht an dich erinnern und selbst wenn ich es täte, würde ich es dir nicht sagen. Mach's gut.

Ein anderer Weg, weniger ehrlich, aber gleichermaßen akzeptabel, ist der der Verstellung.

»Sag jetzt nichts. Du bist der …der …«

»Sag jetzt nichts« heißt in diesem Fall »Sag es mir, sag es mir«, du zählst auf sein Mitleid und weißt, daß er sich früher oder später zu erkennen geben wird, um deiner Qual ein Ende zu setzen. Oder du kannst etwas sagen wie:

»Entschuldige, aber das ist wohl das Alter …«

Auch dies ist ein Appell an sein Mitleid. Es bedeutet: »Quäle nicht einen armen Gedächtnislosen, sag lieber gleich, wer du bist!« Es ist eine sympathische Art zu sagen, daß du absolut keine Ahnung hast, wer er sein könnte, aber

82

nicht wegen seiner Bedeutungslosigkeit, sondern wegen deiner neuronalen Defizienz.

Und es gibt den dritten Weg. Der am unvernünftigsten und am wenigsten zu empfehlen ist. Der zu Tragödie und Untergang führt. Und den du natürlich beschreitest:

»Selbstverständlich erinnere ich mich an dich!«

Du willst ihn nicht verletzen, das ist es. Es ist statistisch belegt, daß der Wunsch, andere nicht zu verletzen, die Hauptursache fast aller sozialen Desaster ist, aber du willst nicht, daß er denkt, er habe dein Leben gekreuzt, ohne jegliche Spur zu hinterlassen. Und nachdem du diesen Satz gesagt hast, gibt es keinen Weg zurück. Du bist in den Abgrund gesprungen. Gottes Wille geschehe. Du setzt noch eins drauf:

»Lang ist's her!«

Jetzt wird alles von seiner Reaktion abhängen. Wenn er ein Schuft ist, wird er dich herausfordern:

»Also sag, wer ich bin.«

In diesem Fall bleibt dir kein anderer Ausweg, als einen Herzinfarkt zu simulieren und, Bewußtlosigkeit vortäuschend, darauf zu warten, daß der Krankenwagen dich rettet. Aber er kann auch Mitleid zeigen und einfach sagen:

»Das ist wahr.«

Oder:

»Das ist echt lang her.«

Du hast Zeit gewonnen, um dein Gedächtnis noch gründlicher zu durchforsten. Wer ist dieser Typ, zum Kuckuck? Während du hastig in den Tiefen deines Gehirns zwischen Staub und Spinnweben alte Karteikarten hervorziehst, hältst du ihn mit neutralen Jabs auf Distanz.

»Wie geht es dir?«

»Gut, gut.«

»Kaum zu glauben.«

»Doch, echt.«

(Ein Schulkamerad. Oder von der Bundeswehr? Ein Verwandter? Wer ist dieser Typ, mein Gott?)

Er sagt:

»Ich dachte, du würdest mich nicht wiedererkennen …«

»Wo kämen wir denn da hin?!«

»Nun, man wird manchmal von den Menschen enttäuscht.«

»Ich soll dich vergessen haben? Ausgerechnet dich?«

»Die Menschen verändern sich. Ich weiß es nicht.«

»Ideen hast du!«

(Das ist Ademar! Nein, Ademar ist schon gestorben. Du warst ja auf seiner Beerdigung. Der … der … wie war sein Name? Er hatte ein Holzbein. Rezende! Aber woher soll man wissen, ob der hier ein künstliches Bein hat? Du könntest ihm einen freundschaftlichen Tritt geben. Und wenn du das echte Bein triffst? Beide treten. »Wie schön, dich wieder zu sehen!« und paff, trittst du gegen das eine Bein. »So eine Freude!« und paff, trittst du gegen das andere. Wer ist dieser Typ?)

»Unglaublich, wie man sich aus den Augen verliert.«

»Wie wahr.«

Nun ein Versuch. Es ist ein gewagter Wurf, aber in solchen Augenblicken muß man kühn sein.

»Hast du die alten Freunde wiedergesehen?«

»Nur den Pontes.«

»Der alte Pontes!«

(Pontes. Kennst du irgendeinen Pontes? Wenigstens hast du jetzt einen Namen, mit dem du weiterarbeiten kannst. Eine zweite Kartei, um etwas in deinem Speicher zu orten. Pontes, Pontes …)

»Kannst du dich an Croarê erinnern?«

»Na klar!«

»Den treffe ich ab und zu bei Schießübungen.«

»Der alte Croarê!«

(Croarê. Schießübungen. Du kennst keinen Croarê und geschossen hast du auch noch nie. Unbrauchbar. Diese Spuren helfen dir nicht weiter. Du entschließt dich, alle Vorsichtsmaßnahmen außer acht zu lassen und gehst zum entscheidenden Angriff über. Dem letzten, bevor du auf den Infarkt zurückgreifst.)

»Rezende …«

»Wer?«

Er ist es nicht. Wenigstens das ist geklärt.

»Gab es da nicht einen Rezende?«

»Ich kann mich nicht an ihn erinnern.«

»Da muß ich irgendwas verwechseln.«

Schweigen. Du fühlst, daß du kurz vor der Entlarvung stehst.

Da fragt er:

»Weißt du, daß Ritinha geheiratet hat?«

»Nein!«

»Doch, sie hat geheiratet.«

»Wen denn?«

»Ich glaube, du hast ihn nicht gekannt. Den Bituca.«

Da verlassen dich alle Skrupel. Zum Teufel mit der Vorsicht. Wenn der Schimpf schon unvermeidlich ist, dann soll er eben total und niederschmetternd sein. Dich befällt eine Art finaler Euphorie. Das Delirium vor dem Abgrund. Wie könntest du denn Bituca nicht kennen?

»Natürlich kannte ich ihn! Den alten Bituca …«

»Sie haben geheiratet.«

Es ist deine Chance. Das ist der Ausweg. Du gehst zum Angriff über.

»Und keiner hat mir was gesagt?!«

»Tja …«

»Also, jetzt hör mir mal zu. All das passiert, Ritinha heiratet Bituca, Croarê geht schießen, und niemand sagt mir was davon?!«

»Man hatte den Kontakt nicht mehr und …«

»Aber mein Name steht auf der Liste, mein Lieber. Man hätte mich nur anzurufen brauchen. Eine Einladung schicken können.«

»Ja …«

»Und du dachtest dir noch, daß ich dich nicht wiedererkennen würde. Dabei habt Ihr mich vergessen!«

»Entschuldige, Edgar. Es ist …«

»Es gibt keine Entschuldigung. Du hattest schon recht. Die Menschen verändern sich …«

(Edgar. Er hat dich Edgar genannt. Du heißt aber nicht Edgar. Er hat dich mit jemandem verwechselt. Auch er hat nicht die leiseste Ahnung, wer du bist. Am besten ist es, man bringt die Sache schnell zu Ende. Nutzt aus, daß er gerade in der Defensive ist. Wirft einen Blick auf die Uhr und macht ein Gesicht wie »so spät schon?!«)

»Ich muß gehen. War schön, dich gesehen zu haben.«

»Finde ich auch, Edgar. Und entschuldige, ja?«

»Schon gut. Wir müssen uns eben häufiger sehen.«

»Klar.«

»Die alten Freunde zusammentrommeln.«

»Richtig.«

»Und solltest du mit Ritinha und Mutuca sprechen …«

»Bituca.«

»… und Bituca, grüße sie von mir. Ciao!«

»Ciao, Edgar!«

Beim Weggehen hörst du noch zufrieden, wie er sagt: »Super Typ, der Edgar«. Aber du schwörst, daß du so etwas zum letzten Mal gemacht hast. Wenn dich das nächste Mal jemand fragt »Kennst du mich noch?«, dann wirst du nicht mal »nein« sagen. Du wirst einfach davonlaufen.

Beim Joggen

Sie lernten sich auf der Strandpromenade an der Avenida Atlântica kennen. Ein Jahr lang kreuzte sich manchmal ihr Weg, manchmal verlief er in derselben Richtung, aber ohne daß sie miteinander gesprochen hätten. Bis er sich eines Tages ein Herz faßte.

»Entschuldigung …«

»Ja?«

»Dein Jogginganzug …«

»Aus Frankreich.«

»Ist der nicht von Adidas?«

»Nein, nein. Diese Marke gibt es hier gar nicht.«

»Hübsch.«

»Danke. Mir sind deine Joggingschuhe aufgefallen …«

»Ah. Die hat mir ein Freund aus den Staaten mitgebracht …«

»Sie sind bestimmt gut.«

»Sie sind großartig.«

Und das alles beim Laufen, Seite an Seite.

»Läufst du den ganzen Strand entlang?«

»Nein. Nur von der Rua Princesa Isabel bis Abschnitt vier.«

»Ich von Abschnitt vier bis ans Ende von Leme.«

»Wie oft?«

»Viermal. Nächste Woche werde ich mich auf fünf steigern.«

»Ich mich auf drei.«

»Aha.«

Als sie sich am nächsten Tag begegneten, winkten sie sich zu. Und seitdem wechselten sie immer einige Worte miteinander. Nur ganz kurz, wenn sich ihre Wege kreuzten. Etwas ausführlicher, wenn sie in derselben Richtung liefen.

»Und?«

»Alles in Ordnung.«

»Wie viele?«

»Ich bin schon bei der vierten Runde.«

»Ich bei der fünften.«

»Toll.«

Wenn er hinter ihr herlief, betrachtete er ihren Körper. Selbst in diesem französischen Anzug war das ein schöner Körper. Fest. Energisch. In kurzer Zeit würde sie auch fünf machen.

Eines Tages trafen sie sich in Höhe der Princesa-Isabel-Straße, und er schlug vor:

»Laß uns bis zum Ende von Leme laufen.«

»Bist du verrückt?«

»Komm. Nur Mut.«

Sie kam mit. Sie liefen hin und zurück, Seite an Seite, im gleichen Tempo.

»Hej, du, du hast mich auf den falschen Weg gebracht.«

Als sie den Abschnitt vier erreicht hatten, schnaufte sie schwer. Er liebte es, wenn sie so schnaufte.

Eines Tages hielten sie vor dem Lido, um sich zu unterhalten. »Hielten« sollte man vielleicht nicht gerade sagen. Sie liefen weiter, aber auf der Stelle. Beide verschwitzt, aber glücklich. Sie hatte sich die Haare zurückgebunden, doch einige Strähnen hatten sich gelöst und klebten an ihrem verschwitzen Gesicht. Auf beiden Seiten liefen die ande-ren Jogger an ihnen vorbei. Alle möglichen Typen von Menschen. Alte Promenadenbekannte. Wie eine Bruderschaft.

»Es gibt 'ne ganze Menge von Leuten, die joggen, findest du nicht?« sagte er.

»Weißt du, daß ich dieses Wort nicht mag?«

»Ist das wahr? Blödsinn.«

»Das portugiesische Wort ist mir lieber.«

»Und wie sagt man auf portugiesisch?«

»Cuper!«

Sie gingen lachend auseinander. Er war ganz verliebt.

Von nun an trafen sie sich jeden Morgen um sieben vor der Paula-Freitas-Straße und liefen dann zusammen. Bis zum Ende von Leme. Er wollte sich auf sechs Runden steigern, blieb aber bei fünf, bis sie genügend Kondition hatte. Und eines Tages küßten sie sich vor der Bolero Bar. Es war schwierig, denn keiner von beiden konnte aufhören zu springen, und es dauerte etwas, bis sie synchron waren. Sie verabredeten sich für den Abend. Beide waren sehr aufgeregt.

Er holte sie ab. Sie wartete auf ihn vor dem Hochhaus, in dem sie wohnte. Er stand unter Schock. Zögerte sogar ein bißchen an der Ecke, bevor er zu ihr kam.

»Hallo.«

»Hallo.«

Sie schien auch eingeschüchtert. Wenn sie recht nachdachte, war das das erste Mal, daß sie sich sahen, ohne in Bewegung zu sein. Sie im Kleid. Gut frisiert. Mit Make-up. Trocken.

»Du bist so … anders«, sagte sie.

»Wie anders?«

»Ich weiß nicht.«

Es war kein schöner Abend. Beim Essen fehlte ihnen der Gesprächsstoff. Sie redeten letztlich dann über das Laufen. Über berühmte Läufer. Er erzählte, daß er extra einmal nach Ipanema gelaufen war, nur um Millôr zu sehen.

»Und hast du ihn gesehen?«

»Nein.«

»Ach.«

Als er sie nach Hause brachte, küßte er sie nicht einmal. Sie gaben sich die Hände.

»Sehen wir uns morgen?«

»Klar!«

Er lief zur Strandpromenade und fand sie bereits springend vor. Er umarmte sie enthusiastisch. Sie schien auch sehr froh, ihn bei Tageslicht zu sehen. Sie bemerkte:

»Hey! Neue Adidas.«

»Gefallen sie dir?«

»Toll.«

»Hör zu, ich will dir etwas vorschlagen.«

»Sprich.«

»Machen wir es heute?«

»Was?«

»Sechs Runden?«

»Einverstanden!«

Und sie liefen Richtung Leme, einträchtig schnaufend.

Eine Überraschung
für Daphne

Daphne traute ihren Ohren kaum. Oder, besser gesagt, ihrem linken Ohr, denn in dieses drang durchs Telefon hindurch die Stimme von Peter Vest-Pocket.

»Daphne, bist du es? Ich bin es, Peter.«

Als sie sich endlich von der Überraschung erholen konnte, bemühte sich die kleine lebhafte Daphne – genau so hatte sie vor Jahren die Bildunterschrift eines Fotos im *Tatler* beschrieben, das sie als Debütantin zeigte –, ihre Stimme zu kontrollieren.

»Du meinst wohl der schmutzige, heuchlerische, treulose, ekelhafte, jeden Anstand und Charakter entbehrende, dumme und verabscheuungswürdige Peter Vest-Pocket?«

»Genau der. Es tut gut zu wissen, daß du mich immer noch liebst.«

»Du, du …«

»Versuch's mal mit ›Schwein‹.«

»Du Schwein!«

»Genau deswegen habe ich dich verlassen, Daphne. Du hast immer das getan, was ich dir gesagt habe. Es war, als ob ich mit einem Jagdhund zusammenlebte.«

»Dummes Schwein!«

»Ist ja schon gut. Beruhige dich. Frag mich lieber, wieso ich dich nach zwei Jahren anrufe.«

»Es interessiert mich nicht. Außerdem waren es zwei Jahre, zwei Wochen und drei Tage.«

»Ich brauche dich, Daphne.«

»Peter …«

»Ich brauche dich sehr. Ich weiß, daß ich mich wie ein Schuft verhalten habe, aber ich bin nicht stolz. Ich bitte um Verzeihung.«

»Oh, Peter! Treib keinen Scherz mit mir …«

»Daphne, kannst du dich noch an diese Woche in Taormina erinnern?«

»Und ob ich mich daran erinnern kann!«

»An das Jasminbäumchen im Garten des Hotels? An die Oliven mit Weißwein im ausklingenden Nachmittag am Marktplatz?«

»Peter, ich fange gleich an zu weinen.«

»Und wie wir nackt im Mondschein schwimmen gegangen sind, und wie dann ein Polizist kam und allen Ernstes nach unseren Papieren fragte und wir alle drei dann zu lachen anfingen und der Polizist sich zum Schluß auch auszog?«

»Nein. Daran kann ich mich nicht erinnern.«

»Naja. Das muß ein andermal gewesen sein. Und die Pension in Rapallo, Daphne.«

»Die Pension! Der Alte mit der Ziehharmonika, der nur *Torna a Sorrento* und *Tea for Two* spielen konnte.«

»Das Geburtstagsfest, in das wir aus Versehen hineingeraten sind und bei dem ich zum Schluß noch Maurice Chevalier mit Kehlkopfentzündung nachgemacht habe.«

»Ach, Peter …«

»Kannst du dich noch an die gefüllten Paprika von Signora Lumbago erinnern, die wir dort gegessen haben?«

»Ich spüre sogar noch den Geschmack auf der Zunge.«

»Was war denn das für ein geheimes Gewürz, das sie daran tat und das sie uns nur verriet, als wir drohten, ihrem Mann von ihrem Verhältnis mit dem Kellner zu erzählen?«

»Es war … Laß mich nachdenken. Es war Majoran.«

»Bist du sicher?«

»Absolut. Ach, Peter, Peter … dir kann ich einfach nicht böse sein.«

»Toll, Daphne. Wir müssen uns mal wieder sehen. Ciao.«

»Ciao?! CIAO?! Du sagtest, daß du mich brauchst, Peter!«

»Das stimmt ja auch. Ich mache gerade diese gefüllten Paprika für eine Freundin und konnte mich nicht an das geheime Gewürz erinnern. Du hast mir sehr geholfen, Daphne, und …«

»Biest! Unsensibler Esel! Du A…«

»Daphne, ich habe mich doch schon entschuldigt. Soll ich noch auf die Knie fallen?«

Männer

Gott, der weder Geldsorgen noch eine »Hirngespinste! Hirngespinste!« schreiende Opposition hatte, entschloß sich in einer Woche, in der Er nichts anderes zu tun hatte, die Welt zu erschaffen. Und Er schuf den Himmel und die Erde und die Sterne, und Er sah, daß sie ganz annehmbar geworden waren. Aber Er fand, daß noch Leben in seiner Schöpfung fehlte, und ohne eine genaue Vorstellung von dem zu haben, was Er wollte, fing Er an, mit Lebewesen zu experimentieren. Er schuf Amöben, Insekten, Reptilien, Kakerlaken und Ameisen. Aber obwohl Ihm einiges sehr gut glückte – wie zum Beispiel die Schmetterlinge – gefiel Ihm nichts so richtig. Er befand, daß Er sich zu sehr beschränkt hatte und entschloß sich zu großen Projekten: das Mammut, den Dinosaurier und in einer besonders größenwahnsinnigen Phase den Wal. Aber das war noch immer nicht so recht das, was Er wollte. Er hatte stets zu all seinen Werken gestanden – außer beim Rhinozeros, von dem Er bis heute behauptet, daß es nicht von Ihm stammt – und hat sogar eine Erklärung für die Giraffe, Le Corbusier zitierend: »Die Form folgt der Funktion«. Aber Er wollte etwas anderes. Und dann erdachte Er einen Zweifüßler. Eine Affenvariation mit weniger Haaren. Es war fast das, was Er wollte. Aber eben noch nicht ganz genau. Und begeistert schloß Gott sich in Seiner Werkstatt ein und machte sich an die Arbeit. Und Er formte Seine Kreatur und gab ihr weiche Gesichtszüge, rundete ihre Formen, nahm ein bißchen von hier und fügte es dort hinzu. Und Er erschuf die Frau, und Er sah, daß sie schön war. Und Er bestimmte, daß sie über Seine Schöpfung herrschen sollte, denn sie war Sein vollendetstes Werk.

Leider wühlte der Teufel in Gottes Mülleimer, und aus den Resten der Frau erschuf er den Mann. Und deswegen sitzen einige Millionen Jahre später Lalinha und Teixeira in einer Bar. Teixeira hält Lalinhas Hände in den seinen und schaut ihr tief in die Augen, große Leidenschaft, doch plötzlich stößt Lalinha seine Hände heftig weg.

»Du Schwein …«

»Was ist denn los, Lalinha?«

»Jetzt verstehe ich alles. Er hat dich beauftragt.«

»Du spinnst.«

»Aber klar. Wie dumm ich doch war. Wie konntest du wissen, welches mein Lieblingsparfum ist? Vinícius hat es dir erzählt.«

»Lalinha, ich schwöre …«

»Was bin ich bloß für eine Idiotin! Und die Schallplatte. Die erste Platte, die du mir schenkst, ist ausgerechnet von Ivan Lins. Mein Gott, sogar der Kuß hinters Ohr!«

Teixeira blickt besorgt um sich. Lalinha ist aufgebracht.

»Lalinha, beruhige dich.«

»Ich kann mir sogar sehr gut vorstellen, wie Vinícius dir das alles beibringt. Schau, küß sie da, und du hast gewonnen. Er hat dich bewußt gewählt. Er wußte, daß du mein Typ bist. Genau wie er, der Hund!«

»Lalinha, ich schwöre beim Leben meiner Mutter …«

»Es war alles viel zu schön, um wahr zu sein. Jetzt fügt sich das Bild zusammen.«

»Es ist nicht so, wie du denkst.«

»Natürlich ist es so! Aber sag deinem Freund Vinícius, daß es nicht klappen wird. Sag ihm, daß es fast geklappt hätte, aber ich bin rechtzeitig aufgewacht. Sag ihm, daß er meinen Unterhalt noch lange wird weiterzahlen müssen, weil ich sobald nicht wieder heiraten werde. Am allerwenigsten eine Marionette wie dich!«

»Lalinha, du glaubst doch nicht, daß ich so … Lalinha!«

»Aber allerdings glaube ich das!«

»O.k. Du hast recht. Aber ich habe mich ehrlich in dich verliebt, Lalinha. Unsere Hochzeit würde ein Wahnsinn sein. Ein Wahnsinn.«

»Gehen wir, laß die Rechnung bringen.«

»Aber, Lalinha …«

»Laß die Rechnung bringen, Teixeira.«

Wiedersehen

Als sie sich das letzte Mal gesehen hatten, hatte der eine versucht, dem anderen mit einer Fahne auf den Kopf zu schlagen, und dieser hatte sich verteidigt, indem er einen Fausthieb in dessen Magen zu landen versucht hatte. Der eine hatte »Kommunist!« und der andere »Faschist!« geschrien. Aber das war schon Jahre her. Jetzt trafen sie sich, um einige Jahre älter, in derselben Bar wieder. Sie grüßten sich zurückhaltend. Verlegen. Nach einigem Zögern lud der eine den anderen zu sich an den Tisch ein. Zum Teufel, es war Jahre her.

Als es zu dem Streit gekommen war, waren sie beide noch Studenten gewesen. Freunde, aber mit verschiedenen Ideen. Bewegte Zeiten. Eines Tages prallten sie in zwei gegensätzlichen Demonstrationszügen aufeinander. Einer gegen und der andere für irgend etwas. Beide waren jung und impulsiv. Erst beschimpften sie sich. Dann ging einer auf den anderen los. Andere Zeiten, andere Hormone. Seitdem hatten sie nie mehr miteinander gesprochen.

»Bist du noch für diese Sache?«

»Welche Sache?«

»Ich weiß nicht mehr genau. Kastrierte Christen gegen irgendwas.«

»Christlicher Kreuzzug gegen den Kommunismus. Nein.«

»Gibt's das noch?«

»Ich weiß es nicht. Und du?«

»Was ist mit mir?«

»Bist du noch Kommunist?«

»Nö!«

Das war eine Antwort. Der andere fragte:

»Gibt's sowas überhaupt noch?«

»Kommunisten? Ich glaube einen oder zwei. Aber die russische Polizei hat bereits ihre Adressen.«

»Warst du militant?«

»Schau dir diese Narbe hier an. Schlagstock.«

»War ich das nicht?«

»Du hast mich damals nicht erwischt mit dieser lächerlichen Fahne! Christlicher Kreuzzug … So etwas konntest nur du fertigbringen.«

»Und du mit diesen ganzen fanatischen Parolen! Marx, Trotzki, Gorki …«

»Gorki? Was für ein Gorki?«

»Ach, was weiß ich. Diese ewige Litanei eben.«

»Na, also Litanei ist doch eher was für dich. Du bist ja geradezu ein Fanatiker. Religionsfanatiker.«

»Ich war es.«

»Bist du aus der Kirche ausgetreten?«

»Schon lang. Ich sah mich enttäuscht. Bekam immer größere Zweifel, bis ich ganz den Glauben verlor.«

»Mir ist es ähnlich ergangen. Die wenigen Überzeugungen, die ich noch hatte, verschwanden mit dieser Geschichte in Osteuropa. Und in Rußland. Man kann an nichts mehr glauben …«

»Es ist besser so. Wir sind reif geworden. Vernünftig. Die Wiedergewinnung der Vernunft ist eine der Entschädigungen, die das Alter mit sich bringt.«

»Und welche sind die anderen?«

»Hab' ich noch nicht entdeckt.«

Sie tranken auf die wiedergewonnene Freundschaft, erzählten sich gegenseitig von ihren Familien und entdeckten, daß das Wiedersehen in dieser Bar kein reiner Zufall war. Beide warteten auf den Beginn des Vortrags von Rangar Krisnamon, der Brasilien zum ersten Mal besuchte. Beide waren Jünger von Rangar Krisnamon! Beide hatten bereits *Das innere Auge* und *Meine Leben* gelesen, beide trugen auch das *Amulett der Erneuerung*. Sie holten das kleine Etui aus der Tasche, das an einer Kette hing und ein Barthaar von Krisnamon enthielt, und beschrieben damit einen Kreis über ihren Gläsern, während sie den *Tausendjährigen Spruch* sangen:

»Oam, patapai.«

»Oam, patapai.«

Dann schaute einer auf die Uhr und meinte, daß sie besser zum Vortrag gehen sollten, denn sicherlich füllte sich der Saal bereits, und beide träumten doch davon, nah bei Krisnamon zu sein und vielleicht sogar seine Füße zu berühren. Denn man sagte, wer Krisnamons Füße berühre, der füllte sich mit der *Einzigen Wahrheit* wie ein Krug sich füllt. Sie verließen die Bar Arm in Arm.

Mike Maguí

Paulo und Dé hatten Lana und Antônio zu sich zum Abendessen eingeladen, und danach wollten sie mit ihnen einen – wie Paulo es nannte – »leichten Porno« auf Video anschauen. Antônio ging nur widerwillig mit, doch Lana hatte nichts dagegen.

»Ich kann nichts Schlechtes daran finden.«

»Ich bitte dich.«

»Wo ist das Problem?«

»Ich weiß es nicht,« sagte Antônio, der niemandem den Spaß verderben wollte, »aber bitte!«

Sie kannten Paulo und Dé nur oberflächlich. Er fügte sich letztendlich, aber nur unter einer Bedingung:

»Wenn da irgendwas mit Zwergen oder Ziegen vorkommt – ich stehe auf und gehe!«

Als Paulo die Kassette in den Video schob, sagte er mit einem Augenzwinkern:

»Da spielt Mike Maguí mit.«

»Ah, Mike Maguí«, sagte Antônio, als ob er wüßte, um wen es sich handelte.

»Ist der gut?« wollte Lana wissen.

»Wart's ab«, sagte Paulo.

Und Dé sagte mit Nachdruck:

»Wart's ab.«

Im Auto auf dem Nachhauseweg war Lana ziemlich schweigsam. Antônio hatte sich bereits über das Essen mokiert (»Stroganoff, bei dieser Hitze!«), Paulo ausgerichtet (»Hast du gesehen, er sammelt Zeitungsreportagen über Delfim?«), sogar über den Hund schlecht gesprochen (»unsympathisch«), und Lana sagte nichts, war sichtlich nachdenklich. Endlich fragte Antônio:

»Was sagst du zu Mike Maguí?«

Und Lana:

»Tja, was für ein Ding!«

Antônio schaute aus den Augenwinkeln zu seiner Frau hinüber:

»Dir ist schon klar, daß das ein Trick sein kann, oder weißt du das nicht?«

»Wie, Trick?«

»Ein Trick. Eine Fälschung. Aus Gummi.«

»Das glaube ich nicht.«

»Komm, der Kerl ist ein Idiot. Er hat ein dümmliches Gesicht. Fandest du nicht?«

»Fand ich nicht einmal.«

»Um Gottes willen, Lana. Stell dir vor, wie dieser Typ … wie dieser Typ …«

»Was?«

Antônio suchte nach einer geeigneten Antwort. Endlich sagte er: »… Rilke liest?«

Lana schnaubte verächtlich: »Ich weiß nicht, ob Rilke gewissen Leuten weitergeholfen hat …«

Ich hab's ja gewußt, dachte Antônio. Wir hätten nicht hingehen sollen!

Männer und/oder Frauen

Die gute Freundin

Der Urlaub nahm kein gutes Ende. Die Idee der beiden seit Jahren befreundeten Ehepaare, gemeinsam ein Haus zu mieten, führte zu Irritationen. Und alles nur wegen der Bemerkung, die Itaborá machte, als er Mirna, die gemeinsame Freundin Mirna, zum ersten Mal im Stringtanga sah. Es war nicht einmal eine Bemerkung. Eher ein unbestimmtes Geräusch.

»Ohh!«

Das kam nicht gut an. Sogar Mirna lächelte verlegen. Der gute Freund Adélio verzog das Gesicht, entschloß sich aber, nichts zu sagen. Denn es war der erste Tag der vier am Strand, und ein Eklat in diesem Moment hätte den ganzen Urlaub verdorben. Sie waren viel zu gut befreundet, als daß so ein einfacher Ausrutscher – ein unwillkürlicher Laut, das war klar – alles kaputtmachen konnte. Und außerdem war das Haus schon für einen Monat im voraus bezahlt.

Doch am Abend, im Schlafzimmer, verlangte Isamar eine Erklärung von ihrem Ehemann:

»Was war das, Itaborá?«

»Mein Gott, ich hatte mich nicht in der Gewalt.«

»Und das vor Adélio!«

»Ich weiß. Das war Mist. Aber es rutschte mir so heraus. Was sollte ich machen?«

»Wie lange kennen wir Mirna und Adélio jetzt schon? Fast zehn Jahre.«

»Aber ich hatte noch nie Mirnas Hintern gesehen.«

»Ich bitte dich, Itá!«

»Ja, verstehst du das denn nicht? Man kann zehn, zwanzig Jahre mit jemandem zusammenleben und ist trotzdem nie vor einer Überraschung sicher. Mirnas Hintern hat mich eben überrascht. Der hat mich unvorbereitet getroffen.«

»Du wirst mir doch nicht erzählen wollen, daß du ihn dir nie vorgestellt hast?«

»Nie. Ich schwör's dir. Der ist mir nie durch den Kopf gegangen. Und plötzlich war er ganz da. Ich weiß auch nicht. Voll da.«

»Dann reiß dich ab jetzt zusammen.«

Für den Rest des Urlaubs beschloß Itaborá, den Stringtanga der guten Freundin keines Blickes mehr zu würdigen. Wenn die vier zum Strand gingen, ging er immer voraus. Wenn die Arschbacken der guten Freundin zufällig in sein Blickfeld gerieten, dann schaute er nach oben, bedeckte sein Gesicht mit einer Zeitung oder pfiff vor sich hin.

Eines Tages saßen Itaborá und Adélio im Garten, als Mirna im Bikini kam und ihnen Caipirinhas servierte. Als sie ins Haus zurückging, seufzte Itaborá.

»Was ist?« fragte Adélio aggressiv.

»Diese Finanzpolitik. Ich weiß nicht, ich glaube nicht dran«, sagte Itaborá.

»Ja«, sagte Adélio.

Bis zum Ende des Urlaubs schwebte die Sache zwischen den vieren. Itaborá durfte nicht einmal husten – schon schauten ihn alle mißtrauisch an.

Mendoncinha

Ich beginne mich an die Idee zu gewöhnen,
den sexuellen Akt
für einen Prozess zu halten, an dem mindestens
vier Personen beteiligt sind.
(Nach S. Freud)

»Versuch, dich zu entspannen …«

»Entschuldige. Es ist nur, daß ein Teil von mir außen vor bleibt, ganz distanziert, verstehst du? Ein Teil von mir kann sich nicht gehen lassen …«

»Verstehe.«

»Es ist, als ob ein Dritter im Bett wäre.«

»Sicher. Das ist dein Über-Ich. Meins ist auch hier.«

»Deines auch?«

»Na klar. Jeder hat eins. Worauf es ankommt, ist zu lernen, mit ihm zusammenzuleben.«

»Wenn es wenigstens die Augen zumachen würde!«

»Ich weiß, wie du dich fühlst. In solchen Situationen stelle ich mir immer vor, daß meine Mutter dabei ist.«

»Deine Mutter?«

»Ja. Sie ist auch jetzt hier bei uns.«

»Hast du eine Analyse gemacht?«

»Schon. Wenn ich es mir recht überlege, dann ist er auch hier.«

»Wer?«

»Mein Analytiker. In diesem Bett. Mein Gott, an der Seite meiner Mutter!!«

»Mein Vater ist auch hier …«

»Dein Vater auch?«

»Mein Über-Ich und mein Vater.«

»Das Über-Ich und der Vater können ein und dieselbe Person sein. Kann es nicht sein, daß eine beide verkörpert?«

»Nein, nein. Es sind zwei. Und sie hören nicht auf, mich anzuschauen.«

»Aber Sex ist so etwas Natürliches!«

»Sag ihnen das.«

»In Wahrheit sind wir es nicht allein, nicht? Ich bin, was ich denke, daß ich bin, ich bin, wie du mich siehst …«

»Und man ist auch das, was man glaubt für die anderen zu sein.«

»Also ist jeder von uns in Wahrheit drei.«

»Vier, wenn man das dazu zählt, was man wirklich ist.«

»Aber was ist man *wirklich*?«

»Ich weiß es nicht. Ich …«

»Warte mal. Nochmal von vorn. Auf deiner Seite gibt es dich – also mindestens drei Personen – dein Über-Ich, deinen Vater …«

»Auf deiner auch drei, deine Mutter und den Analytiker.«

»Und mein Über-Ich.«

»Und dein Über-Ich.«

»Sonst noch jemanden?«

»Und Mendoncinha.«

»Wen?!!«

»Meinen ersten Freund. Mit ihm …«

»Moment mal. Der Mendoncinha nicht.«

»Aber …«

»Schmeiß den Mendoncinha aus diesem Bett.«

»Aber …«

»Entweder der Mendoncinha geht, oder ich gehe mit meiner ganzen Crew!«

Der Ohrring

»Hallo?«

»Russo, ich möchte mit Moira sprechen.«

»Was?!«

»Ich weiß, daß sie bei dir ist. Gib ihr den Hörer.«

»Maurão, bist du verrückt geworden? Was täte denn Moira hier um diese Zeit?«

»Ich will nur mit ihr sprechen, Russo. Ich will nicht streiten, keine Szene machen …«

»Aber was ist denn los? Weißt du, wie spät es ist?«

»Entschuldige, wenn ich bei irgend etwas gestört habe, aber ich muß mit Moira sprechen.«

»Maurão. Hör zu. Es ist drei Uhr früh, ich habe geschlafen, und es ist niemand hier, schon gar nicht die … Maurão! Was denkst du eigentlich, wer ich bin? Du und Moira, ihr seid meine besten Freunde!«

»Moira ist mehr als nur eine Freundin, stimmt's Russo? Ich weiß es. Du und sie …«

»So ein Unsinn! Maurão…«

»Laß mich mit ihr sprechen!«

»Weißt du was? Geh zum … Wenn Moira nicht zu Hause ist, kann ich nichts dafür. Hier ist sie jedenfalls nicht.«

»Du hast es nicht gemerkt, aber ich habe dich auf dem Markt einen Ohrring kaufen sehen.«

»Einen Ohrring?«

»Ich hab's gesehen! Am nächsten Tag war der Ohrring an Moiras Ohr.«

»Und sie hat gesagt, daß sie ihn von mir hat?«

»Sie hat gar nichts gesagt. Ich hab's gesehen!«

»Maurão…«

»Willst du, daß ich eine Szene mache? Also gut. Ich komme jetzt sofort zu dir. Dann kannst du deine Szene haben, Russo, mit allem Drum und Dran. Hintergangener Ehemann, mit Waffe in der Hand, alles. Halte dich bereit!«

Maurão legt auf. Russo denkt ein wenig nach. Roberto, der neben ihm liegt, sagt nichts. Endlich spricht Russo. Es ist kein Groll in seiner Stimme, nur Enttäuschung.

»Du hast was mit Moira, nicht wahr, Roberto?«

»Wieso ich mit Moira?«

»Der Ohrring, den ich für dich gekauft habe, ist bei Moira aufgetaucht.«

»Er sieht wahrscheinlich einfach so ähnlich aus.«

»Ich bitte dich, lüg mich nicht an.«

»Ach, Russo, ich habe den Ohrring weitergeschenkt. Aber nicht an Moira. An Lise.«

»An Lise?!«

»Ja, an Lise, meine Frau. Ich schwör's dir.«

»Und Lise hat ihn Moira gegeben.«

»Das gibt's doch nicht!«

»Weißt du, wo Lise jetzt ist, Roberto?«

»Ich glaube zu Hause, warum?«

»Weil Moira nicht zu Hause ist.«

»Du glaubst, Lise und Moira …«

»Es ist besser, wenn du jetzt gehst, Roberto. Ich erwarte jemanden.«

»Wen denn?«

»Maurão will kommen und mich umbringen«

»Ich bleibe.«

»Du gehst.«

»Na gut.«

Roberto steht auf, kleidet sich an und geht zur Tür.

»Roberto …«

»Ja?«

»Hat dir der Ohrring nicht gefallen?«

Auf frischer Tat

Sie (jung, schön, allein) hat sich gerade mit Sonnenöl die Arme eingecremt, danach Beine, Brust und Gesicht, und schaut sich nun um. Einige Meter von ihr entfernt sitzt ein Mann im Sand, eine Zeitung in der Hand. Sonst ist niemand in der Nähe. Sie sieht sich den Mann ganz genau an. Hat er einen Ehering? Ja. Verheiratet also. Ungefähr dreißig, fünfunddreißig Jahre alt. Nicht häßlich, obwohl seine Nase ein bißchen zu lang ist. Sie sagt:

»Warum hast du mich so angestarrt?«

Er dreht sich überrascht zu ihr um.

»Sprichst du mit mir?«

»Warum hast du mich so angestarrt?«

»Verzeihung. Ich habe dich nicht angestarrt.«

»Warum nicht?«

Er lacht und weiß nicht, was er sagen soll.

Sie fährt fort:

»Was willst du von mir?«

»Ich? Nichts.«

»Bist du sicher?«

»Ich kann dir versichern, daß ...«

»Echt nichts?«

»Nichts. Ich schwöre es.«

»Hast du dir nicht gedacht, daß das Schicksal uns hierher an denselben Strand geführt hat? Hast du nicht daran gedacht, mich anzusprechen? Mich zu irgend etwas einzuladen? Eine Affäre mit mir anzufangen?«

»Nein. Ich schwöre, nein!«

»Findest du mich abstoßend?«

»Nein! Also sowas. Es ist nur ...«

Da kommt eine Beichte, denkt sie. Er wird mir erzählen, daß er schwul ist. Oder impotent. Oder, mein Gott, daß seine Frau gestern gestorben ist! Aber er sagt nur:

»Hör zu, das letzte, was ich im Moment will, ist eine
emotionale Bindung, verstehst du mich? Sei mir nicht
böse. Du bist eine sehr attraktive Frau, aber ich will es
einfach nicht.«

Perfekt, denkt sie. Nur noch eine Frage:

»Ist deine Frau hier in der Nähe?«

»Meine Frau? Nein.«

Perfekt. Sie steht auf und geht zu seinem Platz, setzt sich
dann neben ihn und bittet:

»Kannst du mir den Rücken eincremen?«

Ein ernstes Gespräch

Er sagt:

»Aber die Agrarreform …«

Sie sagt:

»Erzähle mir nur nicht, du bist dagegen!«

Er versucht abzulenken:

»Die Sache ist sehr komplex.«

Sie bohrt weiter:

»Warte einen Moment.«

»Komm schon, küß mich.«

»Warte. Das ist jetzt sehr wichtig. Ich will es wissen.«

»Was?«

»Die Agrarreform. Bist du dagegen?«

»Warum? Bist du dafür?«

»Ja, aber sicher doch.«

»Willst du, daß mein Alter seine Ländereien aufteilt?«

»Ist dein Vater Großgrundbesitzer?«

»Und was für einer.«

»Das wußte ich nicht!«

»Es gibt vieles über mich, was du noch nicht weißt, Süße. Komm her, ich zeig es dir ...«

»Warte. Laß uns ernsthaft miteinander sprechen.«

»Gib mir einen Kuß.«

»Das ist ein ernstes Gespräch, ja?«

»O.k. Was willst du wissen?«

»Dein Vater. Wieviel Hektar Land hat er? Oder wieviel Morgen? Also, wieviel Morgen oder Hektar?«

»Woher soll ich das wissen? Ich bin nie dort gewesen.«

»Wieviel?

»Eine ganze Menge.«

»Ungefähr?«

»Schau, auf der Farm nehmen sie den Jeep, und ein Tag reicht nicht, um an die Grenzen unseres Landes zu kommen.«

»Du lieber Himmel!«

»Weil der Jeep immer kaputtgeht. Küß mich, komm.«

»Hör auf.«

»Komm her, Weib!«

»Nichts da. Versteh doch, das hätte ich nie gedacht.«

»Was? Daß mein Vater Großgrundbesitzer ist? Wie glaubst du, kann ich mein Studium finanzieren? Und das Auto? Und die Wohnung? Und unsere Verlobungsringe?«

»Hat er auch brachliegendes Land?«

»Schon. Genau der Teil, den er mir als Hochzeitsgeschenk aufheben wollte. Unser Land, Liebes.«

»Aber ... Und deine Rede?«

»Also gut ...«

»Sogar ich fand sie ziemlich radikal. Und das, obwohl ich mit der Arbeiterpartei sympathisiere.«

»Laß uns deswegen nicht streiten.«

»All das, was du immer sagst. Soziale Gerechtigkeit ...«

»Stimmt.«

»Das fehlende Feingefühl der Reichen in Brasilien.«

»Genau.«

»Der Skandal, daß Menschen in einem so großen Land ohne eigenen Grund leben.«

»Richtig.«

»Komm. Eines Abends hast du hier in dieser Bar gesagt, daß Eigentum Diebstahl ist. Das fand ich super.«

»Der Satz ist mir plötzlich eingefallen. Aber hör zu ...«

»Und jetzt sagst du mir, daß du gegen die Agrarreform bist.«

»Ich bin nicht gegen die Agrarreform. Theoretisch bin ich dafür.«

»Und jetzt?«

»Verstehst du nicht? Das ist jetzt keine Theorie mehr. Jetzt geht es praktisch um den Grundbesitz meines Alten!«

Ein zerrüttetes Zuhause

José und Maria waren schon seit zwanzig Jahren verheiratet und sehr glücklich miteinander. So glücklich, daß sich die älteste Tochter eines Tages bei Tisch beklagte:

»Streitet ihr eigentlich nie?«

José und Maria schauten sich an. José antwortete:

»Nein, Vera. Deine Mutter und ich streiten uns nie.«

»Habt ihr noch nie gestritten?« wollte Viktor, der mittlere Sohn, wissen.

»Sicher haben wir schon gestritten, aber wir vertragen uns immer gleich wieder.«

»Ehrlich, richtigen Streit hatten wir eigentlich nie. Nur Auseinandersetzungen, wie alle. Aber wir haben uns immer sehr gut verstanden ...«

»Wie langweilig«, sagte Venancinho, der jüngste.

Vera, die älteste Tochter, hatte eine Freundin, Nora, die sie mit ihren Geschichten von zu Hause faszinierte. Noras Eltern stritten andauernd. Es war das reinste Drama. Nora erzählte Vera alles. Manchmal weinte sie. Vera tröstete die Freundin, aber im Grunde verspürte sie ein bißchen Neid. Nora war unglücklich. Es mußte schön sein, so unglücklich zu sein. Vera träumte davon, wie Nora ein Problem zu Hause zu haben, das ihr erlaubte, genauso aufsässig zu sein wie Nora. Augenringe zu haben wie Nora.

Viktor, der mittlere Sohn, besuchte häufig seinen besten Freund Sergio. Die Eltern von Sergio lebten getrennt. Sergios Vater hatte einen festgelegten Besuchstag, an dem er etwas mit ihm unternehmen konnte. Sonntag. Sie gingen dann zu Jahrmärkten, ins Kino, zum Fußball. Sergios Vater war mit einer Schauspielerin befreundet. Und ein freundlicher Herr besuchte häufig seine Mutter und brachte Sergio Geschenke. Viktor träumte davon, Sergios Bruder zu sein.

Auch Venancinho, der jüngste Sohn, hatte Freunde mit häuslichen Problemen. Die Mutter von Haroldo zum Beispiel war von dessen Vater geschieden und mit einem Typen verheiratet, der ebenfalls geschieden war. Haroldos Stiefvater hatte eine elfjährige Tochter, die *Die Blaue Donau* spielen konnte, indem sie eine Hand an die Achselhöhle gepreßt hielt – und damit Haroldos Mutter in den Wahnsinn trieb. Haroldos Mutter schrie ihren Mann häufig an.

Super.

»Ich halte diese Situation nicht mehr aus«, sagte Vera dramatisch bei Tisch.

»Was für eine Situation, Vera?«

»Euer Glück!«

»Ihr könntet wenigstens darauf achten, es vor uns nicht so zu zeigen«, maulte Viktor.

»Aber wir tun doch gar nichts.«

»Das ist es ja eben!«

Venancinho schlug mit dem Besteck auf den Tisch und forderte:

»Streit! Streit! Streit!«

José und Maria waren sich einig, daß es so nicht weitergehen konnte. Sie mußten an die Kinder denken. Vor allem an die Kinder. Sie würden nach außen hin eine Fassade von Uneinigkeit, Haß und Mißtrauen aufrichten, um ihre Harmonie zu verbergen. Es würde nicht einfach sein. Sie würden sich einiges einfallen lassen müssen. Einander erfundene Beschuldigungen und Beleidigungen an den Kopf werfen.

Alles nur, um die Kinder nicht zu traumatisieren.

»Ich bin keine Schlange!« schrie Maria, und erhob sich langsam vom Tisch, das Zackenmesser in der Hand.

Auch José stand auf und griff sich einen Stuhl.

»Doch, eine Schlange! Komm, ich klatsche dich an die Wand.«

Maria ging auf ihn zu. Vera faßte ihren Arm.

»Mama, nein!«

Viktor hielt seinen Vater fest. Venancinho, der seit Beginn des Streits – dem schlimmsten, den es bisher gegeben hatte – mit offenem Mund und weitaufgerissenen Augen dagesessen war, hielt es für besser, vom Stuhl aufzuspringen und sich ein neutrales Plätzchen im Eßzimmer zu suchen.

Nach dieser Szene konnte nichts mehr wie früher sein. Das Paar würde sich trennen müssen. Die Anwälte würden alles regeln. Sie konnten sich nie mehr sehen.

Nora tröstete jetzt Vera. Eltern waren so. Sie hatte Erfahrung. Die Familie war eine dekadente Einrichtung. Vor dem Spiegel versuchte Vera Nora nachzuahmen, wie sie mit verächtlich herabgezogenen Mundwinkeln sprach:

»Kaputt. Alles kaputt.«

Und sie rieb sich die Augen, damit sie rot aussahen. Augenringe hatte sie noch nicht, aber die würden mit der Zeit noch kommen. Sie würde bitter und aggressiv werden. Die blasse Tochter eines zerstörten Heims. Ein bißchen Make-up konnte vielleicht noch nachhelfen.

Viktor und Venancinho gingen sonntags mit dem Vater aus. Einmal gingen sie ins Maracanā-Stadion mit Sérgio, dem Vater von Sérgio und dessen Freundin, der Schauspielerin. Sérgios Vater fragte José, ob er nicht eine Freundin seiner Freundin kennenlernen wolle, dann könnten sie häufiger zusammen weggehen. José meinte, noch nicht. Er brauche Zeit, um sich an die neue Situation zu gewöhnen. Du weißt, wie das ist.

Maria hatte keinen Freund. Aber mindestens zweimal in der Woche verschwand sie von zu Hause und war nicht mehr so nervös, wenn sie dann wiederkam. Die Kinder waren sicher, daß sie sich mit einem Mann traf.

»Glaubst du, daß sie etwas ahnen?« fragte José.

»Ich glaube nicht«, antwortete Maria.

Sie befanden sich in dem Hotel, in dem sie sich mindestens zweimal in der Woche heimlich trafen.

»Ob wir richtig gehandelt haben?«

»Ich denke schon. Die Kinder fühlen sich nicht mehr wie Außenseiter bei ihren Freunden. Wir haben getan, was nötig war.«

»Ob wir eines Tages wieder zusammenleben können?«

»Wenn die Kinder aus dem Haus sind. Dann werden wir endlich frei von sozialen Konventionen sein. Wir werden nicht mehr den Schein wahren müssen. Küß mich.«

Die Flucht

»Edgar, bitte paß auf, ja?«

Edgar war berühmt für seine Ausrutscher. Obwohl er sie leugnete.

»Was hast du denn? Keine Sorge.«

Seine Frau befiel Panik. Später, wenn sie anderen davon erzählte, würde sie darüber lachen: »Edgar ist wieder mal mit beiden Füßen im Fettnäpfchen gelandet.« Aber im Moment befiel sie Panik.

»Edgar, um Gottes willen …«

»Ach, so ein Unsinn!«

»Flores und Noca haben sich gerade wieder versöhnt. Noca hatte eine Liebschaft mit einem deutschen Cellisten, sie ist von zu Hause abgehauen, hat mit dem Deutschen eineinhalb Jahre in München zusammengelebt, dann kam sie zurück, und jetzt sind beide wieder ein Paar. Rede bitte um Himmels willen nicht über die Deutschen und nicht über Cellos. Bitte, Edgar!«

»Ist ja gut.«

Als sie ankamen und Flores die Tür aufmachte, rief Edgar aus:

»Hallo, Flores! Hattest du immer schon diese Haarfarbe?«

»Nein. Kommt rein, kommt rein. Wie geht es euch?«

Auf dem Weg zum Eßzimmer konnte ihn die Frau noch am Sakkoärmel zupfen und ihm zuflüstern:

»Es ist ein Tou-pet.«

»Tupper-was?«

»Tou-pet, Edgar!«

»Ach.«

Während des Essens lief alles glatt. Die Frau fühlte ein Kribbeln im Bauch, als sie sah, wie Edgar das deutsche Etikett der Weinflasche musterte. Aber Edgar lächelte

Noca, die Gastgeberin, nur an, und bemerkte ohne jeglichen Hintergedanken:

»Super Sache, nicht?«

Jetzt wird er gleich fragen, ob Noca den Wein aus Deutschland mitgebracht hat, dachte die Frau, aber Edgar hielt sich wacker. Die Frau atmete erleichtert auf.

Es passierte nach dem Essen, als Flores sein neues Hobby vorführen wollte und eine Platte auflegte. Bach. Streicher. Später im Auto würde die Frau sagen, wenn es nur ein Cellokonzert gewesen wäre, Edgar. Aber man konnte das Cello kaum hören. Doch Edgar sagte sofort:

»Ich liebe Cello.«

Mehr noch:

»Ich bin versessen auf Cello.«

Und weiter:

»Unglaublich, was dieser dreiste Deutsche macht mit einem Cello …«

»Edgar!«

Die Frau war bereits vom Sessel aufgestanden. Edgar erschrak.

»Was ist los?«

»Mir fällt gerade etwas ein! Ich habe den Backofen angelassen! Wir müssen sofort nach Hause!«

»Aber …«

»Jetzt sofort!«

Im Auto wollte sie keine Entschuldigungen hören. Edgar versuchte es dennoch.

»Ist sie etwa mit Bach abgehauen? Wohl kaum.«

Aber die Frau wollte nicht mit ihm reden. Edgar würde noch einmal ihr Tod sein.

Überredet

»Nein, Schatz. Hör auf.«

»Liebste …«

»Laß es sein.«

»Aber warum?«

»Weil ich nicht will.«

»Du liebst mich nicht.«

»Sei nicht doof. Ich liebe dich schon. Aber man muß in gewissen Dingen langsam vorgehen. Sich Zeit lassen.«

»Sich Zeit lassen … Aber die Welt geht bald unter!«

»Mach kein Drama. Nur weil ich nicht will, bedeutet das noch lange nicht, daß die Welt untergeht.«

»Aber die Welt geht doch unter! Liest du keine Zeitung? Es geht zu Ende. Es gibt keine Zeit mehr für irgend etwas.«

»Reine Übertreibung.«

»Übertreibung?! Wir müssen das Leben jetzt genießen. Heute. Alles machen, alles ausprobieren …«

»Ich hab schon gesagt, hör auf.«

»Und was ist mit dem Kometen?«

»Was hat der Komet mit uns zu tun?«

»Der Komet ist ein Zeichen. Glaubst du, es ist nur Zufall, daß er jetzt da ist? Es ist eine Warnung. Das Ende kommt bald. Morgen kann es schon so weit sein!«

»Laß mich los. Sonst gehe ich heim.«

»O.k. Sag mir nur eines. Was ist mit der Krise?«

»Welcher Krise?«

»Genau, welche Krise? Alles ist in der Krise. Es fehlt an Papier, an Fleisch …«

»An Blech.«

»An Blech, Öl, Benzin, Baumaterial. Weißt du, wie wir am Ende dastehen werden?«

»Jetzt bist du sauer auf mich.«

»Weißt du, wie wir am Ende dastehen? Wir werden in

der Erde nach Wurzeln buddeln müssen. Ja. Du und ich im Streit um eine Wurzel oder um Gras. Wasser wird es auch nicht geben, alles wird kontaminiert sein. Und das ist noch nicht das Schlimmste, weil …«

»Reg dich nicht so auf, Schatz.«

»… weil jeden Moment ein Krieg ausbrechen kann! Solche Dinge stelle ich mir vor!«

»Schatz …«

»Und da sagst du, wir sollen uns Zeit lassen. Du bist gut. Ich glaube, daß es noch vor Jahresende Leute geben wird, die sich mit Keulen um eine Kanalratte streiten werden. Ja. Und derjenige, der gewinnt, wird sie roh essen müssen, weil man kein Holz mehr finden wird. Und alles Leute von unserem Niveau.«

»Komm her. Beruhige dich, bitte. Hier, lehn dich an.«

»Sich Zeit lassen. Alles muß jetzt geschehen. Schnell. Genieß, solange du kannst.«

»Na gut, du hast mich überredet.«

»Kanalratte, hast du gehört? Und ohne Salz, denn das wird es auch nicht mehr geben. Wie, ich habe dich überredet?«

»Du hast mich überredet. Ich will jetzt. Du hast recht, wir müssen das Leben genießen, bevor die Krise alles beherrscht. Komm.«

»Warte noch ein bißchen.«

»Komm, Schatz. Du wolltest doch gerade noch unbedingt?«

»Tja, aber jetzt bin ich ein bißchen deprimiert.«

Das Männchen und das Weibchen

Alle kennen das Männchen. Immer gut angezogen. Und parfümiert. Wenn ein Neuer zu der Gruppe stößt, stellt sich das Männchen mit einer Frage vor:

»Wie nennt dich deine Frau?«

»›Hey, du‹ oder ›du Biest‹. Manchmal sogar bei meinem Namen …«

Die anderen lachen, aber das Männchen bleibt ernst. Wartet, bis das Lachen aufhört, und fährt fort:

»Meine Frau nennt mich ›Männchen‹.«

Die anderen bemühen sich, nicht zu lachen. Der Neue fragt: »Männchen?«

»Sie liebt mich«, sagt das Männchen glücklich. »Soeben hat sie mich angezogen, mich gekämmt und mich ein wenig ausgehen lassen.«

»Deine Frau zieht dich an?«

»Ja, nachdem sie mich gebadet hat.«

»Und sie erlaubt dir, ein bißchen auszugehen?«

»Wenn sie das nicht erlauben würde …«

»Was würdest du dann machen?«

»Ich würde mich auf den Boden werfen und mit den Beinen strampeln. So ist es mit mir. Ich bin hart drauf.«

»Und du kannst wegbleiben, solange du willst?«

»Ist das ein Witz? Natürlich solange ich will. Bis es dunkel ist, selbstverständlich.«

»Will sie nicht, daß du am Abend auf der Straße bist?«

»Nein.«

Das Männchen nähert sich dem anderen und flüstert ihm etwas ins Ohr:

»Weißt du nicht, daß Männchen, die am Abend auf der Straße sind, aufgesammelt werden?«

»Aufgesammelt?«

»Männchen, die am Abend frei herumlaufen, werden aufgesammelt, und dann wird Seife aus ihnen gemacht. Das hat meine Frau mir erzählt.«

»Deine Frau hat dir das erzählt …«

»Sie liebt mich.«

»Hast du nicht ab und zu Lust, draußen zu bleiben, ein paar Bierchen zu trinken …«

»Nicht dieses Wort!«

»Was für ein Wort?«

»Ich darf es nicht sagen.«

»Bier?«

»Ja.«

»Darfst du nicht mal das Wort sagen?«

»Nein. Sonst riecht meine Frau, wenn ich nach Hause komme, meine Fahne und sagt: ›Du hast Bier gesagt‹. Oh, mein Gott, jetzt habe ich es schon gesagt …«

»Und was passiert dann?«

»Zur Strafe gibt sie mir nichts zu essen.«

»Und das läßt du dir gefallen?«

»Natürlich nicht! Was denkst denn du? Keine Frau beherrscht mich. Nachdem sie eingeschlafen ist, gehe ich in die Küche und esse einen Keks. So ist es mit mir.«

»Du bist hart drauf …«

»Hart drauf. Wer jemals mir gegenüber laut geworden ist, weiß das.«

»Was passiert dann?«

»Ich weine.«

»Aber sag mal …«

Das Männchen hebt den Finger vor die Lippen:

»Schhhh. Hast du das gehört? Das ist meine Frau, sie ruft mich. Ich muß nach Hause gehen.«

»Ich habe nichts gehört.«

»Sie benutzt eine besondere Pfeife. Nur das Männchen kann sie hören. Ich muß gehen.«

»Aber denk dran, bleib hart, ja?«
»Klar. Knallhart.«

Nun die Geschichte über das Weibchen. Der Mann sagte immer zu ihr: »Mein Weibchen …« Er empfand große Zärtlichkeit für sie. Er schaute sie an, wie man ein Kind anschaut oder ein Hündchen. Sein Weibchen. Manchmal versuchte sie, sich dagegen zu wehren oder zu kontern, aber darüber konnte er nur herzlich lachen. Er wandte sich dem Nächststehenden zu und sagte:

»Hast du das gesehen? Sie wurde zum Tier! Dieses Weibchen …«

Und umarmte sie zärtlich.

Das Weibchen lebte im Schatten ihres Mannes. Wenn sie versuchte, ihre Meinung zu irgend etwas Ernsterem zu äußern, zwinkerte er ihr zu, strich ihr über den Kopf und sagte:

»Belaste dieses schöne Köpfchen nicht mit solchen Dingen. Mach uns ein Täßchen Kaffee, komm.«

Das Weibchen resignierte. Und eines Tages, als der Mann nach Hause kam und ihr wie immer einen Kuß auf die Stirn geben wollte, traf er die Stirn nicht mehr recht.

»Ich glaube, du gehst ein!?«

Aber er wartete nicht, bis sie ihm antwortete. Er hatte noch nie ihre Antwort abgewartet. Sie war sein Zucker-püppchen. Sein Hündchen. An diesem Abend bemerkte er, daß seine Frau tatsächlich immer kleiner wurde. Und am nächsten Morgen erschrak er. Seine Frau war nur noch so groß wie ein Kind. Als er sie, aufs höchste besorgt, bei der Hand nahm und zum Arzt führte, reichte sie ihm nur noch bis zum Knie.

Der Arzt konnte sich das Phänomen nicht erklären. Die Frau behielt dieselben Proportionen, nur eben viel kleiner. Der Mann war sehr erschrocken. Nicht nur wegen der

Tatsache, daß er keine Frau mehr hatte, die er umarmen konnte. Sie konnte nicht mehr die Dinge tun, die sie früher erledigt hatte. Sie brauchte zwei, drei Tage, bis sie die Socken gestopft hatte. Sie mußte den Espresso Tasse für Tasse servieren, denn mehr als eine konnte sie nicht mehr tragen. Sie konnte nicht mehr kochen, denn es bestand die Gefahr, daß sie in den Topf fiel. Sie ging zum Markt und kam mit einer Tomate auf dem Kopf zurück, als wäre die ein Krug, eine Stange Spargel unter dem Arm. Um die Knöpfe auf den Hemden ihres Mannes festzunähen, mußte sie die Nadel mit beiden Händen führen. Die Freunde wunderten sich, daß sie nicht mehr eingeladen wurden, und sie fragten:

»Wie geht es dem Weibchen?«

Da drehte der Mann durch. »Wen meinst du denn mit Weibchen?«

Und dann geschah es. Eines Tages kam der Mann mit einer Schachtel Pralinen nach Hause – sie brauchte inzwischen einen Tag, bis sie zur Füllung kam – und fand seine Frau nicht mehr. Sie war verschwunden. Wahrscheinlich war sie so klein wie ein Staubkorn. Und bis heute geht der Mann auf Zehenspitzen durch das Haus, vorsichtig, damit er nicht auf sein Weibchen tritt, und zutiefst betrübt.

Faschingsecho

Im Laufe der Zeit entwickelte das Paar einen Code, mit dem sie sich in Gesellschaft auch von ferne verständigen konnten. Wenn er sich die Nase rieb, bedeutete dies »Gehen wir heim«. Wenn sie an ihrem linken Ohrläppchen zupfte, dann hieß das »Vorsicht«, für ihn meist ein Zeichen, das Thema zu wechseln. Am rechten Ohrläppchen zu ziehen bedeutete »Hör auf zu trinken«. Wenn er dann den Ehering am Finger drehte, hieß das «Nerv mich nicht«. Und wenn sie sich daraufhin am Kinn kratzte: »Das wirst du mir bezahlen«.

Aber an diesem Abend kamen sie mit den Zeichen durcheinander. Später, zu Hause, schrie sie: »Hast du nicht gesehen, daß ich mir fast das linke Ohr abgerissen habe?« Er sollte das Thema wechseln, aber er hatte zuviel getrunken und das linke mit dem rechten Ohr verwechselt und gedacht, sie meine, er solle nichts mehr trinken. Und während er den Ehering demonstrativ um den Finger drehte, erzählte er lachend von einem Fall, von dem er gehört hatte. Dem Besenfall.

Es war Faschingszeit. Eine Frau kehrte überraschenderweise schon Donnerstag abend frühzeitig von ihrem Strandurlaub zurück und traf an der Eingangstür ihren Mann, als er mit einem Sarong bekleidet aus dem Haus gehen wollte. Wenn er keinen Sarong angehabt hätte, hätte er eine Geschichte erfinden können, wieso er um diese Stunde ausging. Ein plötzlicher Hunger nach einem Hamburger, ein kranker Freund, irgend etwas. Aber der Sarong machte jede Entschuldigung sinnlos. Einen Sarong kann man nicht verdecken, nicht erklären, nicht leugnen. Der Sarong ist die Grenze zwischen der Toleranz und dem zivilisierten Dialog. Und da ein Dialog unmöglich war, wählte die Frau den Angriff. Sie holte einen Besen und trieb ihren Mann damit ins Haus zurück. Mit Besenschlägen!

»Wußtest du nicht, daß das bei ihnen passiert ist? Bei unseren Gastgebern?« schrie die Frau jetzt. Und ergänzte: »Du Idiot.«

»Woher sollte ich das wissen? Man hat mir die Geschichte erzählt, aber keine Namen genannt.«

»Und ich zog wie verrückt an meinen Ohr!«

Später, im Bett, stellte er fest:

»Allerhand.«

»Was?«

»Sie. Man schlägt einen Mann nicht mit einem Besen.«

»Ach ja? Und der Sarong?«

»Tut nichts zur Sache. Das mit dem Besen läßt sich durch nichts rechtfertigen.«

»Ich weiß nicht …«

»Schlagen durfte sie schon. Aber doch nicht mit einem Besen.«

Und empört, als ob er ein Dogma aufstellen wollte:

»Nicht mit einem Besen!«

Da sagte die Frau, daß das Schlimmste schon geschehen sei und sie lieber die Codes nochmals durchgehen sollten, damit solche Dinge nicht wieder vorkamen.

Die Lüge

João kam müde nach Hause und sagte zu Maria, seiner Frau, daß er nur ein Bad nehmen, dann essen und sofort zu Bett gehen wolle. Maria erinnerte ihn daran, daß sie diesen Abend bei Pedro und Luísa zum Essen eingeladen waren. João klatschte sich an die Stirn und erklärte mit Nachdruck, daß er auf keinen Fall irgendwohin zum Essen gehen würde. Maria sagte, daß die Einladung schon eine Woche alt sei und daß es rücksichtslos gegenüber Pedro und Maria – immerhin gute Freunde – wäre, nicht hinzugehen. João wiederholte, daß er nicht gehen würde. Und trug Maria auf, Luísa anzurufen und irgendeine Entschuldigung zu erfinden. Das Essen konnte man doch auf den nächsten Abend verschieben.

Maria rief Luísa an und erzählte ihr, daß João sehr ange-
schlagen nach Hause gekommen sei, sogar mit ein bißchen
Fieber, und daß sie es besser fände, ihn heute nicht mehr
aus dem Hause gehen zu lassen. Luísa fand das äußerst
schade, denn sie hatte eine sehr schöne Blanquette de Veau
vorbereitet, aber gut, das mache nichts. Die Gesundheit
gehe vor, da solle man nicht leichtsinnig sein. Sie verabredeten sich für den nächsten Abend, wenn es João besser
ginge.

João duschte, aß und ging ins Bett. Maria blieb im
Wohnzimmer und schaute fern. So gegen neun Uhr klopfte
es an der Tür. Aus dem Schlafzimmer hörte man João, der
noch nicht eingeschlafen war, aufstöhnen. Maria, die schon
im Nachthemd war, ging ins Schlafzimmer, ihren Morgen-
mantel zu holen. João bat sie, die Tür nicht zu öffnen. Um
diese Zeit könne man nur Mist erwarten, und er würde
aufstehen müssen. Man sollte einfach nicht aufmachen.
Maria war einverstanden. Sie machte nicht auf.

Eine halbe Stunde später wurde João vom Klingeln des
Telefons geweckt. Maria hob den Hörer ab. Es war Luísa,
die wissen wollte, was denn los sei.

»Warum?« fragte Maria.

»Wir waren gerade bei euch. Wir klopften und klopften,
aber niemand machte auf.«

»Ihr wart hier?«

»Um zu sehen, wie es João geht. Pedro sagte mir, daß er
vor einigen Tagen dieselben Symptome hatte und wollte
ein paar Tips geben. Was ist passiert?«

»Also, das ist so«, sagte Maria und überlegte schnell.
»João ging es schlechter. Ich versuchte, einen Arzt zu holen,
hatte aber kein Glück. Dann gingen wir ins Krankenhaus.«

»Was? Dann ist es akut.«

»Das Fieber ist gestiegen, und er bekam Glieder-
schmerzen.«

»Es erschienen rote Flecken im Gesicht«, ergänzte João, der jetzt besorgt neben dem Telefon saß.

»Das ganze Gesicht war voller roter Flecken.«

»Mein Gott. Hat er schon Masern, Frieseln und diese Dinge gehabt?«

»Ja. Der Arzt sagte, er habe so etwas noch nie gesehen.«

»Wie geht es ihm jetzt?«

»Besser. Der Arzt hat ihm einige Medikamente gegeben. Er ist im Bett.«

»Wir kommen zu euch.«

»Warte ...«

Aber Luísa hatte bereits aufgelegt. João und Maria schauten sich in die Augen. Was nun? Sie konnten Pedro und Luísa nicht empfangen. Wie sollte man die fehlenden roten Flecken erklären?

»Wir könnten sagen, daß die Medikamente Wunder gewirkt haben und daß es mir besser geht. Daß wir sogar zusammen essen gehen können«, sagte João. Er hatte bereits Gewissensbisse.

»Das würde sie mißtrauisch machen. Ich glaube, das sind sie bereits. Deswegen kommen sie auch her. Luísa hat mir kein Wort geglaubt.«

Sie beschlossen, alle Lichter auszuschalten und einen Zettel an die Tür zu heften. João diktierte, und Maria schrieb:

»Joãos Zustand hat sich plötzlich wieder verschlechtert. Der Arzt fand es besser, ihn einzuweisen. Wir rufen euch aus dem Krankenhaus an.«

»Ich wette, sie gehen ins Krankenhaus, um uns zu suchen.«

»Sie wissen nicht, in welchem Krankenhaus wir sind.«

»Sie werden alle anrufen. Das weiß ich. Luísa wird uns niemals die vergeudete Blanquette de Veau verzeihen.«

»Dann schreib folgendes: ›Joãos Zustand verschlechterte

sich plötzlich. Der Arzt fand es besser, ihn in eine Privat-klinik einzuweisen. Die Rufnummer ist 2366688.‹«

»Aber das ist deine Telefonnummer im Büro.«

»Genau. Und wir fahren dorthin und warten auf ihren Anruf.«

»Aber bis wir ins Büro kommen …«

»Laß uns gehen!«

Sie hefteten den Zettel an die Tür und versuchten, den Aufzug zu holen, aber er war bereits auf dem Weg nach oben. Sie kamen!

»Durch das Treppenhaus, schnell!«

Pedros Wagen versperrte ihnen den Weg aus der Garage. Sie konnten ihren nicht benutzen. Es dauerte eine Weile, bis ein Taxi kam. Als sie in Joãos Büro ankammen, mußten sie erst dem Wächter erklären, was sie dort mitten in der Nacht wollten. Das Telefon läutete schon. Maria hielt sich die Nase zu, um die Stimme zu verstellen:

»Rochedo-Klinik.«

»Rochedo?!« fragte João überrascht und warf sich schwer atmend auf ein Sofa.

»Einen Moment, bitte«, sagte Maria.

Sie hielt den Hörer zu und sagte, es sei Luísa. Maria war wirklich ein Schatz! Was man nicht alles tut, um die Freundschaft zu erhalten. Und nicht als Lügner dazustehen. Maria sprach wieder.

»Herr João ist in Zimmer 17, aber er kann keinen Besuch empfangen. Seine Frau? Einen Augenblick, bitte.«

Maria hielt wieder den Hörer zu. »Jetzt will sie mich sprechen!«

Dann fuhr sie mit ihrer normalen Stimme fort.

»Hallo, Luísa? Ja. Wir sind hier. Niemand weiß, was es ist. Er hat rote Flecken am ganzen Körper und die Nägel fangen an, blau anzulaufen. Was? Nein, Luísa, ihr braucht nicht herzukommen.«

»Sag ihr, daß es ansteckend ist«, murmelte João, den Kopf auf der Sofalehne, bereit, wieder einzuschlafen.

»Es ist ansteckend. Nicht einmal ich darf zu ihm. Im übrigen werden sie die ganze Klinik räumen und alle Straßen der Umgebung sperren. Sie glauben, es sei ein afrikanischer Virus, der ...«

Fantástico oder Die Augen des Boxers

In kleinen Dingen gingen ihre Ansichten auseinander. Sie zum Beispiel liebte Nelson Ned, er mochte ihn nicht. Aber sie hatten noch nie richtig gestritten. Bis eines Tages ...

Eines Tages (es war Sonntag) machte er den Fernseher an, um sich eine Sportsendung anzuschauen, und sie sagte, sie wolle *Fantástico* sehen. Er sah sie etwas verwirrt an.

»Wie, *Fantástico*?«

»*Fantástico, die Show des Lebens.*«

»Ja, Kleines, aber ...«

»Und noch was, nenne mich nicht ›Kleines‹.«

Er war dreißig und sie neunundzwanzig Jahre alt. Sie waren seit acht Jahren verheiratet und hatten zwei Kinder, die sechsjährige Denise und den vierjährigen Júnior. Eine ihrer Schwestern, die mit dem Asthma, wohnte bei ihnen. Es gab eine feste Vereinbarung: Sonntags wählte er das Fernsehprogramm. Und er wollte immer die Sportsendung sehen.

»Was ist los?« fragte er mißtrauisch.

»Nichts ist los, nur daß ich *Fantástico, die Show des Lebens* sehen will.«

»Ich auch«, sagte leise die asthmatische Schwägerin, die immer auf einem Stuhl am Eßtisch saß, um fernzusehen.

Sie stützte sich mit ihrem dünnen Arm auf den Tisch. In der Mitte des Tisches stand ein Keramikteller mit künstlichen Früchten.

Er starrte mit offenem Mund erst die Schwägerin, dann seine Frau an. Er mußte erst überlegen, bevor er reagierte. Er war ein vernünftiger Mann, sie hatten noch nie zuvor gestritten. Höchstens wegen Kleinigkeiten.

»Aber sonntags schaue ich immer meine Sendung an.«

»Heute will ich aber *Fantástico* sehen.«

»Ich auch«, wiederholte die Schwägerin, diesmal energischer.

Er sprang auf, als wäre er entschlossen, ein für allemal mit dieser Albernheit aufzuräumen. Mit diesem Zwergenaufstand. Was dachten sie sich eigentlich? Aber er wußte nichts zu sagen und setzte sich gleich wieder, mit einer Miene, die keine Diskussion mehr zulassen sollte. Als ob die Tatsache, daß er aufgestanden war, die alte sonntägliche Hierarchie wiederhergestellt hätte und basta. Aber die Frau bewegte sich bedrohlich in Richtung Fernsehgerät. Jetzt hieß es schnell denken.

»Kleines …«

»Nenn mich nicht ›Kleines‹.«

Sie wandte nicht einmal den Kopf, als sie das sagte. Sie bückte sich, um den Programmschalter zu betätigen. Er fühlte, daß das ein entscheidender Moment in seiner Ehe war.

»Rühr diesen Schalter nicht an.«

Die Frau zögerte, dann berührte sie den Schalter. Aber sie drehte nicht daran. Die Frau verharrte bewegungslos. Er wiederholte seinen Befehl mit einer vagen Drohung.

»Wenn du jetzt umschaltest, dann weiß ich nicht, was passiert.«

»Schalt um!« sagte die Schwägerin mit überraschender Festigkeit.

Er stand erneut auf, dieses Mal langsamer, als fürchtete er, daß eine schnelle Bewegung einen Stein ins Rollen bringen könnte. Am Ende bekam er gar einen künstlichen Apfel an den Kopf, alles war möglich. Er ging weiter, bis er vor den beiden Schwestern stand, und zeigte dann auf seine Frau.

»Entferne dich von diesem Fernseher.«

»Entferne dich.« Nie zuvor hatte er so gesprochen. Die Ernsthaftigkeit der Situation verlangte eine gewisse Formalität der Sprache. Er sprach wie in einem synchronisierten Fernsehfilm.

Die Frau streckte sich. Sie schaute auf ihre Schwester. Ohne ein Wort, ohne irgendein Zeichen, aber so, als hätten sie vorher alles abgesprochen (»Wenn er Widerstand leistet, greifen wir an!«), gingen die beiden Richtung Küche. Er spürte, daß der Sieg gesichert werden mußte. Noch war er brüchig, der Feind behielt die Initiative und den Vorteil des Überraschungsfaktors. Sie waren bereits durch die Küchentür verschwunden, als er schrie:

»Und ich will sofort mein Essen!«

Zwei, drei Minuten rührte er sich nicht vom Fleck, er lehnte sich an den Geschirrschrank und versuchte die Geräusche, die aus der Küche kamen, zu deuten. Sein Herz pochte. Er war ein vernünftiger Mann, der keinen Streit mochte. Er hatte sie ihres liebenswürdigen, fügsamen Charakters wegen geheiratet. Wegen ihrer Hundeaugen, wie die eines Boxers ... Denise war in ihrem Zimmer. Júnior schlief bereits. Er bewegte sich nicht, am Geschirrschrank lehnend wartete er auf die Reaktion der Schwestern.

Und plötzlich fiel es ihm ein. Mein Gott! Heute ist ja ihr Geburtstag! Den habe ich völlig vergessen! Er stürzte zur Küche und versuchte eine Entschuldigung vorzubringen.
»Kleines ...«

Mittags hatte es Huhn gegeben. Die Reste sollten zum Abendessen kalt mit Salat serviert werden. Er hatte kaum die Tür erreicht, als in Flottillenformation einige Stücke Huhn aus der Küche an ihm vorbeiflogen. Er blieb, wo er war, riß die Augen auf. Sekunden danach schwirrte auch eine Portion Salat durch das Wohnzimmer und landete auf dem Boden vor dem Fernseher.

Als eine halbe Stunde später die Frauen ins Wohnzimmer kamen, um nachzusehen, warum es so still blieb, stand er immer noch und fixierte mit aufgerissenen Augen ein Bild vom Letzten Abendmahl, das an der Wand hing. Sie riefen einen Cousin, der Arzt war. Sie bat ihren Mann um Verzeihung, die Schwägerin weinte vor Gewissensbissen. Aber als er wieder zu sich kam und die beiden neben seinem Bett sah, drehte er sich zur Wand und rollte sich zusammen, als hätte er ein Ungeheuer gesehen.

Er ließ sich krank schreiben und verbrachte vierzig Tage im Pyjama zu Hause vor dem Fernseher. Das Programm wählte die Frau. Sogar am Sonntag. Da sahen sie *Fantástico*, und während die Sendung lief, starrte er auf beide Schwestern mit einem Gesichtsausdruck, als wolle er versuchen, alles zu verstehen.

Dialog

Es klingelt, und der Mann geht zur Tür, nicht ohne zuvor ein paar Tanzschritte zu machen. In der Tür steht eine Frau. »Frau« ist in diesem Fall nicht übertrieben. Sie ist mehr als das. Wenn Gott ein Muster seines Schaffens zu einem Wettbewerb schicken sollte, würde er sie wählen. Den Satz muß ich mir für später merken, denkt er.

»Hallo«, sagt sie.

»Hallo. Komm rein.«

Sie tritt ein und schaut sich um.

»Bin ich die erste?«

»Nein. Seit meinem fünfzehnten Lebens … Ach, du meinst, die erste, die kommt. Ja, ja.«

»Schöne Wohnung.«

»Erst seit du hereinkamst, ist sie das wirklich.«

»Was?«

»Schön.«

»Hmmm.«

Was für Dialoge, denkt er. Was für Dialoge! Der Abend fängt ja gut an.

»Gib mir deine Jacke, deine Tasche …«

Sie gibt ihm beides. Er bleibt neben ihr stehen. Sie sagt:

»Ich werde nichts anderes ausziehen …«

»So. Ja, natürlich.«

Er geht ihre Jacke und die Tasche ablegen. Sie schaut sich im Wohnzimmer um. Auf dem Couchtisch stehen ein Kühler mit einer Flasche Champagner und zwei Gläser. Der Mann kommt zurück. Die Frau sagt:

»Hast du nicht gesagt, daß du ein Fest veranstalten wolltest?«

»Wenn du da bist, ist es ein Fest.«

»Aber du hast mir gesagt, daß Gäste hier sein würden.«

»Ja.«

»Ich sehe nur zwei Gläser.«

»Yes.«

»Und die anderen?«

»Was für andere?«

»Die anderen Gäste.«

»Hmmm. Ja. Gut. Wenn sie kommen, hole ich …«

»Wenn? Heißt das, daß sie vielleicht gar nicht kommen?«

»Ein Versehen …«

»Du meinst, sie könnten dein Fest vergessen haben?«

»Oder ich könnte vergessen haben, sie einzuladen ...«

»Verstehe. Das ›Fest‹ ist nur für uns beide.«

»Kleine Gruppen sind mir lieber. Dir nicht?«

Was für ein Timing. Was für ein Rhythmus. Und niemand nimmt das auf! Die Frau lächelt und wirbelt mitten im Wohnzimmer herum. Ihr weißes Kleid flattert. Was für Beine, was für ein Abend! Er schenkt den Champagner ein. Sie spricht.

»Ich muß dich warnen ...«

»Wovor?«

»Heute nacht bin ich Cinderella.«

»Cinderella? Warum?«

»Bis Mitternacht werde ich mich wie eine große Dame benehmen ...«

Er macht einen Tanzschritt, hebt die Brauen und fragt:

»Und um Mitternacht?«

Sie schiebt ihn mit einer Hand weg.

»Um Mitternacht lauf ich davon.«

»Kein Grund zur Sorge. Wenn du Cinderella bist, bin ich dein Diener, dein Kutscher, dein Sklave.«

»Dann schenk den Champagner ein, Sklave.«

Er reicht ihr das Glas und denkt: Hoffentlich sagt sie, daß die Champagnerbläschen sie in der Nase kitzeln ...

»Die Champagnerbläschen kitzeln mich in der Nase.«

»Das kann ich auch, obwohl ich kein Champagner bin.«

»Was?«

»Dich an der Nase kitzeln.«

»Verstehe ich nicht.«

»Ach, vergiß es.«

Man kann nicht immer gut sein, denkt er.

»Willst du meine Bibliothek kennenlernen?«

»Ja.«

»Dann komm. Bring dein Glas mit.«

»Moment mal ... Das ist ja dein Schlafzimmer.«

»Meine Bibliothek ist im Schlafzimmer. Die zwei Bücher da neben der Couch.«

»Bring sie doch her.«

»Die Couch?«

»Die Bücher.«

Er umfaßt ihre Taille. Sie wirbeln zusammen herum und lassen sich dann auf das Sofa fallen. Er nimmt den Champagner und schenkt nochmal ein.

»Ich glaube, du willst mich betrunken machen ...«

Er ist derjenige, der das sagt.

»Wenn du jetzt schon den Champagner aufmachst, was werden wir dann um Mitternacht aufmachen?« fragt sie.

»Vielleicht einen oder zwei Reißverschlüsse ...«

Ich muß mir das alles genau merken, damit ich es später erzählen kann, denkt er bei sich. Aus irgendeiner Ecke der Wohnung ertönt die Stimme von Frank Sinatra.

»Es ist Mitternacht.«

»Woher weißt du das?«

»Meine Kuckucksuhr.«

»Ich dachte, das wäre Frank Sinatra ...«

»Ist das nicht eine perfekte Imitation? Er trägt sogar denselben Hut.«

Sie versucht vom Sofa aufzustehen.

»Zeit zu gehen ...«

»Hier kommst du nicht raus, Cinderella.«

»Hast du nicht gesagt, daß du mein Sklave bist?«

»Ja.«

»Dann befehle ich dir, daß du mich nach Hause bringst.«

»Nein.«

»Warum nicht?«

»Weil ich mich um Mitternacht in eine Maus verwandelt habe! Prosit Neujahr!«

Eine halbe Stunde später liegt sie nackt in den Kissen, und er sitzt am Schreibtisch.

»Kommst du nicht?« fragt sie.

»Nur eine Minute. Ich muß mir noch ein paar Notizen machen, damit ich nichts vergesse. Als du gesagt hast, daß dich die Champagnerbläschen in der Nase kitzeln, was habe ich da geantwortet?«

Der Jahrestag

Ruy und Nara gingen zur gewohnten Stunde ins Bett. Ruy nahm ein Buch mit. Aber Nara wollte sich unterhalten.

»Liebster ...«

»Hmmmm?«

»Weißt du, was für ein Tag heute ist?«

»Donnerstag.«

»Ich meine, der wievielte?«

»Ach so ... der achtzehnte.«

»Und weiter?«

»Was weiter?«

»Denk nach. Es ist ein wichtiger Tag.«

Mein Gott, dachte Ruy. Ich habe unseren Hochzeitstag schon wieder vergessen, wie im letzten Monat. Aber wenn ich ihn schon im letzten Monat vergessen habe, kann er nicht heute sein. Ihr Geburtstag kann es auch nicht sein. Oder etwa doch?

»Was für ein Tag?« fragte er.

»Es jährt sich heute etwas, was vor vielen Jahren geschehen ist ...«

»Vor vielen Jahren?«

»Noch vor unserer Hochzeit.«

»Ich kann mich nicht erinnern.«

»Auf dem Sofa bei mir zu Hause.«

»Auf dem Sofa bei dir zu Hause?«

»Kannst du dich jetzt erinnern?«

War es denn möglich? Nara legte in letzter Zeit Wert auf derlei Gedenktage. Er versuchte ein Lächeln, gab einen undefinierbaren Laut von sich und wandte sich wieder seinem Buch zu. Aber sie ließ nicht locker.

»Liebster ...«

»Hmmmm?«

»Sollen wir das nicht feiern?«

»Ja«, seufzte Ruy und legte das Buch weg.

Er drehte sich zu ihr. Sie küßten sich. Dann nahm Ruy wieder das Buch in die Hand. Nara protestierte.

»War das schon alles?«

»Wie schon alles?«

»Nur einen Kuß, Ruy?«

»Wenn ich mich recht erinnere, haben wir uns an diesem Tag nur geküßt.«

»Ja, aber ...«

»Ich wollte mehr, aber du nicht.«

»Aber Ruy!«

»Habe ich nicht um mehr gebeten? Wollte ich nicht mehr als einen Kuß? Und was hast du darauf gesagt?«

»Ich sagte ›nein‹.«

»Genau deine Worte: ›Nein.‹«

»Aber später ließ ich es zu, Ruy.«

»Zwei Monate später. Zweieinhalb Monate!«

»Ach, Ruy ...«

»Nein.«

»Dann feiern wir das, was zweieinhalb Monate später geschah.«

»Nein. In diesen Dingen bin ich ganz konservativ. Gefeiert wird nur am richtigen Tag!«

Karriereleiter

»Weißt du, wer bei der neuen Regierungsbildung Favorit ist?«

»Erzähl.«

»Der Mann von Alba.«

»Welcher Alba?«

»Die kleine. Du kennst sie vom Friseur.«

»Ich kann mich vage an sie erinnern.«

»Sie färbt sich die Haare kupferrot. Spricht diesen Jargon, den man viel im Fernsehen hört.«

»Ich glaube, ich weiß, wer das ist. Das ist ja furchtbar.«

»Allerdings. Er geht nach Brasília.«

»Ihr Mann ist beim Militär, oder?«

»Nein, nein. Finanzwesen. Es scheint etwas Wichtiges zu sein.«

»Ich muß mich erkundigen.«

»Hallo?«

»Hallo, Alba, Liebste? Hier spricht Vivian Malheiros de Lima e Lima. Wir kennen uns vom …«

»Na klar! Wie geht es dir?«

»Sehr gut. Und dir? Packst du schon die Koffer?«

»Sprich nicht darüber. Das ist der Hammer.«

»Darf man unter Freunden schon wissen, für welchen Posten der … der …«

»Jorge Augusto? Hör mal, Vivian, das Ganze ist noch so gut wie geheim. Jorge Augusto sagt zu Hause nicht viel dazu. Das einzige, was ich weiß, ist, daß es schon feststeht.«

»Das klingt nach gehobenem Posten …«

»Wonach?«

»Nach Ministerium, Albinha. Und Jorge Augusto hat es verdient.«

»Ich weiß nicht. Das ist doch der Hammer …«

»Was ist denn, Liebste? Das müssen wir feiern. Habt ihr am Freitag Zeit?«

»Freitag? Ich …«

»Ich möchte euch nur zu einem kleinen Essen einladen, meine Liebe. Mein Mann möchte so furchtbar gern Jorge Augusto kennenlernen, soviel habe ich von euch gesprochen.«

»Jorge Augusto? Also ich glaube, es geht. Aber erst nach der Zwanzig-Uhr-Serie, o.k.?«

»Halb zehn, ist das recht? Nur wir und drei oder vier andere Paare.«

»Alles klar, Vivian.«

»Meine Freundinnen nennen mich Vica.«

»Alles klar, Vica.«

»Jorge Augusto Souza Santos? Nie gehört.«

»Oder Santos Souza oder so ähnlich.«

»Bist du sicher, daß er für die obere Etage vorgesehen ist?«

»Das steht fest.«

»Sonderbar …«

»Hallo, Vica? Hier ist Alba.«

»Hallo, Albinha!«

»Ich rufe dich nur wegen einer Kleinigkeit an, aber in solchen Dingen bin ich ein bißchen pingelig, verstehst du? Wegen dem Essen bei dir, was zieht man denn da an?«

»*Casual*, Albinha, einfach nur *casual*. Ganz zwanglos. Es ist doch nur, damit unsere Männer sich ein bißchen besser kennenlernen. Kommt, wie ihr wollt.«

»In Ordnung, Vica.«

»Gibt es Neuigkeiten über den Posten von Jorge, Albinha?«

»Ach, ja! Er scheint gar nicht ganz oben zu sein.«

»Wie, nicht ganz oben?«

»Kein gehobener Dienst.«

»Hmm.«

»Aber der mittlere Dienst ist auch besser. Solider. Man hat mehr Einfluß.«

»Ich mache das nur wegen dir, Antônio. Diese Alba zu ertragen … Ich wette, daß sie im Taftkleid daherkommt.«

»Hallo, Vica?«

»Ja, Alba.«

»Nochmal wegen dem Essen morgen. Jorge Augusto möchte gerne etwas mitbringen. Vielleicht einen Wein?«

»Keine Sorge, Alba. Getränke sind im Preis inbegriffen.«

»Guter Witz, Vica. Du, du bist der Hammer.«

»Irgendeine Neuigkeit aus Brasília, Alba?«

»Ja, wir wissen schon, daß es nicht der mittlere Dienst ist.«

»Einfacher Dienst?«

»Gibt es noch irgend etwas darunter, Vica?«

»Ja, nur noch Untergeschoß, Alba.«

»Es scheint noch darunter zu sein.«

»Ich weiß schon Bescheid. Der Typ wird Bediensteter im Abgeordnetenhaus. Du und deine Freundschaften, Vica.«

»Was heißt hier Freundschaften! Ich kenne den Typen nicht einmal. Und jetzt? Sie sind zum Essen eingeladen.«

»Dein Problem.«

»Hallo, Frau Alba Santos Souza?«

»Souza Santos. Ja, am Apparat.«

»Ich rufe an im Auftrag von Vivian Malheiros de Lima e Lima. Frau Lima e Lima bedauert, aber sie kann Sie heute nicht wie vereinbart zum Essen empfangen.«

»Warum nicht? Gibt es ein Problem?«

»Die Galle.«

Der Satz

Der beste Anzeigentext, den ich jemals gesehen habe, war eine farbige Abbildung einer Flasche Chivas Regal und darunter ein einziger Satz: »Der Chivas Regal der Whiskys.«

Eine amerikanische Werbung. In irgendeinem Jahresheft für Werbung, die man in den Agenturen auf der Suche nach einer originellen Idee durchblättert, in der Hoffnung, daß der Klient dieses Heft noch nie gesehen hat, muß der Name des Autors dieses Textes stehen. An dem Tag, an dem ich seinen Namen herausfinde, schicke ich ihm ein Telegramm mit einem einzigen Wort. Einem Schimpfwort. Das sowohl Überraschung als auch Bewunderung, Neid, Unterwerfung oder Haß ausdrücken kann. In meinem Fall wird es alles auf einmal bedeuten. Schimpfwort – Punkt – Brisanter Brief folgt – Punkt – Grüße – etc.

Ich bezweifle, daß der Autor dieses Satzes das Telegramm jemals bekommen würde. Der Typ, der so einen Reklametext geschrieben hat, nimmt keine Telegramme mehr entgegen. Sogar die Tür öffnet er nicht mehr. Er steht nicht mehr vom Sessel auf. Er liest nicht mehr, schaut nicht mehr fern, geht auch nicht mehr ins Kino und spricht nur noch das Notwendigste. Er verbringt den Tag sitzend, mit gekreuzten Beinen, und sein Blick geht ins Leere. Er ernährt sich von fast farbloser Kost und trinkt Champagner *brut* aus tulpenförmigen Gläsern. Mit einem leisen Lächeln in den Mundwinkeln.

Dieses Lächeln hat seine Frau letztendlich dazu gebracht, die Scheidung einzureichen. Sie hat alles ertragen. Sein Schweigen, seine Teilnahmslosigkeit, die gekreuzten Beine, alles. Aber das Lächeln war zuviel.

»Bob (sagen wir, sein Name sei Bob), willst du nicht mehr arbeiten gehen?«

Lächeln.

»Nie mehr, Bob? Du sitzt jetzt schon seit einer Woche da!«

Lächeln.

»Bob, Bill sagte, daß deine Stelle in der Agentur sicher ist, wenn du zurückkommen willst. Aber sie werden dich nicht weiter bezahlen, wenn du nicht kommst.«

Lächeln.

»Die Kinder brauchen neue Schuhe. Die Miete war auch schon längst fällig. Die Rechnung meines Analytikers auch. Das letzte Geld ist für den Kasten Champagner draufgegangen, den du bestellt hast.«

Lächeln.

»Weißt du, was man in der Agentur sagt, Bob? Daß der Text von Chivas Regal ein reiner Glücksfall war. Zwar genial, aber ein zweites Mal würdest du so etwas nicht fertigbringen. Du mußt es ihnen zeigen, Bob. Tu etwas, Bob!«

Bob tat etwas. Er streckte die Beine und kreuzte sie erneut. Lächelnd.

Die Frau beantragte die Scheidung. Beim Abschied beugte er sich leicht aus dem Sessel, um die Kinder zu küssen, doch ohne ein Wort. Heute sitzt er dort immer noch.

Er steht nur auf, um auf die Toilette zu gehen, die Kleidung zu wechseln oder um Konserven- und Champagnerlieferanten anzurufen. Natürlich nur die, die ihm noch Kredit gewähren. Den Rest der Zeit sitzt er da, mit gekreuzten Beinen, den Blick ins Leere gerichtet. Und mit diesem Lächeln.

Einmal in der Woche kommt eine Putzfrau und säubert die Wohnung. (Aber es gibt nur wenig zu tun für sie, denn er rührt nichts an.) Kopfschüttelnd geht sie wieder. Der arme Herr Bob. So ein netter Mann.

Die Freunde machen sich Sorgen um ihn. Die Agentur macht ihm astronomische Angebote, um ihn zurückzugewinnen. Aber er antwortet nur einsilbig und gestikuliert vage mit dem tulpenförmigen Glas. Da gehen alle wieder, kopfschüttelnd.

Man erzählt sich, daß dasselbe auch dem Mann passiert ist, der als erster den Mount Everest bestieg. Als er am Gipfel angekommen war, holte er als erstes einen Hocker aus seinem Rucksack, setzte diesen Hocker genau auf den höchsten Gipfel der Erde und stieg darauf! Der eingeborene Führer, der ihn begleitete, verstand nichts. Hätte er ihn verstanden, hätte er den weißen Mann und die ganze Geschichte der westlichen Welt auf einmal verstanden. Als er zur Zivilisation zurückgekehrt war, verbrachte der Mann, der den Everest bestiegen hatte, Monate, ohne mit jemandem zu sprechen, ohne irgend etwas mit den Augen zu fixieren. Wenn er Frau und Kinder gehabt hatte, so hatte er sie vergessen. Mit einem leisen Lächeln in den Mundwinkeln.

Man muß verstehen, daß jemand, der Werbetexte schreibt, immer auf der Suche nach dem ultimativen Satz ist. Dabei ist es unwichtig, ob es sich um ein Luxusgetränk oder eine Ausverkaufsaktion handelt, wichtig ist allein der Satz. Man muß alles sagen, was zu sagen ist, in einem Satz mit zehn Silben oder weniger. So vollkommen, daß auf ihn nichts mehr nachfolgen kann, nur noch Schweigen. Man zieht sich zurück. Man hat den eigenen Gipfel erreicht.

Bob kann nur zwei Dinge tun, nachdem die Euphorie seines Höhenfluges verpufft ist. Das erste ist, zur Agentur zurückzukehren, aber mit einem anderen Status. Mit einem höheren Gehalt ausgestattet, wird er nur mehr durch die Zimmer schreiten, während die Neulinge und Besucher auf ihn deuten, auf ihn, den Autor des Satzes, dieses Satzes.

»Du meinst ... DES SATZES?«

»Genau, des Satzes.«

Der zweite Weg wäre, ganz von vorn in einem anderen Bereich anzufangen. Mit einem Gemüsestand auf dem Wochenmarkt zum Beispiel. Er muß nichts mehr vollbringen, ist der einzige selbstverwirklichte Mann des Jahrhunderts.

Aber im Moment schaut Bob nur die Wände an. Ab und zu sagt er leise:

»Der Chivas Regal der Whiskys ...«

Dann läßt er den Kopf in Nacken fallen und lacht laut. Und er streckt die Beine aus und kreuzt sie wieder und trinkt noch einen Schluck Champagner.

Freunde

Sie waren sehr gute Freunde. Kindheitsfreunde. Jugendfreunde. Freunde bei den ersten Abenteuern. Freunde, die sich täglich sahen. Bis sie ungefähr fünfundzwanzig waren. Und dann, aus irgendeinem Umstand, den das Leben so mit sich bringt – und was das Leben nicht alles mit sich bringt! –, ließen sie Jahre verstreichen, ohne sich zu sehen. Bis eines Tages ...

Eines Tages kreuzten sich ihre Wege auf der Straße. Der eine lief in die eine Richtung, der andere in die andere. Beide schauten sich an, gingen noch ein paar Schritte weiter und drehten sich dann gleichzeitig um, wie bei einer Pantomime. Sie hatten sich wiedererkannt.

»Ich glaub' es nicht!«

»Das kann nicht sein!«

Sie fielen sich in die Arme. Es war eine lange und bewegte Umarmung. Die klopften sich so viele Male auf den Rücken, wie die Jahre ihrer Trennung betrugen.

»Laß mich dich ansehen!«

»Hier bin ich.«

»Aber du hast ja eine Glatze!«

»Das ist das Leben.«

»Aber wo sind deine schönen Haare?«

»Weg sind sie.«

»Deine Haarpracht.«

»Zuviel Gel ...«

»Damit hattest du Erfolg.«

»Tja.«

»Mit diesen Haaren hast du so manches Vorstadt-mädchen erobert.«

»Viele sind mir erlegen ...«

»Mensch, laß mich dich von hinten sehen.«

Er drehte sich um, um seine Glatze von hinten zu zeigen. Der andere schrie auf:

»Das ist ja eine Vollglatze!«

»Und du?«

»Schau mich nur an. Ich habe noch meine Haare. Ein bißchen graumeliert, aber alles noch da.«

»Und dieser Bauch?«

»Was kann man dagegen machen?«

»Gutes Leben ...«

»Mehr oder weniger ...«

»Ein ganz schöner Bauch.«

»Jetzt übertreib mal nicht.«

»Ich könnte wetten, daß du nicht mehr Fußball spielst, mit diesem Bauch ...«

»Gar nicht mehr.«

»Und du warst gut, stimmt's? Richtig gut.«

»Ach, was!«

»Aber jetzt hast du den Ball im Bauch.«

»Du aber auch.«

»Bauch, ich?«

»Fast so groß wie meiner.«

»Also komm.«

»Wohlstandsbauch.«

»Wenn du einen Körper wie ich hättest!«

»Aber ich habe noch alle meine Haare.«

»Ich sehe ein paar Ecken darin.«

»Bei dir sind es nicht nur Ecken, sondern ganze Straßenzüge.«

Er lacht über seinen eigenen Witz. Der andere wechselt das Thema.

»Wieviele Jahre ist es her? Zwanzig?«

»Fünfundzwanzig. Mindestens.«

»Du hast dich sehr verändert.«

»Du dich auch.«

»Findest du?«

»Die Glatze …«

»Schon wieder meine Glatze? Das wird ja zur fixen Idee!«

»Entschuldige, aber ich …«

»Vergiß meine Glatze.«

»Ich wußte nicht, daß du einen Komplex hast.«

»Ich habe keinen Komplex. Aber du mußt nicht die ganze Zeit nur über meine Glatze reden. Spreche ich etwa über deinen häßlichen Bauch? Oder über deine Falten?«

»Was für Falten?«

»Ach, was für Falten wohl?«

»Na hör mal, was für Falten?«

»Mein Gott, dein Gesicht schaut wie ein Ellbogen aus.«

»Jetzt mal langsam …«

»Und dein Bauch? Paßt du nicht auf dich auf?«

»Ich passe mehr auf mich auf als du.«

»Ich treibe Sport, mein Lieber. Ich laufe täglich. Ich bin gesund wie ein Pferd.«

»Ja. Es fehlt nur das Roßhaar dazu.«

»Aber wenigstens habe ich keinen Bauch wie eine Schwangere.«

»Und was ist das hier?«

»Zwick mich nicht.«

»Jetzt sag schon. Was ist das? Ausgestopft?«

»Zwick mich nicht!«

»Und wofür brauchst du die Brille? Müde Augen? Ich brauche keine Brille.«

»Deswegen siehst du einen Bauch, wo keiner ist.«

»Ja, natürlich. Du willst mir wohl erzählen, du hast Haare, nur ich sehe sie nicht.«

»Schon wieder meine Haare! Das ist ja geradezu eine Obsession. An deiner Stelle würde ich einen Arzt aufsuchen.«

»Geh du doch hin, du brauchst ja einen. Obwohl – gegen das Altwerden gibt es keine Medizin.«

»Wer ist alt?«

»Ich bitte dich …«

»Du bist alt.«

»Du.«

»Du.«

»Du!«

»Du menschliches Wrack.«

»Sag nicht Wrack!«

»Du Wrack!«

»Du Mumie!«

»Was? Was?«

»Du bist ja der blanke Schrott! Oder soll ich sagen, die blanke Glatze?«

»Geh mir aus den Augen!«

Wütend gingen sie auseinander. Feinde für den Rest ihres Lebens.

Erregung

Débora. Der Name allein ist wie die Gesundheit selbst mit seinen klangreichen Vokalen. Sie ist neunzehn und sorgt mit ihrem Körper für Aufsehen am Strand in einem Bikini, der nur hie und da ein bißchen was bedeckt. Die Brüste quellen über. Mit jedem ihrer Beine könnte man eine neue Frau machen, und was für eine! Sie läuft täglich den Strand entlang, surft, macht Muskeltraining und man erzählt sich, daß sie jeden Tag zu Mittag einen Mann frißt, einen von den kleinen. Und sie hat den Pio angemacht.

Pio, der diesen Namen von seiner religiösen Mutter verpaßt bekommen, ihn aber seit seinem dreizehnten Lebensjahr verleugnet hatte, konnte das kaum glauben. Die Freunde feuerten ihn an: »Gib Gas.« Aber unter einer Bedingung. Er mußte alles erzählen. Eine solche Frau nur mit Beteiligung aller, wenn auch nur verbal. Das war eine Frage der sozialen Gerechtigkeit. Débora und Pio gingen nun zusammen aus. Am ersten Abend fuhren sie mit dem Auto hinter den Sanddünen spazieren. Der Strand hatte große Sanddünen, die die Alten »bewegliche Motels« nannten. Als am Tag danach Débora ihr Jogging machte, umringten die Freunde Pio.

»Jetzt erzähl mal.«

Pio zögerte. Wollten sie wirklich alles hören?

»Erzähl!«

»Wir gingen hinter die Dünen.«

Bei dieser Vorstellung troff einigen der Speichel aus dem Mund. Andere warteten auf die Weiterentwicklung des Geschehens. Wieder andere fragten nach Details. Wie war sie angezogen?

»Hot pants.«

»Hoi!«

»Wir gingen hinter die Dünen und unterhielten uns …«

»Streich die Dialoge und komm zum Wesentlichen.«

»Dazu kam es nicht.«

»Was?!«

»In dem Moment ..., ich ... ich ...«

»Ja, was denn?«

»... fing ich an zu weinen.«

Erstaunen machte sich breit. Weinen? Pio war zu erregt, das war es. Er weinte, daß es ihn schüttelte. Und bei der Rückfahrt mußte Débora sogar das Auto lenken. Die Freunde sahen einander in die Augen. Dann schauten sie zu Débora, die gerade an ihnen vorbeilief. Es war verständlich. Pio war so emotional, irgendwie. Und keiner von ihnen konnte sagen, wie er reagieren würde, wenn er eines Tages allein mit Débora hinter den Dünen landete. Keiner.

Der Selbstmörder und der Computer

Nachdem er die Schlinge geknüpft und den Stuhl darunter gestellt hatte, setzte sich der Schriftsteller an seinen Arbeitstisch und schaltete den Computer ein. Er schrieb:

»Im Grunde, im Grunde sind die Schriftsteller immer dabei, ihre Notizen über den Selbstmord umzuschreiben. Diejenigen, die sich tatsächlich umbringen, sind die, die früher fertig waren.«

Er stand auf, stellte sich auf den Stuhl direkt unter den Strick und legte sich die Schlinge um den Hals. Dann nahm er sie wieder ab, stieg von Stuhl und ging zurück an den Computer, um das zweite »im Grunde« zu löschen. Das war knapper. Kategorischer. Er las die Notiz noch einmal und fand, daß sie zu kurz war. Also fügte er hinzu:

»Es gibt Menschen, die sich nur umbringen, um der furchtbaren Agonie zu entfliehen, die Notiz beenden zu müssen. Der Selbstmord ersetzt das Ende. Der Selbstmord ist das Ende.«

Er stand auf, stieg auf den Stuhl, legte den Strick um den Hals und dachte nach. Er erinnerte sich an einen Satz von Borges. Der paßt dazu, dachte er, nahm den Strick vom Hals, stieg vom Stuhl und ging zurück an den Computer. Er schrieb:

»Borges sagt, daß der Schriftsteller Bücher veröffentlicht, um sich von ihnen zu befreien, sonst würde er den Rest seines Lebens damit verbringen, sie umzuschreiben. Der Selbstmord ersetzt die Veröffentlichung. Der Selbstmord ist die Veröffentlichung. In diesem Fall befreit sich das Buch vom Schriftsteller.«

Er stand auf, stieg auf den Stuhl und wieder herab, noch bevor er den Strick um den Hals gelegt hatte. Ihm war noch etwas eingefallen. Er ging an den Computer zurück und fügte zwischen dem vorletzten und dem letzten Paragraphen ein:

»Es gibt Schriftsteller, die ein großes Buch schreiben oder einen großen Abschiedsbrief und die danach nicht mehr schreiben können. Sie schreiben diese Blockade der Angst vor dem Versagen zu. Aber das ist es nicht. Sie haben den Abschiedsbrief geschrieben, aber vergessen, sich umzubringen. Sie verbrachten den Rest ihres Lebens mit dem Gefühl, daß etwas in ihrem Werk fehlte, nur daß sie nicht wußten, was es war. Es war der Selbstmord.«

Er erhob sich und schaute auf den Bildschirm, dann setzte er sich wieder. Und schrieb:

»Im Grunde, im Grunde ist das Problem zu wissen, wann man ein Ende zu setzen hat. Es gibt jene, die nicht wissen, wann ihr Abschiedsbrief zu Ende ist. Es sind im allgemeinen Schriftsteller mit einem umfangreichen Werk.

Die Kritiker loben ihre Dichte, ihre experimentellen Versuche. Sie wissen nicht, daß sie nur den Brief nicht beenden können.«

Diesmal stand er nicht auf. Er schaute auf den Bildschirm und dachte nach. Dann fügte er hinzu:

»Sicher ist, daß der Computer dieses Problem noch verstärkt hat. Vielleicht kann ein endgültiger Abschiedsbrief wie früher nur per Hand oder Schreibmaschine geschrieben werden. Die Angst, das Papier mit Korrekturen zu verschmieren und der Nachwelt den Eindruck von Nachlässigkeit zu hinterlassen, zwingt den Autor dazu, genau und knapp zu sein. These: Es ist unmöglich, einen Abschiedsbrief auf dem Computer zu schreiben.«

War es das? Er las das Geschriebene wieder. Löschte das zweite »im Grunde« weg. Ja, das war es. Um Zweifel zu vermeiden, speicherte er den Text. Am nächsten Tag wollte er ihn überarbeiten. Dann ging er schlafen.

Mauro

Mauro war ein schöner Mann. Hochgewachsen, sportlich, braungebrannt.

Aber er war dumm. Furchtbar dumm. Sogar seine Frau, Laurita, die seit acht Jahren *Der kleine Prinz* las und immer noch nicht fertig war damit, verlor manchmal die Geduld mit ihm.

»Mauro, also ehrlich ...«

»Wass isst?«

Einer der dummen Einfälle von Mauro war, die »s« mit einem langen Zischen zu betonen.

»Sei doch nicht so doof.«

»Mach dir keine Ssorgen, keine Ssorgen.«

Die Freunde waren davon überzeugt, daß Laurita ihn nur ertragen konnte, weil er hochgewachsen, sportlich und braungebrannt war. Und reich. Wegen seines wichtigen Familiennamens war er im Vorstand von drei oder vier Unternehmen, in denen er nichts tat.

Am Anfang lud man ihn noch zu den wöchentlichen Konferenzen ein. Später nicht einmal das. Die Unternehmen nannten ihm sogar den falschen Tag, um zu verhindern, daß er käme. Er war zu dumm. Eines Tages, bei einer Konferenz der Finanzminister in Brasília, bastelte sich Mauro aus einer Büroklammer und einem Gummi eine Schleuder und traf um ein Haar den brasilianischen Finanzminister mit seinem Papiergeschoß.

»Diesse riessige Zielscheibe vor mir … ich konnte ess nicht ertragen.«

»Also ehrlich, Mauro!«

Was Mauro aber wirklich liebte, war am Strand die Sandburgen der Kinder zu zerstören. Er tat, als ob er geistesabwesend umhergehe, und trat auf die Sandburgen. Die Kinder riefen empört:

»Hej!«

Aber Mauro gab sich überrascht:

»War wass?«

Die Freunde hatten sich zum Fasching bei Mauro und Laurita verabredet. Von dort aus wollten sie zu einem Faschingsball gehen. Die Männer im Sarong, die Frauen kostümiert als sie selbst im Bikini. Laurita verkündete, daß Mauro eine Überraschung für alle hätte.

Und dabei seufzte sie, als wollte sie sagen: »Auch das noch …« Die anderen seufzten auch. Mauro eine ganze Nacht zu ertragen war ein Opfer, das sie nur der armen Laurita wegen brachten. Gott sei Dank würde Mauro beim

Ball die Zeit damit verbringen, fremden Leuten den Mund voll Konfetti zu stopfen, und so hätten sie ihre Ruhe.

Die Überraschung war, daß Mauro sich als Rothaut verkleidet hatte. Mit bemaltem Körper, nur mit einem Tanga bekleidet, sprang er im Wohnzimmer hin und her, hob die Hand und schrie:

»Hugh!«

»Was ist das denn, Mauro?«

»So begrüßen sich die nordamerikanischen Indianer.«

Alle schauten sich an. Aber, zum Teufel, es war schließlich Fasching.

»Hugh, Mauro, hugh. Also, gehen wir.«

Mauro sagte zu jedem, den er traf, »Hugh!«, bis sie im Club waren.

Mauro wollte unbedingt mitten auf der Tanzfläche wie ein Indianer tanzen. Es gab nur keinen Platz. Wenn jemand protestierte, dann hob er die Hand und sagte »Hugh!«. Da er groß und kräftig war, flößte er Respekt ein. Aber im Saal wuchs eine stumme Revolte gegen die Rothaut. Einer der Freunde Lauritas, der gerade von der Toilette zum Tisch, auf dem alle Frauen tanzten, zurückkam, schnappte unterwegs etwas von einer geplanten Verschwörung gegen Mauro auf. Eine Vierergruppe – zwei Hawaiianer, ein römischer Legionär und ein brasilianischer Indianer – besprach eine gemeinsame Aktion, um es dem Deppen zu zeigen. Irgendwie wollten sie ihn ins Meer schmeißen. Am besten, man holte Mauro da raus. Laurita fand das auch. Mit Müh und Not gelang es den Freunden, Mauro an den Tisch zurückzuziehen.

»Wass ist? Wass ist?« sagte Mauro, der nicht aufhörte zu tanzen, während ihn die Freunde aus der Gefahrenzone brachten. »Wass macht ihr?«

»Einige Leute haben es auf dich abgesehen.«

»Ssie ssollen kommen. Rothaut isst tapfer. Rothaut schlägt zurück ...«

»Setz dich, Mauro.«

Als die drei Paare auf dem Weg nach Hause müde im Auto saßen, konnte keiner mehr Mauro ertragen, der weiterhin »Hugh« schrie. Im Club hatte er noch einiges zustande gebracht. Er war auf den Tisch gestiegen, um mit den Frauen zu tanzen, worauf der Tisch zusammengebrochen war. Er hatte einem Kellner die Fliege gestohlen und sie als Schnurrbart benutzt. (»Portugiesische Rothaut, Rothaut heißt Manuel ...«) Und jetzt sagte er »Hugh!« zu Lichtmasten, Müllmännern, zu allem. Bis sie an einer Bar vorbeifuhren, die noch geöffnet hatte, und Mauro »Stop!« schrie. Und noch bevor das Auto zum Stehen kam, riß er die Tür auf und stolperte in die Bar.

Es war eine Straßenbar. Eine hohe Resopaltheke, vor der sich eine Menge Schwarzer drängte. Die einen tranken das letzte Bier der Nacht, die anderen das erste des Tages. Alle schauten die Rothaut an, als käme sie, um das Bier zu konfiszieren. An der Tür hob Mauro die Hand und schrie:

»Hugh, Proletos!«

Aus dem Auto rief jemand:

»Mauro, laß uns abhauen!«

Mauro wollte nicht hören. Er wiederholte die Bewegung und schrie:

»Hugh!«

Aus der Bar kam ein riesiger Schwarzer im Trikot des Vasco-Fußballclubs, geblümten Bermudas und Schlappen. Er war so groß wie Mauro, nur noch etwas breiter. Er sagte:

»Wenn du nochmal ›hugh‹ schreist, kannst du was erleben.«

»Mauro!« rief Laurita.

»Wass passsiert dann?«

»Das wirst du dann schon sehen.«

Wieder erhob Mauro die Hand. Aus dem Auto rief Laurita: »Nein, Mauro!« Mauro wiederholte:

»Hugh!«

Und lief hinaus, gefolgt von der gesamten Belegschaft der Bar. Er kam nicht weit. Laurita wollte aus dem Auto springen, aber man hielt sie zurück.

»Warte«, sagte ein Freund.

»Aber sie werden ihn umbringen! Wir müssen ihm helfen!«

»Es sind zu viele.«

»Dann müssen wir die Polizei rufen!«

»Warte noch ein bißchen«, sagte ein anderer Freund.

Laurita lehnte sich zurück.

»Also gut. Aber nur fünf Minuten.«

Die endlose Pokerrunde

Fünf Spieler um einen Tisch. Viel Rauch. An der Haustür läutet es. Ein Spieler möchte gerade aufstehen.

Spieler 1: »Wo willst du hin? Niemand geht raus.«

Die anderen: »Niemand geht raus. Niemand geht raus.«

Spieler 2: »Es hat geläutet. Ich mache auf.«

Spieler 1: »Kann deine Frau nicht aufmachen?«

Spieler 2: »Meine Frau ist nicht mehr da. Sie hat die Kinder genommen und ist zu ihrer Mutter gegangen.«

Spieler 1: »Nur wegen eines kleinen Pokerspiels hat deine Frau dich verlassen?«

Spieler 2: »Wir spielen schon seit zwei Wochen.«

Spieler 1: »Und weiter?«

Spieler 2: »Sie sagte: ›Entweder gehen deine Freunde oder ich.‹«

Spieler 1: »Niemand geht raus.«

Die anderen: »Niemand geht raus. Niemand geht raus.«

(An der Tür läutet es noch einmal. Der Wohnungs-besitzer geht unter den argwöhnischen Blicken der anderen zur Tür. Ein Junge kommt herein. Er geht zu Spieler 1.)

Junge: »Mutter läßt fragen, ob du wieder nach Hause kommst.«

Spieler 1: »Wer ist deine Mutter?«

Junge: »Na wer wohl, meine Mutter ist deine Frau.«

Spieler 1: »Ach ja, die. Sag ihr, daß ich momentan nicht gehen kann.«

Die anderen: «Niemand geht raus. Niemand geht raus.«

Junge: »Ich habe dir etwas zu essen mitgebracht.«

Spieler 3: »Achtung, jetzt kommt der Trick mit dem Sandwich. Zeig her!«

Spieler 5: »Schau mal, ob da nicht eine Sequenz drin ist.«

Spieler 1: »Es ist nichts drin. Nur Mortadella.«

Junge: »Die Mama wollte außerdem noch etwas Geld haben.«

(Alle Spieler verdecken ihre Einsätze.)

Alle: »Keiner gibt etwas. Keiner gibt etwas.«

Spieler 1: »Sag deiner Mutter, daß ich einen Vierer Asse in der Hand habe. Und weil niemand so verrückt ist, das sehen zu wollen, werde ich gewinnen, und wir sind reich.«

Spieler 4: »Wenn du alle vier Asse in der Hand hast, dann gibt's sieben Asse in diesem Spiel. Denn ich habe schon drei.«

Spieler 1: »Sag deiner Mutter, daß der Trick nicht hin-gehauen hat.«

(Das Telefon läutet. Der Wohnungsbesitzer steht auf, um dranzugehen.)

Spieler 3: »Was ist denn das? Niemand spielt mehr hier? Niemand geht raus.«

Die anderen: »Niemand geht raus. Niemand geht raus.«

(Unter Protest der anderen geht der Wohnungsbesitzer zum Telefon. Er kommt zurück.)

Spieler 2: »Es war Ramiros Frau. Sie sagt, daß sie schon Wehen hat.«

Spieler 4: »Meine Frau kriegt ein Kind. Ich muß gehen.«

Spieler 1: »Niemand geht.«

Die anderen: »Niemand geht raus. Niemand geht raus.«

Spieler 4: »Aber es ist mein Kind!«

Spieler 3: »Du kannst ja zur Taufe gehen. Wer ist dran?«

Fünf Spieler um einen Pokertisch. Der Rauch ist drei Wochen alt. Jemand klopft an der Tür.

Spieler 1: »Mach die Tür auf, Frau!«

Spieler 2: »Hey, schrei gefälligst meine Frau nicht an. Oder willst du Prügel?«

Alle: »Niemand geht raus. Niemand geht raus.«

Spieler 2: »Mit meiner Frau schreie nur ich. Mach die Tür auf, Frau!«

(Eine alte Frau kommt herein und geht zu einem der Spieler.)

Frau: »Vitinho ...«

Spieler 3: »Mama ...«

Frau: »Seit drei Wochen hast du diesen Tisch nicht verlassen, Vitinho!«

Spieler 1: »Niemand geht raus!«

Die anderen: »Niemand geht raus. Niemand geht raus.«

Frau: »Ich habe dir ein Hemd zum Wechseln gebracht.«

Spieler 4: »Vorsicht! Untersucht das Hemd. Der Trick mit der Mutter ist bekannt. Ich habe schon erlebt, wie eine Mutter eine geschlossene Sequenz hereingeschmuggelt hat.«

(Vitinho zieht das Hemd an, nachdem er den anderen gezeigt hat, daß nichts drin ist. Spieler 5 steht auf.)

Spieler 1: »Niemand geht raus.«

Die anderen: »Niemand geht raus. Niemand geht raus.«

Spieler 5: »Aber ich muß auf die Toilette!«

Spieler 1: »Schon wieder?«

Spieler 5: »Ich war das letzte Mal vor zwei Tagen!«

Spieler 1: »Eben. Niemand geht raus.«

Frau: »Vitinho, ich habe dir auch einen Kuchen mitgebracht.«

Spieler 1: »Vorsicht.«

Die anderen: »Vorsicht, Vorsicht!«

Spieler 2: »Ich habe schon Kuchenfüllungen mit drei Buben drin gesehen.«

(Sie schneiden den Kuchen auf, um ihn zu untersuchen.)

Frau: »Wann gehst du wieder, Vítor?«

Spieler 1: »Niemand geht raus. Nur die Mutter.«

Die anderen: »Niemand geht raus. Niemand geht raus.«

Spieler 2: »Spielen wir. Wie hoch ist der Kuchen?«

Spieler 4: »Man kann es nicht sehen. Oben ist noch ein Stück Kuchen drauf.«

Spieler 1: »Auch das noch. Der Kuchen auf dem Kuchen. Ich gehe davon aus …«

Die anderen: »Niemand geht raus. Niemand geht raus.«

Fünf Männer um einen Pokertisch. Man sieht fast nichts mehr durch den Rauch von einem Monat.

Spieler 1: »Wartet mal. Wo ist mein Sandwich?«

Spieler 2: »Hast du das Sandwich nicht eingesetzt?«

Spieler 1: »Kann ein Sandwich Einsatz sein?«

Spieler 2: «Es lag mitten auf dem Tisch, und ich habe es einkassiert.«

Spieler 3: »Moment mal. Ich habe die letzte Runde gewonnen. Gib das Sandwich her.«

Spieler 4: »So werden wir hier das ganze Leben verbringen.«

Spieler 3: »Ich kann nicht mein ganzes Leben hier bleiben.«

Spieler 2: »Nur weil du gerade gewinnst?«

Spieler 3: »'82 ist Fußball-Weltmeisterschaft, und da will ich an den Fernseher.«

Spieler 1: »Niemand geht.«

Die anderen: »Niemand geht. Niemand geht.«

(Das Telefon läutet. Spieler 3 geht dran. Er kommt zurück.)

Spieler 2: »Wer war es?«

Spieler 3: »Meine Frau. Unser Haus steht in Flammen.«

Spieler 1: »Niemand geht raus.«

Die anderen: »Niemand geht raus. Niemand geht raus.«

(Eine Frau kommt herein. Sie geht zu einem der Spieler.)

Frau: »Ich brauche Geld.«

Alle (halten ihre Einsätze bedeckt): »Keiner gibt etwas. Keiner gibt etwas.«

Spieler 1: »Wer hat diese Frau reingelassen?«

Frau: »Wie, wer hat mich reingelassen? Ich wohne hier. Das ist mein Haus. Wenn jemand gehen muß, dann seid ihr das.«

Spieler 1: »Niemand geht raus.«

Die anderen: »Niemand geht raus. Niemand geht raus.«

Spieler 3: »Was ist das?«

Spieler 2: »Das ist die Tür. Ich mache auf.«

Spieler 1: »Vorsicht!«

Die anderen: »Vorsicht, Vorsicht.«

Spieler 1: »Ich kenne den Trick mit der Tür. Man geht zur Tür mit einem Paar Neuner und kommt mit einem Vierer Damen wieder. Laß die Karten hier.«

(Spieler 2 geht zur Tür. Kommt mit drei Männern wieder.)

Spieler 2: »Es ist die Polizei.«

Spieler 1: »Hol den Sechser rein, es kommen drei Leute mehr ins Spiel.«

Spieler 3: »Ist es nicht besser, wenn jemand rausgeht?«

Spieler 1: »Niemand geht raus.«

Die anderen: »Niemand geht raus. Niemand geht raus.«

Seufzer

Ein Mann suchte eine Hellseherin auf. Sie las ihm schweigend aus der Hand. Danach legte sie die Karten vor ihm auf und studierte sie gründlich. Dann schaute sie in die Kristallkugel. Und endlich stellte sie fest:

»Du wirst an einem Ort mit Wasser sterben.«

»In einer Badewanne?«

»Nein. Ein größerer Platz.«

»Ein Swimmingpool …«

»Ich sehe eine Stadt. Wasser von allen Seiten. Anstelle von Straßen gibt es nur Wasser …«

»Venedig!«

»Genau.«

»Ich werde in Venedig sterben?«

»Ja.«

»Und wie?«

»Hmm. Ich sehe Boote … Gondeln … Warte mal! Eine Frau.«

»Wer ist sie?«

»Du kennst sie nicht. Sie wird erst in Venedig in dein Leben treten. Gondeln, ja, Gondeln. Etwas spiegelt sich im dunklen Wasser des Canale Grande wider. Es ist der Mond. Vollmond. Der Gondoliere singt ein altes Lied. Seltsam …«

»Was?«

»Die Frau. Sie hat eine rote Maske. Sie trägt einen schwarzen Umhang, und die rote Maske verbirgt ihr Gesicht.«

»Sie nimmt die Maske nicht ab?«

»Warte mal. Ja, sie nimmt sie ab.«

»Und dann?«

»Sie ist wunderschön. Ihre Augen sind lila. Sie sagt ein Wort … Ich kann es nicht verstehen …«

»Versuch es.«

»Sie sagt … Aldabar. Genau. Aldabar!«

»Aldabar …«

»Sie wird dieses Wort dreimal sagen, bevor der Tag anbricht. Das erstemal am Canale Grande. Das zweitemal unter der Seufzer-Brücke …«

»Weiter.«

»Ihr kommt an ein Tor. Der Mondschein überflutet alles. Jasminduft liegt in der Luft. Ihr tretet in einen Palazzo ein. Ich sehe Marmor. Kristall. Und eine Figur …«

»Was ist das für eine Figur?«

»Das kann ich nicht erkennen. Ihr geht die Treppen hoch.«

»Ins Schlafzimmer?«

»Ja.«

»Warte mal. Das Wort …«

»Aldabar …«

»Aldabar. Sie wird es dreimal sagen?«

»Ja.«

»Aber bis jetzt hat sie es erst zweimal gesagt.«

»Genau.«

»Weiter.«

»Ihr geht ins Schlafzimmer. Dort steht ein riesiges Bett, vom Mondschein überflutet. Die Frau verschwindet geräuschlos.«

»Wo geht sie hin?«

»Ich versuche es zu sehen … Es ist sehr dunkel.«

»Und der Mond?«

»Ist verschwunden. Wahrscheinlich hinter einer Wolke. Jetzt sehe ich wieder etwas.«

»Den Mond?«

»Und die Frau. Sie ist weiß. Und nackt.«

»Ja?«

»Sie ruft dich ins Bett. Du schläfst mit ihr. Es ist wieder dunkel geworden.«

»Wieder eine Wolke.«

»Jetzt sehe ich … Einen Garten. Ja, einen Garten. Ich sehe Jasminbüsche. Ihr seid in einem Garten. Der Tag bricht an. Ich sehe einen Pfau und eine Wasserfontäne.«

»Und die Frau?«

»Sie spricht. Sie sagt ein Wort. Aldabar …«

»Aldabar. Zum drittenmal …«

»Das ist das Zeichen. Du wirst sterben.«

»Wie?«

»Ich weiß es nicht … Ich kann nichts erkennen.«

»Versuch es.«

»Nimm dich in acht vor Buckligen und vor grünem Likör …«

Nach diesem Erlebnis war der Mann natürlich nie in Venedig. Er lebt noch. Aber ab und zu seufzt er und sagt:

»Was ich da wohl verpasse …«

Szenen aus dem Privatleben

1. SZENE: Ein Schlafzimmer. Männer- und Frauenkleider liegen auf dem Boden verstreut und bilden eine Spur von der Zimmertür bis zum Bett, auf dem ein Bettuch ein regungsloses Etwas bedeckt, das ein Körper sein könnte oder auch zwei. Die Tür geht auf, und eine Frau kommt herein. Langsam, auf Zehenspitzen, folgt sie dem Weg von der Tür bis zum Bett, als ob sie einem Tier nachspürte. Sie zögert ein wenig, dann reißt sie das Bettuch weg. Das Etwas auf dem Bett ist ein Haufen Männer- und Frauenkleidung. Das Licht geht aus.

2. SZENE: Ein Wohnzimmer. Ein Mann im Sessel liest die Zeitung. Sie verdeckt sein Gesicht. Im anderen Sessel sitzt eine Frau mit übereinandergeschlagenen Beinen. Sie schaut zu dem Mann hinüber und schüttelt wütend ein Bein.

Frau: »Weißt du, wer heute sterben wird?«

Mann: »Hmmm?«

Frau: »Du!«

Mann. »Hmmm.«

Schweigen. Nach einer Minute …

Mann: »Kenne ich ihn?«

Frau: »Wen?«

Mann (setzt die Zeitung ein wenig ab): «Wen wohl? Denjenigen, den du gemeint hast.«

Frau: »Was?«

Mann: »Der heute gestorben ist.«

Frau: »Jorge Alberto, du wirst sterben. Du hörst nie zu, wenn ich etwas sage. *Du* wirst sterben.«

Mann (wieder hinter der Zeitung): »Wer?«

Frau: »Du! Du! Du!«

Schweigen. Danach …

Mann: »Kenne ich ihn?«

Das Licht geht aus.

3. SZENE: Der Vorhang geht auf. Das Wohnzimmer einer englischen Villa. Neben einem Sessel in der Mitte der Bühne steht ein kleiner Tisch mit einem Telefon darauf. Das Telefon läutet. Und läutet. Und läutet. Und läutet. Nichts passiert. Das Telefon läutet weiter. Die Zuschauer werden unruhig. Sie wechseln Blicke. Die Zeit vergeht. Das Telefon läutet immer noch. Schließlich hält es jemand vom Publikum nicht mehr aus und steigt auf die Bühne. Es ist ein Mann. Mit zögernden Schritten geht er zum Telefon. Er nimmt den Hörer ab und führt ihn zum Ohr.

Mann: »Hallo? Ja … ich kenne die Nummer nicht. Sie

ist vom Theater. Nein, nein, ich bin nicht vom … Ich bin nämlich ein Zuschauer. Zuschauer! Das Telefon hat geläutet und niemand … Wie? Wie das Stück heißt? Es heißt … (hilfesuchend streckt er seinen Kopf in Richtung einer Frau aus dem Publikum, die ihm den Namen zuflüstert.) Es heißt ›Die Falle‹. Nein, nein, ich weiß nicht, wie das Stück ist. Es hat noch nicht begonnen. Was? … Ich habe Ihnen schon gesagt, daß ich nicht zum Ensemble gehöre. Ich kann nur kein Telefon läuten hören und … Nein, mein Freund. Schauen Sie, warum rufen Sie nicht später an, wenn einer der Schauspieler auf der Bühne ist … Ich weiß nicht, wer auf die Bühne kommen wird! Auf dem Programm steht, daß es zwei Figuren sind, Lord Sowieso und … Hören Sie, ich weiß nur, daß das Stück mit einem läutenden Telefon anfängt. (Der Vorhang geht langsam zu.) Ich muß auflegen, langsam geht der … Ich kann nicht, mein Freund. Nein, nein, ich muß gehen, ich muß gehen!«

Der Vorhang geht zu. Der Zuschauer kommt nicht wieder zum Vorschein. Nach einigen Minuten geht der Vorhang wieder auf. Das Wohnzimmer ist leer. Das Telefon läutet. Und läutet. Und läutet. Die Frau, die dem Mann den Namen des Theaterstückes zugeflüstert hat, steigt auf die Bühne und geht entschlossen zum Telefon. Sie reißt den Hörer von der Gabel und hält ihn ans Ohr.

Frau: »Hören Sie, ich weiß nicht, was für ein Spiel …«

Sie hört auf zu sprechen, weil sich hinter ihr eine Tür öffnet. Der Zuschauer von vorher kommt herein. Er trägt eine seidene *robe de chambre* und hält einen ausgestopften Vogel in der Hand.

Mann: »Ist es für mich, Millicent?«

Frau (verwirrt): »Matico, ich bin es doch!«

Mann: »Matico? Um Gottes willen, Millicent! Schon so früh am Morgen? Mir wird nichts anderes übrigbleiben, als den Brandy wieder zu verstecken!«

Die vierzig Auserwählten

Eines Tages erreicht dich mit der Post die Mitteilung, daß du für den Kreis der Vierzig ausgewählt worden bist. Nur das. Du bist einer der Vierzig. Keine weitere Information. Vierzig was? Die Mitteilung sagt es nicht.

Du beachtest sie nicht. Es muß Reklame sein. Später wird sicherlich ein Prospekt mit Angeboten für dich kommen, da du ein Mann von erlesenem Geschmack seist, der schließlich zum exklusiven Club der Vierzig gehöre usw. Vielleicht ist es eine Bücherausgabe oder eine neue Kosmetikserie mit Sonderpreisen für nur vierzig Privilegierte wie dich.

Aber nichts dergleichen. Lange Zeit hörst du nichts mehr davon. Du vergißt das Ganze sogar. Eines Tages bekommst du per Post eine geprägte Karte mit deinem Namen im Relief. Darunter steht: »Einer der Vierzig« und in einer Ecke die Zahl 26.

Wie der erste Umschlag enthält auch dieser weder den Namen noch die Adresse des Absenders. Und dann bemerkst du erst, daß er auch keinen Poststempel hat. Der Umschlag wurde direkt in deinen Briefkasten geworfen.

Du bist beunruhigt. Erkundigst dich bei Freunden, ob sie irgend etwas über die Vierzig wissen.

»Die vierzig was?«

Du weißt es nicht. Du weißt nur, daß du zu ihnen gehörst. Niemand hat jemals etwas von ihnen gehört. Niemand in deinem Bekanntenkreis hat ähnliche Post bekommen. Du fängst an, dir in der Phantasie einiges auszumalen. Du gehörst zu einer Elite, obwohl du nicht weißt, zu welcher. Die vierzig überragenden ... Leute. Was sie überragen, ist nicht wichtig. Du bist einer der vierzig irgend etwas überragenden Leute in Brasilien. Oder in der ganzen Welt? Irgend etwas unterscheidet dich vom Rest der

Menschheit. Warum, weißt du nicht. Auch nicht, wer dich ausgewählt hat. Aber es ist ein gutes Gefühl, sich als einer der Vierzig zu fühlen. Nicht jeder kann einer der Vierzig sein! Nur vierzig.

Du steckst deine Vierziger-Karte in deine Brieftasche. Wer weiß? Eines Tages kann sie zu irgend etwas nützlich sein.

»Weißt du, mit wem du sprichst? Mit einem der Vierzig.«

Es vergehen Monate, bis eine neue Mitteilung kommt. Eine Zusammenkunft der Vierzig ist geplant! Du sollst auf neue Informationen warten, Ort, Datum, Verkehrsanbindung, Quartier …

Deine Neugier wächst. Du wirst schließlich die geheime Bruderschaft kennenlernen, der du angehörst. Wer werden die anderen neununddreißig sein?

Aber es kommen keine weitere Informationen. Eines Tages kommt ein Telegramm. Wieder ohne Absender. Du öffnest es:

»Geh nicht zum Treffen der Vierzig –
stop – ist Falle – stop –«

Ein Witz. Jetzt weißt du, daß alles ein Witz ist. Aber was für ein dummer und teurer Witz, mit Telegrammen und Karten im Prägedruck …

Am nächsten Tag läutet das Telefon. Es ist Abend, du bist allein zu Hause, und das Telefon läutet. Du hebst ab.

Und du hörst eine erstickte Stimme. Die Stimme eines sterbenden Mannes.

»Hau ab«, sagt die Stimme mit Anstrengung.

»Was?«

»Hau ab! Sie bringen uns alle um, einen nach dem anderen …«

164

»Wer sind Sie?«

»Das ist nicht wichtig. Hau ab, solang du noch kannst!«

»Aber ich …«

»Verlier keine Zeit! Mich haben sie erwischt. Ich bin erledigt.«

»Wer bist du?«

»Die Nummer 25.«

Schweigen. Dann hörst du durch die Leitung das blubbernde Geräusch von Blut, das die Kehle hochsteigt. Du mußt es jetzt wissen. Du schreist:

»Wer sind wir?«

Doch jetzt ist das Schweigen auf der anderen Seite endgültig.

Und dann merkst du, daß jemand versucht, die Tür aufzubrechen.

Gaúchos und Cariocas

Man muß bemerken, daß wir uns in diesem nebligen Niemandsland befanden, das nach dem zehnten oder fünfzehnten Glas Bier entsteht. So neblig, daß man nicht mehr unterscheiden kann zwischen dem zehnten und dem fünfzehnten. Zu Beginn des Abends wurden wir miteinander bekanntgemacht, und jetzt waren wir schon wie Freunde aus Kindertagen. In wenigen Stunden machte unsere Freundschaft verschiedene Phasen durch, von »Hast du *Ich zähmte die Wölfin* gelesen?« bis zu den schlimmsten Beichten, und jetzt benahmen wir uns wie Brüder, als ob unsere Freundschaft älter wäre als wir selber. Das heißt, wir fingen an zu streiten.

»Ihr, die Gaúchos …«

»Was ist mit den Gaúchos?«

»Für mich sind alle Gaúchos schwul.«

»Sei nicht so radikal.«

»Wenn jemand behaupten muß, daß er ein Macho ist, dann ist er in Wahrheit keiner.«

»Bei uns im Süden sagt man, daß bei einem Streit zwischen einem Gaúcho, einem Paulistaner, einem Mineiro und einem Carioca der Gaúcho zuschlägt, der Paulistaner geschlagen wird und der Mineiro versucht, beide auseinanderzubringen.«

»Und der Carioca?«

»Der ist abgehauen.«

»Siehst du? Ihr denkt, daß ihr männlicher als die anderen seid. Man sagt, daß die Schwulen in Paris eines Tages protestierten, weil die Schwulen aus Rio in ihren Markt eindrangen. ›Geht zurück nach Rio. *Go home!*‹ Darauf antworteten aber die Schwulen aus Rio: ›Schon, aber dann müßt ihr erst die Schwulen aus Rio Grande do Sul von dort vertreiben.‹«

»Ja, da siehst du es, ihr seid geflohen. Aber es schmerzt doch, daß die Gaúchos dieses Land regieren. Ihr leidet seit der Revolution.«

»Im übrigen …«

»Der Gaúcho ist der einzige seriöse Brasilianer.«

»Wer keinen Charme hat, ist deswegen noch lange nicht seriös.«

»Nur der Gaúcho spricht ein korrektes Portugiesisch. Eure Sprache gibt es eigentlich gar nicht. Die Paulistaner sprechen überall ein ›i‹, wo es gar keines gibt. Außerdem zischt ihr. Und wo nur ein ›r‹ ist, rollt ihr zwei, und wo zwei sind, vier.«

»Ihr sprecht ein schlechtes Spanisch und denkt, daß das Portugiesisch sei.«

»Aber was wir sagen, gilt auch. Das ist nicht wie bei den Cariocas, die etwas sagen und etwas ganz anderes meinen.«

»Das ist nicht wahr.«

»Doch. Wenn du einen Carioca triffst und er sagt ›mein Lieber‹, bedeutet das, daß er sich nicht an deinen Namen erinnert. ›Wir müssen uns wieder mal sehen‹ bedeutet, ›also abgemacht, ich suche dich nicht auf und du mich auch nicht.‹«

»Ihr ertragt einfach nicht, daß wir Cariocas unkomplizierter, heiterer sind …«

»Das ist nur ein Mythos. Steig mal im Sommer um drei Uhr nachmittags in einen überfüllten Bus von Grajaú nach Leblon, da will ich mal eure gute Laune sehen.«

»Sei nicht so radikal.«

»Und eure Mythen. Zico, zum Beispiel.«

»Das hab' ich gewußt! Ich wußte, daß wir noch zu Zico kommen würden.«

»Zico ist ein abstraktes Konstrukt des kollektiven Unbewußten vom Maracanã-Stadion.«

»Der Weltmeister! Fast Weltmeister!«

»Aber wenn ihm einer ein Bein stellt, fällt er auch hin.«

»Ja. Richtig gut ist der Batista.«

»Ich würde einen Batista nicht gegen zwei Zicos tauschen.«

»Um Gottes willen. Um Gottes willen!«

»Und noch was anderes: die Frauen.«

»Na klar, die Frauen. Die Cariocas sind nichts wert.«

»Doch. Aber sie haben immer dieselbe Farbe. Eine Frau muß die Farbe wechseln wie die Jahreszeiten. Wenn der Sommer kommt, fangen die Gaúchas langsam an, sich zu bräunen, wie Fleisch auf dem Grill, bis es gut durch ist. Das sind die Gaúchas erst im Februar. Die Cariocas sind immer durch und durch gebräunt. Es ist, als ob man saftloses Fleisch essen würde.«

»Ja. Euer Maßstab für alles und jedes ist der Churrasco. Das ist das phantasieloseste Essen, das es gibt.«

»Du willst mir erzählen, daß das, was ihr hier eßt, richtige Nahrung ist?«

»Na klar.«

Ich hob gerade den Bierkrug zum Mund und hielt inne.

»Was hast du gesagt?«

»Ich? Nichts?«

»Du hast ›na klar‹ gesagt.

»Hab' ich nicht.«

»Doch. Ich habe ganz deutlich ein ›na klar‹ gehört.«

»O.k. Ich habe es gesagt.«

»Wo kommst du her?«

»Aus Dom Pedrito.«

Er war noch nicht einmal zwei Jahre in Rio und zischte schon wie eine Lokomotive. Aber ich spürte keinen Triumph. Ich fühlte mich eher besiegt. Es befremdete mich, daß er nicht gesagt hatte: »Wenn du Rio nicht magst, was machst du dann hier?« Ich hätte nur die Wahrheit sagen können, daß ich von Rio fasziniert war. Es ist typisch für die Gaúchos, daß sie von Rio fasziniert sind. Und da stand er wie ein Beweis, daß nach der Faszination die Unterwerfung kam, der Sieg der Cariocas. Die Diskussion ging zu Ende. Wir verabschiedeten uns und gingen, jeder in eine andere Richtung. Beim Hinausgehen sagte er noch:

»Wir müssen uns wieder mal sehen …«

Festtage

Die gefährliche Zeit der Festtage rückt näher. Weihnachten und Neujahr rütteln, wie man weiß, die besten Gefühle im Menschen wach, und das kann furchtbare Folgen haben. Sie sind bekannt, diese leidenschaftlichen Beziehungen, die zum Jahreswechsel bei den Firmenfesten ihren Anfang nehmen und die manchmal ein Leben lang halten. Dann, wenn der Geist von Versöhnung und Verbrüderung und der Alkohol einen dazu veranlassen, den Schutzschild runterzulassen und Dinge zu akzeptieren und zu tun, an die man während des restlichen Jahres nicht einmal denken würde. Es gibt nichts Peinlicheres, als wenn man am zweiten Tag des neuen Jahres versuchen muß, ein Mißverständnis vom Ende des alten Jahres aufzuklären.

»Dona Teresa, ich ...«

»Pintinho!«

»Pinto. Mein Name ist Pinto.«

»Hmm. Wir sind aber heute förmlich. Beim Fest ...«

»Genau darüber wollte ich mit Ihnen sprechen, Dona Teresa. Über das Fest. Es wurden einige Dinge gesagt ...«

»Nicht nur gesagt, nicht, Pintinho?«

»Pinto. Na ja. Gesagt und getan ...«

»Ich weiß schon. Wir sollen so tun, als ob nichts gewesen wäre.«

»Das wäre mir am liebsten.«

»In Ordnung. Nur daß ich nicht weiß, was ich meinem Papa sagen soll ...«

»Was hat Ihr Vater damit zu tun?«

»Er ist bereits unterwegs von Cachoeiro hierher auf die Hochzeit.«

Eine andere gefährliche Sache ist, wenn die Menschen sich am Jahresende zur Entscheidung hinreißen lassen, sich völlig zu ändern. Ein anderer Mensch zu werden. Alte

Laster abzulegen und eine neue Haltung anzunehmen. Januar oder wenigstens die erste Hälfte davon ist eine Art Montag des Jahres. Die Straßen sind voller tugendhafter Menschen, Leuten, die entschlossen sind, besser zu sein als im Jahr zuvor.

»Hör mal …«

»Was ist?«

»Dieses Buch, das du mir geliehen hast …«

»Ich kann mich nicht mehr daran erinnern.«

»Es ist schon lange her. Und in Wirklichkeit hast du es mir gar nicht geliehen. Ich habe es mir selbst genommen. Das habe ich immer so gemacht. Aber ich werde es nie wieder tun.«

»Du kannst das Buch behalten. Ich …«

»Nein! Du mußt mir helfen, mich zu bessern. Wer immer das getan hat, war nicht ich selbst. Es war ein anderer Mensch. Ein Lump. Ich habe mich entschlossen, mich zu ändern. Das ist das neue Ich '89. Ich habe angefangen, alle Bücher zurückzugeben, die ich meinen Freunden weggenommen habe. Jetzt habe ich zwar keine Bücher mehr, aber zum Teufel, ich fühle mich besser, wenn ich so handle. Noch was anderes: Wir müssen uns häufiger sehen. Wie habe ich all meine Freunde vernachlässigt! Geradezu sträflich! Hör zu, ich komme am Samstag zu dir.«

»Nein, äh …«

»Ich schwöre, daß ich nichts mitgehen lasse.«

»Das ist es nicht. Nur daß ich …«

»Ich weiß schon. Dann komm du zu einem kleinen Abendessen zu uns. Santa und mir geht es wieder gut. Ich habe ihr zum Neuen Jahr geschworen, daß ich mich ändern werde. Und sie nimmt mich wieder. Seit zwei Tagen schaue ich keiner Frau mehr nach. Seit zwei ganzen Tagen! Das hat nur der andere gemacht.«

»Ja.«

»Der Lump.«

»Ich verstehe …«

»Ich war schlimm, nicht wahr? Sag die Wahrheit. Du kannst es ruhig sagen. Ich habe auch beschlossen, niemanden mehr zu schlagen. War ich schlecht oder nicht?«

»Was ist denn jetzt los?«

»Wie konnte ich so schlecht sein, mein Gott?«

»Beruhige dich. Du bist ja ganz durcheinander. Laß uns ein Bier trinken gehen.«

»Nein! Ich kann nicht! Ich habe geschworen, daß kein Tropfen Alkohol mehr über meine Lippen kommt.«

»Aber ein Gläschen Bier …«

»Na gut. Aber nur eins. Zu Ehren unserer wiedergewonnenen Freundschaft. Aber, sag mal …«

»Ja?«

»Kann ich das Buch noch ein paar Tage behalten? Ich hatte noch gar keine Zeit …«

»Sicher. Behalt es nur.«

»Dann laß uns ein Gläschen trinken gehen. Dort in der Deutschen Bar, wo die vielen Frauen sind.«

Eintauchen

Notizen zu einer phantastischen Geschichte.

Ein Mann trifft plötzlich auf der Straße einen Freund, den er seit zwanzig Jahren nicht mehr gesehen hat. Daniel! Mein Gott! Wie lange ist es her? Unglaublich! Nun ja.

»Hast du die alte Clique wiedergesehen?«

»Was? Ich sehe sie jeden Tag. Ich gehe gerade zur Bar, um sie zu treffen.«

»Wie ›zur Bar‹?«

»Genau, ›zur Bar‹.«

»Du meinst unsere Bar?«

»Sicher. Dieselbe Bar wie damals«, sagt Daniel.

»Ist sie immer noch dort?«

»Ja, immer noch am selben Ort.«

Daniel schlägt vor:

»Warum kommst du nicht mit? Dann kannst du sie alle wiedersehen.«

Der Mann geht mit. In der alten Bar, von der er meinte, daß es sie nicht mehr gebe, und die genauso war wie früher, trifft er andere Leute, die er seit zwanzig Jahren nicht mehr gesehen hat. Unglaublich! Die ganze Clique ist da. Als ob die Zeit stehengeblieben wäre.

Der Dürre. Der Erpel. Der Mineiro. Die Verinha.

Und die Glória.

»Glória! Du hast dich nicht verändert!«

»Ach, komm.«

»Nein. Du bist so schön wie immer.«

Er setzt sich zu seiner Clique an den Tisch – denselben Tisch wie früher – und unterhält sich bis spät in die Nacht. Sie erinnern sich an die alten Zeiten. Die anderen scherzen mit ihm und Glória.

»Na, ihr beiden?«

»Alle glaubten, daß ihr heiraten würdet.«

Alle lachen. Dann wird der Mann ernst und fragt:

»Hast du geheiratet, Glória?«

»Nein.«

»Siehst du?« sagt der Dürre. »Sie hat auf dich gewartet.«

Sie lachen wieder. Wie ich diese Leute mochte, dachte er sich. Wie kam es eigentlich, daß unsere Wege sich trennten? Und wie ich Glória geliebt habe! Warum hat es mit uns nicht geklappt?

Als sie auseinandergehen, spät in der Nacht, verabredet er sich mit Daniel für den nächsten Tag. Sie würden zusammen in die Bar gehen. Es gab keinen Grund, eine alte Gewohnheit nicht wieder aufzunehmen. Immer am Spätnachmittag hatte sich die Clique in der Bar getroffen.

Als er an diesem Abend nach Hause kommt, erzählt er seiner Frau, daß er die alten Freunde getroffen hat. Den Daniel. Den Dürren. Den Erpel. Den Mineiro. Die Verinha. Nur von Glória erzählt er nichts. Später im Bett kann er nicht einschlafen und fängt an nachzudenken, zu träumen. Unglaublich! Es war, als ob er beim Treffen mit Daniel in die Vergangenheit eingetaucht wäre. Als ob …

Und dann erinnert er sich.

Daniel ist doch bereits gestorben.

Klar, er ist schon gestorben! Vor fünfzehn Jahren. Er war doch bei der Beerdigung. Er hat sogar die Witwe umarmt und all das. Es gibt keinen Zweifel. Daniel ist schon tot.

Der Mann kann nicht schlafen, er überlegt, was er machen soll. Am nächsten Tag geht er, bevor er zur Verabredung kommt, erst noch einmal an der Bar vorbei. Aber es ist keine Bar mehr da. Da ist jetzt ein Videoshop. Er fragt nach, was aus der Bar geworden ist. Man sagt ihm, daß sie seit zehn Jahren nicht mehr existiert.

Trotzdem geht der Mann zum Treffen mit Daniel, der am vereinbarten Platz lächelnd auf ihn wartet. Der Mann versucht noch, mit pochendem Herzen zu fragen:

»Daniel, erklär mir …«

Aber er hält inne, weil er nicht weiß, wie er fragen soll. Was er fragen soll. Bist du tot oder nicht? Nimm es mir nicht übel, aber bist du ein Geist? Bin ich verrückt? Ist das alles eine Halluzination?

»Ja?« sagt Daniel, auf die Frage wartend.

»Ach, nichts«, sagt der Mann, »laß uns zur Bar gehen.«

In der Bar warten schon alle. Auch Glória, die fragt:

»Und du, hast du geheiratet oder nicht?«

»Macht das einen Unterschied?«

»Nein.«

Er hat viel Spaß mit der alten Clique. Beim Hinausgehen fragt Daniel noch, bevor sie sich für den nächsten Tag verabreden:

»Was wolltest du mich denn fragen, als wir uns heute getroffen haben?«

»Ich? Ich kann mich nicht mehr daran erinnern.«

Gewisse Dinge, denkt sich der Mann, als er mit leichtem Herzen, fast tänzelnd, den Heimweg antritt, sollte man besser gar nicht so genau hinterfragen.

Geflügelte Worte

Ich fühlte zum ersten Mal, daß irgend etwas mit mir nicht in Ordnung war, als ich über jemanden, an dessen Namen ich mich nicht mehr erinnern kann, sagte, er habe eine Geduld wie Lot, und von den Zuhörern nur Schweigen kam. Die Leute sahen sich an, und ich merkte, daß einige sich bemühten, nicht zu lachen.

»Hab ich etwas Falsches gesagt?« fragte ich.

Wieder sahen sich alle an. Endlich sagte einer:

»Er hat keine Geduld wie Lot. Er hat eine Geduld wie Hiob.«

Das verwirrte mich. Es war das erste Mal, daß mir so etwas passierte. Ich war stets von meiner Wortwahl überzeugt und vertraute meiner Bildung. Nach einigen Sekunden der Verlegenheit erlangte ich wieder meinen sprichwörtlichen Dünkel.

»Die Geduld gehört zu Lot. Bei Hiob ist es etwas anderes.«

»Lot ist der Mann, dessen Frau zur Salzsäule erstarrte. Hiob ist der Mann mit der Geduld.«

Konnte das möglich sein? Aber ich wollte mich nicht geschlagen geben.

»Genau das Gegenteil ist der Fall.«

»Nein, eben nicht.«

»Doch.«

Ich sprach so bestimmt, daß ich es sogar schaffte, einige Leute zu überzeugen. Sie gerieten in Zweifel, wie Macbeth. Sein oder nicht sein? Die Diskussion begann. Ich bat um Ruhe und wandte mich an die einzige Person, die bis dahin nichts gesagt hatte. Sie sollte wie Maecenas urteilen.

»Denn«, sagte ich siegesgewiß lächelnd, »ich weiß, daß du so gerecht wie Moses sein wirst.«

»Wie Salomon.«

»Was?«

»Du meinst ›gerecht wie Salomon‹.«

Ich schauderte. Ich verlor jegliche Unterstützung in der Gruppe. Jemand versuchte mir noch zu helfen.

»Aber Moses war auch gerecht …«

Aber das war nicht die Frage. Das Problem war, daß es eine richtige und eine falsche Art und Weise gibt, Dinge auszudrücken. Tausend Jahre Zivilisation haben uns Beispiele und Sprüche für alle Situationen überliefert. Sie zu vergessen hieß, unser Erbe zu verraten. Die griechische und römische Kultur, unsere jüdisch-christliche Überlieferung, die Klassiker und sogar die eigentliche Kommunikationsfähigkeit an sich zwischen den Völkern. Wir würden zum Turm von Babylon zurückkehren. Auf dem Weg nach Hause fühlte ich mich so besiegt wie Napoleon nach Watergate. Es hätte keiner großen Überzeugungskraft bedurft, und ich hätte zum Schierlingsbecher gegriffen wie Aristoteles.

Was war denn los mit mir? Ich hatte mich doch sonst nie geirrt. Und jetzt plötzlich diese Krise. Die Nachricht würde sich wie ein Lauffeuer verbreiten. Meine falschen Sprüche würden mich verwundbar machen. Sie würden meine Odysseus-Ferse werden. Mein Ruf, gebildet zu sein, war gefährdet. Niemand würde mehr bewundernd sagen: »Der Herr Doktor ist ein sehr gebildeter Mann.« Man würde sagen: »Der Herr Doktor wird langsam verrückt.« Als ob ich, ein Mann im besten Alter, schon so alt wäre ... wie wer? ... wie Matthäus.

An diesem Abend ging ich alle Sprüche durch, die meinen Ruf begründet hatten.

Das syrische Geschenk.

Priapus' Sieg.

Der Juno-Kuß.

Das rätselhafte Lächeln der nackten Maja von Velazquez.

Oder war es das Pyrrhus-Geschenk, der Judas-Sieg und der griechische Kuß?

Mitten in der Nacht schreckte ich hoch. Die Ferse war nicht die von Odysseus. Wie konnte ich mich so vertan haben? Aber von wem war die verdammte Ferse? Nach einer halben Stunde der Verzweiflung konnte ich mich endlich erinnern. Die Ferse war von Attila. Die Attila-Ferse! Erleichtert schlief ich wieder ein.

Ich versuchte nicht zu verzweifeln. Ich würde Geduld haben wie ... o.k., ich würde Geduld haben. Ich würde mich entspannen und meine Lektüre wieder aufnehmen. Nach und nach würde ich meine Bildung und meine Sicherheit bei den geflügelten Worten wiedererlangen. Schließlich wurde auch Sparta nicht an einem Tag erbaut. In kurzer Zeit würde alles so sein wie ... Mein Gott, es war unerträglich.

Ich suchte einen Arzt auf und erzählte ihm, was sich zugetragen hatte. Er gab sich für meine Beschwerden taub wie Mozart. Obwohl er über jeden Zweifel erhaben war, wie Neros Frau.

»Dein Gesundheitszustand ist gut.«

»Es ist vorzeitige Verkalkung, ich weiß.«

»Du bildest dir was ein.«

»Herbstnachmittagstraum«, sagte ich bitter.

»Oder Sommernachtstraum.«

»Warum hast du das gesagt?« fragte ich mißtrauisch.

»Was?«

»Sommernachtstraum statt Herbstnachmittagstraum?«

»Einfach so. Ist doch egal.«

»Nein, es ist nicht egal. Was ist richtig?«

»Das gibt es nicht, richtig oder falsch. Jeder sagt, was er will …«

»Du weißt nicht, was du redest! Es gibt eine Art und Weise, sich auszudrücken. Die richtige, verpflichtende Art und Weise!«

»Hör zu …«

»Willst du mir nichts verschreiben?«

»Nein.«

»Ich bin so gesund wie … wie …«

»Ein Esel.«

»Willst du dir die Hände waschen?«

»Wie Pilatus.«

»Wie Herodes.«

»Pilatus.«

»HERODES!«

Er verschrieb mir Beruhigungsmittel.

Ich gehe nicht mehr aus dem Haus. Und unterhalte mich mit niemandem. Ich mache meinen Mund nicht mehr auf, aus Angst, mich und meine Bildung zu verraten. Schweigen ist Silber.

Eins, zwei, drei

Irgendwann möchte ich einmal eine Chronik wie einen alten Walzer schreiben. Die nur so über die Seiten wirbelt, wie, sagen wir, ein alter Komtur im Frack mit seiner jungen Freundin. Voller Reime wie »Chimäre« und »imaginäre«. Mit Takt und Schritten, ach, das fänd' ich schön. Puder in den Dekolletés, seufzende Jungfrauen und ein Hauch von Intrige.

Die Absätze im Text wären Verse und Figuren. In der Mitte ein Lüster, ein Dicker an der Tuba, und in jeder Brust ein pochendes Herz. Die Verliebten würden Blicke tauschen. Die Tanten und die Mauerblümchen würden auf ihren Plätzen verharren. Und plötzlich würde der Faden eines Satzes reißen und lauter Silben im ganzen Salon ausstreuen.

Der zweite Teil würde mich fertigmachen.

Die Paare halten inne, der Dirigent wartet,

niemand kann lachen.

Ein Schritt zurück, ein Schritt nach vorn.

Ich glaube, jetzt bin ich verlor'n!

Doch dann bestimme ich: Jeder tanzt für sich!

Auf geht's, das Ganze von vorn!

Eins, zwei, drei.

Eins, zwei, drei.

Mein Orchester bestünde nur aus Lehrern. Einem Zeichenlehrer, drei Lateinlehrern, fünf Portugiesischlehrern, und alles Laien. Der Drummer würde Koks schnüffeln. Schaut der Kontrabassist nicht wie Loca aus? Und der Dicke an der Tuba wie ein bayrischer Herzog in den letzten Zügen?

Ein junger Offizier erringt die Liebe der Millionärstochter. Alabasterhals, Rubinmund, Katzenaugen. Der verschmähte Liebhaber sinnt auf Rache. Es ist fast Mitternacht, und nun folgt die Quadrille. Der Vater des Mädchens schläft über seinem siebenfachen Kinn und träumt von gewinnbringenden Geschäften.

Auf der weißen Veranda, im hellen Moonlight,
wo das Mädchen und der Offizier, von aller Scheu befreit,
sich ohne Sinn und Verstand küssen, bis sie sich verlieren.
(Leider kann ich keinen Reim für »verlieren« finden.)
Eins, zwei, drei.
Eins, zwei, drei.

Der Violinist schaut plötzlich auf seine Uhr und kommt aus dem Takt. Mir fehlen nur mehr wenige Zeilen, bis mein Blatt gefüllt ist und die Sonne aufgeht. Draußen die Verliebten. Sie haben nur mehr Augen füreinander. Sie sehen nicht, daß der Verschmähte näher kommt, leise wie eine Schnecke.

Ich habe mich selbst zu diesem Walzer aufgefordert, die Entscheidung ist also mein. Welche Waffe benutzt der Verratene für seine üble Tat? Einen Dolch, dünn und glänzend? Das paßt am besten zu dieser vornehmen Umgebung.

Aber wenn er sein Ziel verfehlt, der böse Wicht,
und den blassen Boden befleckend die Ader sticht?
Ein Schuß in den Hinterkopf, das geht behender,
praktischer, moderner und effizienter.
Aber, um Gottes willen, was ich gerade mache?
Ich fing an mit einem zarten Walzer, bald liegen die Leichen in einer Lache.
Eins, zwei, drei.
Eins, zwei, drei.

Ich wollte nur eine Chronik in Form eines alten Walzers schreiben. Die über die Seiten wirbeln sollte, wie ein müder Komtur mit seiner verständnisvollen Freundin. Voller Reime und ohne scheinbare Kompromisse. Ohne Gold, ohne Silber, ohne die Krise der westlichen Welt. Gähnende Ausschnitte. Schläfrige Jungfrauen und nicht mal eine Spur von Streit.

Eins, zwei, drei.

Und so weiter ...

Zwei subtile Geschichten

»Hübsch, deine Küche.«

»Danke, ich ...«

»Kochst du immer oder ...«

»Nein, nein. Jemand kommt, um die Wohnung aufzuräumen und etwas vorzukochen. Ich bin sozusagen nur ein Wochenendkoch. Eine Art Land ... Wie sagt man doch gleich?«

»Was?«

»Maus.«

»Ich?«

»Landmaus. Nein, Landratte. Willst du im Wohnzimmer warten, während ich ...«

»Ich bleibe hier bei dir. Das heißt, wenn ich störe ...«

»Nein, du kannst ruhig hierbleiben. Wir könnten eine Flasche Wein aufmachen und schon ein paar Schlückchen trinken, während ich ...«

»Ich liebe es, ein Schlückchen zu trinken. Hübsch, dein Öffner.«

»Danke. Dieser Wein muß ein bißchen atmen, bevor er serviert wird. Es klingt vielleicht blöd, aber ...«

»Nein, nein. Atmen ist eines der wichtigsten Dinge, die es gibt.«

»Er muß Zimmertemperatur haben.«

»Ich liebe Zimmertemperatur.«

»Willst du meinen Bobó probieren?«

»Deinen …«

»Meinen Krabbeneintopf. Meine Spezialität.«

»Aber sicher doch. Hast du mich nicht deswegen eingeladen? Ich liebe Bobó.«

»Hast du das schon mal gegessen?«

»Noch nie. Aber ich liebe Bobó.«

»Schau mal, der Wein.«

»Mmmm.«

»Was?«

»Ich sagte ›Mmmm‹ …Oh!«

»Entschuldigung. Ich bin ein bißchen nervös. Du weißt, wie das ist, die Aufregung. Vielleicht magst du ihn ja gar nicht, meinen …«

»Dummkopf.«

»Eintopf.«

»Der Dummkopf bist du. Ich werde begeistert sein von deinem Bobó!«

»Ob der Weinfleck aus deiner Weste rausgeht?«

»Ich weiß es nicht. Auf jeden Fall …«

»Vielleicht ein Lappen mit heißem Wasser. Man muß nur das Wasser heiß machen …«

»Ich liebe alles, was heiß ist. Hübsch, dein Wasserkessel.«

»Währenddessen werde ich die Zutaten vorbereiten. Laß mich mal sehen, Pfefferschötchen …«

»Ja, was ist?«

»Nichts, ich suche nur den Pfeffer.«

»Sag bloß nicht, daß du Pfeffer dran tust!«

»Doch. Magst du keinen Pfeffer?«

»Ich liebe Pfeffer!«

»Es ist der ganz scharfe.«

»Au! Du bist mir einer! Mit deiner schüchternen Art ...
Wenn ich das Wort ›Pfeffer‹ nur höre, kriege ich schon eine
Gänsehaut. Fühl mal an ...«

»Tatsächlich. Wie komisch. Allein schon, wenn du das
Wort hörst ...«

»Ich kann es kaum erwarten, deinen Bobó zu essen.«

»Immer mit der Ruhe.«

»Dauert's noch lang?«

»Wenn du mir hilfst ... Im Kühlschrank sind die Krabben, im unteren Fach ... Du mußt dich nur ein wenig
bücken und ...«

»Hübsch, dein Kühlschrank. Hast du gepfiffen?«

»Nein, der Wasserkessel. Aber ...«

»Was?«

»Ich pflichte ihm bei.«

»Mmmm ...«

Beide hatten den Ruf, gute Weinkenner zu sein, und beide
hatten kein Interesse daran, dieses Mißverständnis aufzuklären. Sie täuschten allen und auch einander dieses ange-
nommene Wissen vor. Und dazu braucht man bekanntlich
nicht viel: eine gewisse Haltung, zwei oder drei Sätze und
eine annehmbare französische Aussprache. Nun geschah
aber folgendes: Sie gingen zusammen essen. Zum ersten
Mal trafen sich die beiden falschen Experten vor leeren
Tellern und – Spannung – Gläsern. Obwohl der Grund
für das Essen ein anderer war, war das auf alle Fälle eine
Herausforderung. Wer von beiden kannte sich mit Weinen
besser aus?

Sie bestellten keinen Aperitif, um die Geschmacksnerven
nicht zu betäuben. Soviel wußten beide. Sie bestellten das
Menü. Beide wollten Fleisch essen. Dann sagte einer von
beiden mit gespielter Gleichgültigkeit:

»Vielleicht ein Gläschen Wein?«

»Sicher«, sagte der andere lässig. Aber er schwitzte bereits aus Angst vor der Entlarvung. Schnell ließ er sich alles durch den Kopf gehen, was er über Wein wußte. Und das reichte nicht einmal, um ein Glas zu füllen. Aber er konnte doch jetzt nicht die Waffen strecken!

»Welchen trinkst du am liebsten?« fragte der andere, zum Angriff übergehend. Auch er befürchtete, bloßgestellt zu werden. Er besaß ein riesiges Weinbuch aus der Schweiz, mit 117 Farbbildern, das auf einem Tisch mitten im Wohnzimmer lag. Aber nur zur Dekoration, aufgeschlagen hatte er es noch nie. Er wartete begierig auf die Antwort. Was immer der andere vorschlagen würde, er würde sogleich darauf eingehen. Das wäre sicherer. Danach müßte man nur höflich weitertrinken und bis zum Ende des Essens entsprechende Geräusche machen. Aber der andere zögerte. Dann lachte er und sagte:

»Natürlich einen Roten.«

»Natürlich«, lachte der erste, um dem anderen zu verstehen zu geben, daß er dessen simulierte Naivität lustig fand. Zu Fleisch gehört ein Rotwein. Das weiß doch jeder. Der andere sagte:

»Also mir wäre ein trockener recht. Wähle du ihn aus.«

Der erste erzitterte. Und jetzt? Der Ober wartete unbeweglich auf die Bestellung. Er versuchte ein Täuschungsmanöver. Das war der einzige Ausweg. Man mußte den Feind kühn überraschen, dann würde er verwirrt zurückweichen. Er würde irgendeinen französischen Namen erfinden, mit der richtigen Aussprache, um den anderen einzuschüchtern, und dann würde er auf die Reaktion warten.

»Was hältst du von einem Cave de Mourville?«

Der andere zuckte nicht einmal mit der Wimper. Er schien einverstanden zu sein, aber es haute ihn nicht gerade vom Sockel. Er hatte noch so seine Zweifel.

»Ich weiß nicht … Den letzten, den ich probierte, fand ich … ich weiß es nicht. Nicht ausgereift. Zurückhaltend. Und ein Cave de Mourville hat nicht das Recht, eigenwillig zu sein, findest du nicht?«

Oh weh. Jetzt hieß es achtgeben. Der erste aß eine Olive, um seine Kräfte zu sammeln. Und wieder ging er zum Angriff über:

»Da mußt du einen 57er getrunken haben. Das war ein sehr schlechter Jahrgang für die Region.«

»Nein, es war ein 62er.«

»Unmöglich.«

»Mein Lieber, ich brauchte nicht einmal aufs Etikett zu sehen. Ich erkenne einen 62er mit geschlossenen Augen.«

Die Spannung war groß. Der eine wußte jetzt, daß der andere nur bluffte. Aber er konnte auch nicht die Möglichkeit ausschließen, daß der andere sehr gut Bescheid wußte und ihn jetzt nur auf den Prüfstand stellen wollte. Er wandte sich ernst zum Ober und fragte:

»Von welchem Jahrgang ist Ihr Cave de Mourville?«

»Unglücklicherweise ist die letzte Flasche Cave de Mourville gestern verkauft worden«, sagte der Ober, auch ein Hochstapler.

Da schrien die zwei erleichtert wie aus einem Mund:

»Dann bringen Sie uns ein Mineralwasser!«

Der Club

»Da sind wir nun. Jedes Mal ein bißchen älter …«

»Und dicker …«

»Du bist fett.«

»Du auch.«

»Gott sei Dank. Ich habe an allem die Lust verloren, nur nicht am Essen.«

»Wie ich immer sage: Essen ist gut und sättigt.«

»Der Club ist wie verlassen. Ist kein Personal mehr da?«

»Kannst du dich nicht mehr erinnern? Es gibt kein Personal mehr.«

»Ja, natürlich. Es gab keinen Grund, es hier zu behalten. Schließlich treffen wir uns nur noch einmal pro Monat.«

»Aber ich lebe nur noch für dieses Treffen.«

»Ich auch. Sonst gibt es ja nichts mehr.«

»Hrmf.«

»Was?«

»Ich sagte ›Hrmf‹. Das ist ein Geräusch von alten Menschen. Es bedeutet nichts weiter.«

»Ich verstehe nicht, wieso der Tisch für zwölf Personen gedeckt ist. Von der ursprünglichen Runde sind nur noch wir übrig geblieben.«

»Es ist Tradition. Wir müssen die Tradition erhalten. Jeder leere Platz gehört zu einem bereits verschiedenen Mitglied.«

»Da saß der … Wie hieß er nochmal?«

»Der Gastão.«

»Gastão, Gastão … Ich weiß nicht, ob ich mich an ihn erinnere …«

»Anwalt. Er starb hier an diesem Tisch, mit einer Fischgräte im Hals. Es war ein Skandal. Er fiel über den Tisch und zerstörte den Eierschaumpudding, der so lecker aussah. Ich habe ihm nie verziehen.«

»Komisch. Ich kann mich gar nicht mehr an ihn erinnern ...«

»Er konnte einen Kalbsbraten mit Minzsoße machen.«

»Aber natürlich! Jetzt erinnere ich mich. Und die Kartoffeln *noisette*. Ja, klar ...«

»Dort saß Dr. Malbino.«

»Krabben mit Rahmsoße.«

»Nein. Lachsmousse.«

»Natürlich. Göttlich. Und neben ihm ...«

»Cerdeira. Der erste von uns, der gestorben ist. Herz.«

»Ich erinnere mich. Bedauerlich. Wir alle haben ihn sehr vermißt. Niemand konnte einen Anchovissalat machen wie er.«

»Wenn er wenigstens das Rezept für die Soße hinterlassen hätte ...«

»Bedauerlich. Sehr bedauerlich.«

»Und wann starb denn Parreirinha?«

»Ach, sprich nicht darüber. Es war ein schwerer Schlag. Wenn ich daran denke, daß wir nie wieder seine Mandelcreme essen werden ...«

»Alle Mitglieder des Clubs sind zu seiner Beerdigung gegangen. Es gab Verzweiflungsszenen. Einige sabberten unkontrolliert neben den Sarg.«

»Die Witwe behauptete, daß er kein Rezept hinterlassen habe. Wir dachten sogar daran, die Justiz einzuschalten, kannst du dich erinnern? Sie war nur wütend, weil sie meinte, der Club hätte Parreirinha umgebracht, durch Obstipation.«

»Schwachsinn. Man hat uns nie verstanden. Man wirft uns vor, Symbole einer Klasse zu sein, die mit dem eigenen Unbewußtsein vollgestopft ist, oder so ähnlich. Man sagte uns nach, daß Essen für uns alles bedeutete. Zu unrecht.«

»Sicher. Es gab auch das Trinken.«

»Dort saß Rego.«

»Ein weiterer bedauerlicher Verlust.«

»Den habe ich nicht so vermißt. Um ehrlich zu sein, sein Mürbeteig hat mir nie sonderlich geschmeckt.«

»Und der Maurino …«

»Maurino. An ihn kann ich mich nicht so recht erinnern …«

»Um Gottes willen. Maurino. Einer der wichtigsten Männer in dieser Republik. Unser erlauchtestes Mitglied! Leberzirrhose.«

»Und was machte er?«

»Mit Trüffeln gefüllte Eier.«

»Ach, dieser Maurino! Unvergeßlich.«

»Aber jetzt reicht's mit Erinnerungen. Schreiten wir zum Essen.«

»Ich habe meine Spezialität vorbereitet. Haddock-Pfannkuchen mit Cognac flambiert.«

»Ah …!«

»Was?«

»›Ah‹, ein Genußseufzer.«

»Hilf mir mit dem Cognac, ich kann ihn nicht mehr halten …«

»Vorsicht. So. Achtung.«

»Es ist ein bißchen auf die Tischdecke getropft. Macht nichts.«

»Vorsicht mit den Streichhölzern. Komm nicht so nah an … Schau, jetzt hast du die Tischdecke angezündet.«

»Paß auf mit der Flasche!«

»Sie ist unter den Tisch gefallen.«

»Der Boden hat auch Feuer gefangen.«

»Wenn du von flambiert sprichst, dann meinst du das wohl wörtlich … Der ganze Tisch steht in Flammen!«

»Rette die Pfannkuchen! Rette die Pfannkuchen!«

»Zu spät.«

»Ich glaube, wir sollten jemanden holen ...«

»Wir sind bereits vom Feuer umzingelt. Es ist niemand hier. Und ich habe ehrlich gesagt keine Lust, von diesem Stuhl aufzustehen.«

»Ich weiß, daß die Frage in dieser Situation etwas akademisch wirkt, aber was für ein Cognac war das?«

»Ein Hennessy mit vier Sternen natürlich. Ich nehme nichts anderes.«

»Wenn ich mir die Flammen so anschaue, könnte ich schwören, daß es ein Martell war.«

»Au.«

»Was?«

»›Au‹, ein Ausdruck von Schmerz. Ich glaube, meine Hose fängt Feuer. Was hättest du denn beim nächsten Treffen serviert?«

»Langusten.«

»Schade, schade. Aber ...«

»Das schlimmste ist, so sterben zu müssen, so verbrannt ...«

»Wie hättest du es denn am liebsten?«

»Auf jeden Fall ›medium‹.«

Isabel

Aufzeichnungen für eine Horrorgeschichte. Oder eine Seifenoper. Eine Frau – Mitte dreißig, ledig, schüchtern, mit wenig Freunden, alleinstehend – schaut sich eines Tages die Neuerscheinungen in einer Buchhandlung an, denn ihre größte Freude ist das Lesen. Da spürt sie auf einmal eine Hand auf ihrem Arm und hört die Stimme eines Mannes, der zu ihr sagt:

»Gehen wir?«

Sie dreht sich um, bereit, den Mann scharf zurückzuweisen, wie immer, wenn jemand wagt, sie zu belästigen, als sie merkt, daß der Mann blind ist. Sie weiß nicht, was sie sagen soll. Ihr Schweigen befremdet den Mann, er drückt ihren Arm und fragt:

»Isabel?«

Und obwohl sie nicht weiß warum, aber mit der Intuition, daß ihr Leben von da an ein anderes sein wird, sagt sie mit klopfendem Herzen:

»Ja ...«

»Gehen wir?«

Und sie, mit klopfendem Herzen:

»Gehen wir.«

Der Mann ist jünger als sie. Schön. Gut angezogen. Gepflegt. Er läßt sich von ihr führen, während er ohne großes Interesse belanglose Fragen stellt. Warum nehmen sie ein Taxi statt des Autos? Sie sagt, daß sie den Wagenschlüssel auf der Straße verloren hat. Er lächelt und sagt »Du ...« Als sie bei ihrer Wohnung ankommen, fragt er, wo sie sind. Sie sagt: »Zu Hause ...«, und er sagt leise: »Komisch ...« Aber weiter sagt er nichts. Auch nicht, als sie ihn zu einem Sessel führt, der mit Sicherheit nicht sein Lieblingssessel war. Auch nicht, als sie ihm die Schuhe auszieht und seinen Kopf streichelt und fragt, ob er vor dem Essen noch etwas wünscht. Erst als sie fragt, was sie ihm kochen soll, sagt er:

»Willst du kochen?«

»Ja.«

»Und die Köchin?«

»Ich habe sie entlassen.«

Es scheint ihn nicht besonders zu kümmern. Er verirrt sich in der Wohnung auf der Suche nach dem Schlafzimmer, als er sich umziehen will. Sie führt ihn zurück zum

Sessel. Sie sagt, er solle sich entspannen, sie wird schon alles machen. Und zu sich selbst sagt sie: Morgen muß ich ihm etwas zum Anziehen kaufen. Sie gibt sich Mühe beim Kochen, und er ißt schweigend.

Er sagt nichts dazu, daß ihre Stimme anders klingt. Er findet nichts mehr sonderbar. Nur im Bett, als sie ihn umarmt und seine Hand an ihren Körper führt, versucht er etwas zu sagen:

»Weißt du …«

Aber sie bedeckt seinen Mund mit dem ihren.

Sie war eine sehr einsame Frau, sie hatte niemals jemanden, um den sie sich kümmern mußte. Und jetzt hatte sie einen Mann zu Hause. Einen Mann, der sie brauchte und der nichts ohne sie machen konnte. Einen Mann, der ihr Gesicht nicht sehen konnte.

Sie kümmerte sich mit Sicherheit besser um ihn als seine wirkliche Frau. Sie badete ihn. Sie kleidete ihn mit den Kleidern, die sie selbst gekauft hatte. Und in der Nacht liebte sie ihn, und da war sie sich sicher, besser als jemals eine andere Frau ihn geliebt hatte.

Sie fragte sich, ob er wirklich glaubte, daß sie seine Frau war. Die Stimme. Fand er die Stimme nicht fremd? Und die plötzliche Veränderung in seinem Leben? Das Verschwinden der Freunde, seiner Familie. Aber wie konnte sie wissen, was für ein Leben er mit der anderen geführt hatte?

Sie war überzeugt davon, daß er wußte, daß er sich an jenem Tag in der Buchhandlung getäuscht hatte und seither mit einer anderen Frau zusammenlebte, aber daß ihm das so ganz lieb war. Bis er eines Abends im Bett, nachdem sie sich geliebt hatten wie jeden Abend, plötzlich fragte:

»Bist du wirklich Isabel?«

Sie zögerte. Wenn sie »nein« sagte, würde sie von ihm wohl hören »das wußte ich schon immer« und die Beichte, daß er es so lieber hatte und sie liebte, obwohl sie sich für die andere ausgegeben hatte und ihn in ihrer Wohnung gefangen hielt. Aber genausogut konnte sie ihn so auch für immer verlieren. Das wollte sie nicht riskieren. Sie antwortete:

»Sicher bin ich es. Was für eine Frage!«

Als sie am nächsten Tag aufwachte, lag er nicht mehr neben ihr im Bett. Sie fand ihn tot in der Küche. Er hatte sich mit dem Brotmesser die Pulsadern aufgeschnitten.

Es war schwierig zu erklären, wieso sie so wenig über den Mann wußte, mit dem sie zusammengelebt und der sich in ihrer Küche umgebracht hatte. Sie wußte gerade eben das, was sich dem Inhalt seiner Brieftasche entnehmen ließ. Es war die Polizei selbst, die ihr ein paar Tage später all das erzählte, was sie nicht wußte. Der Mann war als Kind erblindet. Er hatte seine Eltern verloren und lebte bei seiner Schwester.

»Und seiner Frau«, verbesserte sie, noch ganz benommen. Sie konnte nicht mehr richtig denken, seit sie die Leiche in der Küche entdeckt hatte.

»Nein, nein. Er hat nie geheiratet. Sie lebten allein, er und die Schwester. Er war verschwunden. Er hatte sie verloren, als sie in einer Buchhandlung waren, und die Schwester war sehr besorgt.«

»Die Schwester?«

»Ja. Isabel.«

Kleine Geschichten

Und dann war da noch die Sache mit Branco. Branco erzählte in der Runde, daß er wegen seiner politischen Einstellung im Gefängnis gewesen sei, doch gefoltert habe man ihn nicht.

Statt dessen hatte man Branco mit Tocão, der breiter war als Branco hoch, in einer Zelle zusammengelegt und ihm empfohlen, Geschichten zu erzählen. Tocão mochte Geschichten. Branco sollte erst dann aufhören, Geschichten zu erzählen, wenn Tocão »Es reicht« sagen würde. Wenn nicht, tja, dann ... Der Kommissar drückte langsam die Hände zusammen, als ob er etwas zerquetschen wolle, und gab zu verstehen, daß zwischen Tocãos Händen Brancos Kopf wäre.

Als Branco in die Zelle ging und »Guten Tag« sagte, antwortete Tocão nicht einmal. Er grunzte nur. Ohne Zeit zu verlieren fing Branco an:

»Es war einmal ...«

Er schaute zu Tocão, um zu sehen, ob er diese Art von Geschichten mochte. Tocão zeigte keine Regung. Branco fuhr fort:

»... eine Prinzessin, die in einem Schloß wohnte. Eines Tages kam ein kleiner Vogel an ihr Fenster und ...«

Viele Stunden lang erzählte Branco seine Geschichte. Tocão tat keinen Mucks. Seine Augen hingen an Brancos Mund. Es gab alles in Brancos Geschichte. Prinz. Stiefmutter. Wolf. Frosch. Drache. Zwerg. Großmütterchen. Hexe. Jäger.

Viele Male versuchte Branco einen Schluß der Geschichte anzudeuten.

»Und sie lebten glücklich bis in alle Ewigkeit ...«

Aber Tocão sagte nichts. Und Branco fuhr verstört mit einer anderen Geschichte fort.

»Währenddessen begab es sich, daß in einem Schloß, weit davon entfernt ...«

Branco erzählte alle Märchen, die er kannte und erfand neue dazu. Als er nicht mehr wußte, was er noch erfinden sollte, fing er an, Filme und Romane nachzuerzählen, alles, woran er sich erinnern konnte. Der Tag brach an und Tocão hing immer noch an Brancos Lippen. Branco quetschte sich das Hirn aus, natürlich nur metaphorisch, um sich an noch mehr Geschichten zu erinnern. Er hatte alle möglichen Handlungen ausgeschöpft. Er hatte sich an die Bibel gehalten, an Tausendundeine Nacht, an Don Quixote, an Homer, an irgendwelche Seifenopern. Er fing an, die Geschichten wieder von vorne zu erzählen, wenn auch mit einigen Veränderungen, damit Tocão nicht mißtrauisch wurde. In der neuen Version aß die Großmutter den Wolf. Er vermischte die Geschichten. Sheherezade und Struwwelpeter gegen Darth Vader. Pinocchio, König Arthus und Kapitän Nemo trafen die Drei Musketiere in der Steppe und planten einen Hinterhalt für den Kurier des Zaren. Die Tage vergingen, und Tocão klebte an den Lippen von Branco. Branco hatte schon keine Stimme mehr. Er versuchte, Geschichten mit weniger Handlung, aber mit mehr psychologischem Inhalt zu erzählen, denn vielleicht hätte Tocão dann endlich genug und würde »Es reicht« sagen. Aber er zuckte nicht einmal mit der Wimper. Schließlich krallte sich Branco an den Gittern fest und schrie – oder besser, flüsterte, weil er keine Stimme mehr hatte –, daß er nicht mehr könne und daß er alles gestehen würde, wenn man ihn da nur hinausließe. Der Kommissar kam, öffnete die Zellentür, um Branco herauszulassen, und machte ein Zeichen für »sehr gut« zu Tocão hin, der taubstumm war und noch nie einer Fliege etwas zuleide getan hatte.

Es gab Leute in der Runde, die sich ernstlich überlegten, ob nicht sie den Kopf von Branco zerquetschen sollten ...

Der Empfindsame

»Ruhe im Studio ... Aufnahme!«

»Komm, mein Hecht ...«

»Ich komme gleich.«

»Stop. Was ist los, Aloísio? Du solltest doch etwas ganz anderes sagen!«

»Schon, aber ich war noch nicht bereit.«

»Irgendwelche Probleme?«

»Nein, nein.«

»Können wir weitermachen?«

»Ja, weiter geht's.«

»Achtung. Ruhe im Studio ... Aufnahme!«

»Komm, mein Hecht ...«

»Du ... du ...«

»Stop. Was ist los, Aloísio? Dein Satz ist: ›Du schamloses Stück!‹«

»Ich weiß. Es ist nur, daß im Moment ... ›Du schamloses Stück.‹ Kein Problem. ›Du schamloses Stück.‹ Alles im Griff. Also nochmal.«

»Achtung. Ruhe. Aufnahme!«

»Komm, mein Hecht ...«

»Du schamloses Stück ...«

»So schamlos, wie du es magst. Komm!«

»Ein Momentchen.«

»Stop! Aloísio ...«

»Ich weiß. Ich weiß. Entschuldigung.«

»Du sagst nicht ›Momentchen‹. Du ziehst die Hose aus und legst dich hin.«

»In Ordnung.«

»Wo liegt das Problem?«

»Ich weiß nicht. Es ist nur, daß ich mich nicht konzentrieren kann.«

»Nach ›Du schamloses Stück‹ mußt du nichts mehr

sagen. Dann kommt nur noch Aktion. Bis zum Ende der Szene. Sie sagt ›Oh, ja; oh, ja‹, aber du sagst nichts mehr.«

»O.k.«

»Hast du ein Problem mit dem Gürtel?«

»Nein, es ist nur das, sie sagt ›mein Hecht‹ und …«

»Und was?«

»Ich glaube, daß ich ihre Erwartungen nicht erfüllen kann.«

»Was? Irgendwelche Probleme zu Hause?«

»Nein. Da kommt alles zusammen, verstehst du? Die Lage in Brasilien. Die Inflation. Die Arbeitslosigkeit. Die Auslandsschulden. Das beunruhigt mich.«

»Das hat mir gerade noch gefehlt … Du kannst doch nicht so empfindlich sein, Aloísio. Nicht bei deiner Arbeit!«

»Was soll ich denn machen? Ich mache mir Sorgen.«

»Wir brauchen ein Double.«

»Das ist sicher besser.«

»Rufe mal den Vadão.«

»Vadão! Wach auf, Vadão!«

»Halli, hallo.«

»Vadão, du kennst die Szene. Du sagst ›Du schamloses Stück‹ und tschan.«

»Tschan. Wird gemacht.«

»Brauchst du Zeit, um dich vorzubereiten?«

»Ach, was. Ich bin immer bereit.«

»Gott segne dich. Los. Achtung Ruhe im Studio … Aufnahme! … Stop! Was ist los, Lucimar?«

»Das, was Aloísio gesagt hat, hat mich ganz nervös gemacht.«

»Jetzt hört mal alle zu. Von heute an bis zum Ende der Aufnahmen wird keiner von der Crew mehr Zeitung lesen, ist das klar?!«

Spiel

Es fing an wie ein Spiel. Er rief einen Bekannten an und sagte: »Ich weiß alles.«

Nach einer Schweigeminute sagte der andere:

»Wie hast du es erfahren?«

»Das ist doch unwichtig. Ich weiß alles.«

»Tu mir bitte einen Gefallen. Erzähl es nicht weiter.«

»Ich werde darüber nachdenken.«

»Um Gottes willen …«

»In Ordnung. Aber reiß dich zusammen, ja?«

Er entdeckte, daß er Macht über die Leute hatte.

»Ich weiß alles.«

»Wiie?«

»Ich weiß alles.«

»Was alles?«

»Das weißt du ganz genau.«

»Aber das ist nicht möglich. Wie hast du es herausbekommen?«

Die Reaktion der Leute war unterschiedlich. Einige fragten sogleich:

»Weiß noch jemand davon?

Andere wurden aggressiv.

»O.k., du weißt Bescheid. Na und?«

»Nichts und. Ich will nur, daß du weißt, daß ich es weiß.«

»Wenn du das jemandem erzählst, dann …«

»Das hängt allein von dir ab.«

»Wie von mir?«

»Wenn du dich anständig verhältst, erzähle ich nichts weiter.«

»Du kannst dich darauf verlassen.«

Eines Tages schien er einen Unschuldigen getroffen zu haben.

»Ich weiß alles.«

»Was alles?«

»Das weißt du genau.«

»Ich weiß von nichts. Was weißt du?«

»Tu doch nicht so unschuldig.«

»Aber ich weiß es wirklich nicht.«

»Komm mir doch nicht damit!«

»Du weißt von nichts.«

»Ah, du gibst zu, daß es da schon etwas gibt, nur daß ich nichts davon weiß.«

»Da gibt es nichts.«

»Dann werde ich es herumerzählen …«

»Erzähl, was du willst, es ist sicher eine Lüge.«

»Wie kannst du wissen, was ich erzählen werde?«

»Egal, was du erzählst, es kann nur eine Lüge sein.«

»In Ordnung. Dann werde ich es weitererzählen.«

Wenig später kam ein Anruf.

»Hör zu. Ich habe darüber nachgedacht. Erzähl es nicht weiter.«

»Was?«

»Du weißt schon.«

Er wurde gefürchtet und geachtet. Ab und zu kam jemand zu ihm und flüsterte ihm zu:

»Hast du es jemandem erzählt?«

»Noch nicht.«

»Ich danke dir.«

Mit der Zeit gewann er den Ruf, eine Vertrauensperson zu sein. Eines Tages suchte ihn ein Freund auf, ein Arbeitsangebot mit einem enormen Gehalt in der Tasche.

»Warum ich?« wollte er wissen.

»Die Position ist sehr verantwortungsvoll«, sagte der Freund. »Ich habe dich empfohlen.«

»Warum?«

»Wegen deiner Verschwiegenheit.«

Er machte Karriere. Man erzählte sich von ihm, daß er alles über alle wüßte, aber daß niemals ein Sterbenswörtchen davon über seine Lippen käme. Er sei nicht nur gut informiert, sondern auch ein Gentleman. Bis er eines Tages einen Anruf bekam. Eine geheimnisvolle Stimme sagte:

»Ich weiß alles.«

»Wiie?«

»Ich weiß alles.«

»Was alles?«

»Du weißt Bescheid.«

Er tauchte unter, wechselte die Stadt. Die Freunde waren befremdet von seinem plötzlichen Verschwinden. Sie forschten nach. Was er wohl ausheckte? Endlich fand man ihn an einem entlegenen Strand. Die Nachbarn erzählten sich, daß eines Nachts viele Autos gekommen seien und das Haus umzingelt hätten. Dann waren viele Leute in das Haus eingedrungen. Man hatte Schreie gehört. Die Nachbarn sagten, daß die einzige Stimme, die man verstehen konnte, seine war. Er schrie immer nur:

»Es war nur ein Spiel! Es war doch nur Spiel!«

Man entdeckte ihn am Morgen. Ermordet. Die Tat konnte nie aufgeklärt werden. Aber die Leute hatten keinen Zweifel über das Motiv.

Er hatte zuviel gewußt.

Der vertauschte Mann

Der Mann wacht von der Narkose auf und blickt um sich. Er ist noch im Aufwachraum. Eine Krankenschwester steht neben ihm. Er fragt, ob alles gut verlaufen sei.

»Alles prima«, sagt die Krankenschwester lächelnd.

»Ich hatte Angst vor dem Eingriff …«

»Warum? Es gab absolut kein Risiko.«

»Bei mir gibt´s immer ein Risiko. Mein Leben ist eine einzige Serie von Verwechslungen …«

Und er erzählt, daß dies schon bei seiner Geburt angefangen habe. Man hatte die Babys in der Klinik vertauscht, und er lebte bis zu seinem zehnten Lebensjahr bei einem asiatischen Paar, das niemals verstehen konnte, warum ihr Kind so hellhäutig war und so große runde Augen hatte. Als die Verwechslung aufgedeckt wurde, brachte man ihn zu seinen wirklichen Eltern. Oder vielmehr zu seiner Mutter, denn sein Vater hatte sie verlassen, nachdem sie ihm die Geburt eines chinesischen Babys nicht erklären konnte.

»Mein Name war auch eine Verwechslung.«

»Heißen Sie nicht Lírio?«

»Ich sollte Lauro heißen. Man hatte sich getäuscht beim Standesamt und …«

Die Verwechslungen nahmen kein Ende. In der Schule wurde er für Dinge bestraft, die er gar nicht angestellt hatte. Er bestand die Aufnahmeprüfung für die Universität, konnte aber wegen eines Computerfehlers nicht studieren, weil sein Name nicht auf der Kandidatenliste erschien.

»Seit Jahren bekomme ich astronomische Telefonrechnungen. Im letzten Monat mußte ich über dreitausend Cruzeiros zahlen.«

»Führen Sie soviele Auslandsgespräche?«

»Ich habe gar kein Telefon!«

Seine Frau lernte er durch eine Verwechslung kennen. Sie verwechselte ihn mit einem anderen. Sie waren nie glücklich.

»Warum nicht?«

»Weil sie mich quasi auswechselte; sie betrog mich.«

Man nahm ihn aufgrund einer Verwechslung fest. Viele Male. Er bekam Mahnungen für Schulden, die er nicht gemacht hatte. Er empfand sogar eine kurze, irrsinnige Freude, als der Arzt ihm mitteilte:

»Sie haben nicht mehr lange zu leben.«

Aber auch da hatte der Arzt sich getäuscht. Es war nicht so schlimm. Eine gewöhnliche Blinddarmentzündung.

»Und wenn Sie mir sagen, daß alles gut gelaufen ist ...«

Das Lächeln der Krankenschwester erstirbt.

»Blinddarmentzündung?« fragt sie zögerlich.

»Ja. Der Blinddarm sollte entfernt werden.«

»Wollten Sie nicht das Geschlecht wechseln?«

Der Schauspieler

Der Mann kommt nach Hause, macht die Tür auf und wird von seiner Frau und den zwei Kindern fröhlich empfangen. Er verteilt Küsse an alle, fragt, was es zum Abendessen gibt und will erst einmal in sein Zimmer. Dann will er baden, sich umziehen und sich auf einige Stunden Entspannung vor dem Fernseher vorbereiten, bevor er schlafen geht. Als er die Tür zu seinem Zimmer öffnet, schreit eine Stimme:

»Schnitt!«

Der Mann dreht sich verstört um. Er entdeckt, daß sein Haus kein Haus ist, sondern eine Kulisse. Jemand kommt und nimmt ihm die Zeitung und die Arbeitstasche aus der Hand. Eine Frau tritt heran, um sein Make-up zu überprüfen, und pudert ihm die Nase. Ein Mann mit einem Skript in der Hand kommt zu ihm und sagt, daß er die Kinder an der falschen Stelle geküßt hat.

»Was ist denn hier los?« fragt der Mann. »Wer seid ihr? Was macht ihr bei mir im Hause? Was sind das für Lichter?«

»Bist du verrückt geworden?« fragt der Regisseur. »Wir müssen die Szene wiederholen. Ich weiß, daß du müde bist, aber ...«

»Ja, ich bin müde, allerdings. Ich will ein Bad nehmen und meinen Pyjama anziehen. Verlaßt sofort mein Haus! Ich weiß nicht, wer ihr alle seid, aber raus mit euch! Raus!«

Der Regisseur bleibt mit offenem Mund stehen. Die gesamte Crew schweigt und schaut den Schauspieler an. Endlich hebt der Regisseur die Hand und sagt:

»Alles in Ordnung, Leute. Es ist wohl der Streß. Laßt uns eine kleine Pause machen und ...«

»Was heißt hier Streß! Ich bin in meinem Haus, mit meiner ... meine Familie! Was habt ihr mit meiner Familie gemacht? Meine Frau! Meine Kinder!«

Der Mann rennt zwischen Kabeln und Scheinwerfern umher auf der Suche nach seiner Familie. Der Regisseur und ein Assistent versuchen ihn festzuhalten. Und dann hört man eine Stimme, die schreit:

»Schnitt!«

Ein anderer Mann mit einem Skript in der Hand kommt dazu. Der Mann entdeckt, daß die Kulisse in Wahrheit eine Kulisse ist. Der Mann mit dem Buch in der Hand sagt: »Es ist gut so, aber ich finde, daß du überzeugender wirken mußt.«

»W-wer bist du?«

»Wie, wer ich bin? Ich bin der Regisseur. Wir müssen diese Szene nochmal aufnehmen. Du mußt die Verzweiflung der Figur besser rüberbringen. Der Mann kommt nach Hause und entdeckt, daß sein Haus kein Haus ist, sondern eine Kulisse. Und entdeckt, daß er mitten in eine Filmaufnahme hineingeraten ist. Er versteht nichts mehr.«

»Ich verstehe nicht …«

»Er ist durcheinander. Er weiß nicht, ob er verrückt geworden ist oder nicht.«

»Ich muß verrückt geworden sein. Es kann doch nicht sein, daß all das wirklich geschieht. Wo ist meine Frau? Meine Kinder? Mein Haus?«

»So ist es besser. Aber warte bis zur Aufnahme. Geh an deinen Platz zurück. Achtung, Licht …«

»Was denn für einen Platz? Ich bin keine Figur. Ich bin ich! Niemand gibt mir Regieanweisungen. Ich bin in meinem eigenen Haus und rede, was ich will …«

»Gut so, gut. Du weichst ein bißchen vom Text ab, aber es ist gut so.«

»Was für ein Text? Es gibt keinen Text. Ich sage, was ich will. Das ist kein Film. Und noch mehr, wenn es ein Film ist, dann ist es ein billiger Film. Das ist doch alles überholte Symbolik. Daß die Welt eine Bühne und alles vorbestimmt ist, daß wir nichts anderes als Schauspieler sind … Mist!«

»Gut so, gut. Du bist überzeugend. Aber warte bis zur Aufnahme. Achtung …«

Der Mann packt den Regisseur am Kragen.

»Du wirst nichts aufnehmen! Hörst du mich? Nichts! Verlaß mein Haus!«

Der Regisseur versucht sich zu befreien. Sie wälzen sich auf dem Boden. Plötzlich hört man eine Stimme, die schreit:

»Schnitt!«

Sehnsucht

Die Insel sah nicht aus wie eine einsame Insel in einem Cartoon, nur weil sie anstatt einer viele Palmen hatte. Aber der Rest war gleich. Zwei Schiffbrüchige. Man kann die Zeit, die sie auf der Insel verbracht haben, an der Länge ihrer Bärte ablesen, und die Bärte gehen bis zum Knie. Sie unterhalten sich über Frauen.

»Es gibt eine Stelle, ich glaube, hier am Hals – es ist so lang her –, an der alle gleich riechen.«

»Blödsinn. Jede hat einen anderen Geruch.«

»Nein, nein. Ich bin mir absolut sicher. Es ist hier, bei diesen Grübchen. Ein Geruch so ... süß. Bei allen.«

»Und du hast an allen geschnuppert?«

»Alle, die ich kannte, hatten an dieser Stelle denselben Geruch. Ich füllte die Nase damit, mein Gott. Ich ...«

»Fang bloß nicht schon wieder zu weinen an. Du hast es versprochen.«

»Weißt du, woran ich mich erinnere? An den Unterarm.«

»Wo war der nur gleich?«

»Hier oben. Der Unterarm ist der Schenkel des Armes. Der Arm war unterhalb.«

»Ist es nicht umgekehrt?«

»Der Name ist nicht wichtig. Dieser fleischige Teil hier oben.«

»Ich weiß schon. Was ist damit?«

»Das ist der Teil der Frau, der am langsamsten altert.«

»Du phantasierst.«

»Tatsache. Wenn die Frau jung ist, ist das Fleisch hier fest. Nach einem gewissen Alter verliert es die Festigkeit, wird aber nicht so schnell labbrig. Es bleibt so ... voll. Rund.«

»Alles Märchen.«

»Sogar bei den Dünnen ist dieser Teil fleischig. Ich habe nicht eine Dünne kennengelernt, die nicht wenigstens ein kleines Hügelchen hier hatte. Irgendwas zum Anbeißen.«

»Kannst du dich an die Dünnen mit den großen Brüsten erinnern?«

»Jetzt kommst du schon wieder mit deinen Brüsten daher.«

»Ich war immer ein Mann für Brüste.«

»Ist ja schon gut, ist ja schon gut. Aber verallgemeinere bitte nicht. Denk nur an diese Erhöhung, die von der Achselhöhle ausging und ganz sanft, fast unmerklich anschwoll? Man sagt, daß es keine zwei gleichen Brüste auf der Welt gibt.«

»Wie keine gleichen? Es muß mindestens zwei gleiche geben!«

»Gibt es eben nicht! Ist das nicht phantastisch? Die linke ist anders als die rechte.«

»Ach, hör mir doch auf. Nur weil jede zu einer anderen Seite guckt, sind sie noch lange nicht verschieden.«

»Doch. Sie sind verschieden. Sie haben unterschiedliche Persönlichkeiten, alles.«

»Was ich alles aushalten muß ...«

»Kannst du dich an den Nacken erinnern?«

»Nacken ...«

»Wenn die Frau ihre Haare nach oben steckte, blieben immer einige Strähnen über dem Nacken übrig.«

»Ach. Den Nacken hatte ich vergessen.«

»Er ist da, wo die Frau die feinsten Haare hat.«

»Komm mir nicht wieder mit Theorie daher.«

»Die Kurve der Schulter. Der warme Rücken. Dieser Punkt, an dem er noch nicht Gesäß ist, aber es gibt bereits eine Erhöhung, eine Vorahnung ...«

»Dieser Übergang vom Gesäß zur Rückseite der Oberschenkel ...«

»Ach, diese Falte.«

»Dort gibt es keine Falte.«

»Wie keine Falte? Es ist eine Art Untergesäß. Das habe ich tausendmal gesehen.«

»Bei deinen Frauen vielleicht. Wenn ich mich recht entsinne, fing der Schenkel direkt da an, wo das Gesäß aufhörte.«

»Um Gottes willen! Und was war mit diesen Strichen, die sie unter dem Gesäß hatten? Waren das Schnurrbarthaare?«

»Ich habe nie einen Strich gesehen.«

»Weil du nie darauf geachtet hast. Du hast immer nur Brüste gesehen.«

»O.k. Ich gebe die Falte zu.«

»Aber wirklich wunderbar war, wie der Schenkel vorne hervortrat, erinnerst du dich?«

»Mmmmm.«

»Der Schenkel wölbte sich in einer Kurve, einer langen Kurve, vom Becken bis zum Knie. Ein leicht hervortretender Bogen.«

»Bei den Knien war mir immer der hintere Teil der liebste.«

»Genau. Die Kniekehlen.«

»An den Oberschenkeln konntest du es manchmal nicht sofort sehen, aber aus der Nähe sah man einen leichten Flaum.«

»So leicht, daß man ihn, wenn man zart darüber strich, nicht fühlen konnte.«

»Viele rasierten sich die Beine.«

»Man konnte manchmal Schnitte sehen. Kleine Schnitte.«

»Genau. Mit Schorf bedeckt.«

»Nur wenn man ganz nah ranging, konnte man sie sehen.«

»Die weiche Haut und diese winzigen Schnitte. Die Armen.«

»Die weiche Haut ...«

»Und das Bein von hinten. Von der Kniekehle bis zum Knöchel.«

»Der Knöchel. Ein bißchen runzlig, aber wunderschön.«

»Der kleine Zeh, immer ein wenig nach innen geneigt.«

»Diese lange Halskurve, vom Ohr bis zur Schulter.«

»Das Ohr!«

»Der Mund!«

»Sprich nicht darüber.«

»Die Unterlippe ein bißchen größer als die Oberlippe.«

»Wenn die kleinen Zähne manchmal ein wenig hervortraten. Mmmmm.«

»Man lehnte den Kopf an die Brust und konnte das Herz hören.«

»Warm. Alles war warm.«

»Diese zwei Buchten über den Schenkeln.«

»Der Nabel ...«

»Ach ...«

»Du hast versprochen, daß du nicht weinen würdest!«

»Warum hast du denn nur vom Nabel gesprochen?«

Pá, pá, pá

Die Amerikanerin war erst seit kurzer Zeit in Brasilien. Sie wollte schnell Portugiesisch lernen und achtete sehr auf alles, was die Leute sagten. Sie war eine dieser Amerikanerinnen, die sehr genau auf alles achten.

So fand sie zum Beispiel »pois é« (aber ja! aber natürlich! ganz recht!) komisch. Häufig hörte sie, wenn sie mit

Brasilianern sprach, dieses »pois é«. Das ist die typisch brasilianische Art und Weise, nicht zu schweigen, aber gleichzeitig auch nichts zu sagen. Wenn der Brasilianer nicht weiß, was er sagen soll, oder es zwar weiß, aber zu faul ist, es auch zu tun, dann sagt er »pois é«. Sie konnte dieses »pois é« nicht mehr ertragen.

Sie hatte auch Schwierigkeiten mit »pois sim« (nun ja ...) und »pois não« (aber nein ... oder auch: warum denn nicht?). Eines Tages wollte sie wissen, ob sie mich etwas fragen könne.

»Pois não!« sagte ich höflich.

»Genau das ist es! Was bedeutet ›pois não‹?«

»Gut. Du hast mich gefragt, ob du mich etwas fragen könntest. Ich sagte ›pois não‹. Das bedeutet ›du kannst, fühle dich ganz frei, ich höre, stets zu Diensten‹ ...«

»Mit anderen Worten, es bedeutet ›ja‹.«

»Genau.«

»Warum sagt man dann nicht ›pois sim‹?«

»Weil ›pois sim‹ ›nein‹ bedeutet.«

»Was?!«

»Wenn du mir etwas Unwahres sagst oder etwas, womit ich nicht einverstanden bin oder was ich kaum glauben kann, dann sage ich ›pois sim‹.«

»Und das bedeutet ›pois não‹?«

»Ja. Ich meine, nein. Denn ›pois não‹ bedeutet ›ja‹.«

»Warum?«

»Weil ›pois‹ in diesem Fall die gegenteilige Bedeutung gibt, verstehst du? Wenn man ›pois não‹ sagt, sagt man, daß es in diesem Fall unmöglich, ja undenkbar wäre, ›nein‹ zu sagen. Schau, warum sollte ich ›nein‹ sagen?«

»Wohin soll ich schauen?«

»Ach nichts. Vergiß es. Aber ›pois sim‹ bedeutet ›also, schauen wir mal‹; ›nun ja‹; ›mal sehen, ob ich das akzeptieren kann‹; oder ›also, daß ich nicht lache. Ha, ha , ha.‹«

»»Pois‹ bedeutet ›also, nun‹?«

»Äh ... so ungefähr.«

»Was für eine Sprache!«

Da hätte ich fast gesagt: »Und ihr, ihr schreibt ›tough‹ und sagt ›taf‹.« Aber ich hielt mich zurück. Schließlich hatte sie gute Absichten. Sie wollte lernen. Sie fragte weiter:

»Wäre es nicht einfacher, das ›pois‹ wegzulassen?«

Ich bekam langsam zuviel.

»Pois é.«

»Sag nicht ›pois é‹ zu mir!«

Aber was sie wirklich nicht verstand, war das »pá, pá, pá«.

»Was ist die genaue Bedeutung von ›pá, pá, pá‹?«

»Wie?«

»Pá, pá, pá.«

»»Pá‹ bedeutet auf portugiesisch ›Schaufel‹. ›Shovel‹ auf englisch. Das Ding, das man in die Hand nimmt und ...«

»Ich weiß, was eine Schaufel ist. Aber was ist dreimal ›pá‹?«

»Wo hast du das gehört?«

»Das ist das, was ich am meisten höre. Wenn ein Brasilianer eine Geschichte erzählt, dann kommt irgendwann immer ›pá, pá, pá‹.«

Glücklicherweise gesellte sich da ein anderer Brasilianer zu uns, um unserer Unterhaltung als lebendiges Beispiel zu dienen. Noch dazu ein Brasilianer, der eine Geschichte zu erzählen hatte:

»Da saß ich also und trank ein Täßchen Kaffee, als Túlio kam. Gespräch hier, Gespräch dort und so weiter und pá, pá, pá ...«

Ich und die Amerikanerin sahen einander an.

»Es funktioniert wie eine Auslassung«, schlug ich vor. »In Wahrheit bedeutet es drei Pünktchen. ›Punkt, Punkt, Punkt‹.«

»Aber warum ›pá‹ und nicht ›pó‹? Oder ›pi‹ oder ›pu‹? Oder ›et cetera‹?«

Ich mußte mich zusammenreißen, um nicht zu fragen: »Und was ist mit dem Problem der Schwarzen in den USA?«

Sie fuhr fort:

»Und warum muß es dreimal sein?«

»Wegen des Rhythmus. ›Pá, pá, pá‹. Nur ›pá, pá‹ ist einfach zu wenig.«

»Und warum nicht einfach ›pá‹?«

»Keine Ahnung«, sagte ich lässig.

Der andere erzählte seine Geschichte weiter. Wenn ein Brasilianer eine Geschichte erzählt, läßt er sich nicht so einfach unterbrechen.

»Und dann kam der Túlio mit einer Litanei, kann ich dir sagen. Und pá, pá, pá …«

»Es ist ein Hilfsausdruck«, wandte ich ein. »Es ersetzt viele Wörter durch nur drei (und in diesem Fall die gesamte sonderbare Geschichte von Túlio, die zu erzählen man Stunden brauchen würde). Es ist ein Symbol für leeres Geschwätz, das keine Wiedergabe verdient. Es sind Wörter, die …«

»Aber es sind keine Wörter. Es sind nur Geräusche. ›Pá, pá, pá‹.«

»Pois é«, sagte ich.

Sie ging, mit hoch erhobenem Kopf. Natürlich würde sie die Brasilianer aufgeben. Ich ging in die entgegengesetzte Richtung. Wir ließen den Freund von Túlio mit seiner Geschichte allein.

Die Trauerfeier

Das Schicksal, das immer zu Scherzen aufgelegt ist, wollte es, daß beide sich im Tod treffen sollten, da dies im Leben niemals geschehen wäre. Auf einer Seite Cardoso, in der Jugend bekannt als Dosão (der große Cardoso), dann als Doso und schließlich – nachdem das Leben, das Trinken und die falschen Frauen ihn um die Hälfte verkleinert hatten – als Dosinho (der kleine Cardoso). Auf der anderen Seite Rodopião Farias Mello Nogueira Neto, ohne Spitznamen, Komtur, Unternehmer, einer der Mächtigen der Republik, ein großer Langweiler. Groß und fett. Sein Sarg mußte nach Maß gefertigt werden. Es gab Leute, die sagten, eigentlich hätte man zwei Särge gebraucht, einen für Rodopião und einen für sein Ego. Dosinho sah wieder wie ein Kind aus in seinem Sarg. Ein Engel, schmutzig und runzlig. Über Dosinho in seinem Sarg sagten die Leute:

»Der arme Teufel.«

Über Rodopião:

»Ein Hamstergesicht!«

Sie waren in benachbarten Kapellen aufgebahrt. Die Trauerfeiern fingen fast gleichzeitig an. Die von Rodopião (Rotary Club, Ex-Minister, Ehrenmitglied des Jockey Clubs) war vollbesetzt. Die von Dosinho publikumsmäßig ein Flop. An Dosinhos Sarg standen nur zwei Menschen, als die Trauerfeier begann. Durch Zufall zwei Kellner.

Sowohl Dosinho als auch Rodopião starben aus Eitelkeit. Obwohl Dosinho dünn war (»feingliedrig«, wie Dona Judite, Lehrerin und seine einzige eheliche Frau, ihn liebevoll beschrieb), war er der Meinung, daß er langsam einen Bauch bekäme, und fing an, ein Korsett zu benutzen. Um keine schlechte Figur im Dança Brasil zu machen, wo er die Nächte verbrachte. Die Frauen im Dança Brasil sagten immer zum Spaß: »Du wirst dick, Dosinho. Paß auf, mit diesem Bauch ...« Und Dosinho schnürte das Korsett noch enger. Eines Tages fiel er auf der Straße um – aus Luftmangel. Er kam nicht mehr zu sich. Sicher ist er nicht nur daran gestorben. Es kam dazu, daß er zuviel trank. Und zuviel stritt. Er setzte sein Leben für einen Freund aufs Spiel. Er hätte sein Leben für jeden Freund hingegeben. Er verzichtete aufs Essen, um anderen zu helfen. Und wenn es nicht das Korsett gewesen wäre, dann vielleicht ein Messer oder eine Leberzirrhose.

Rodopião war in die Staaten geflogen, um sich Haare implantieren zu lassen, aber als er zurückkam, gab es Komplikationen, eine Entzündung und – wie man argwöhnt – eine gewisse bewußte Verzögerung seitens seiner Frau, einen Arzt zu rufen.

Und so waren Dosinho und Rodopião Seite an Seite aufgebahrt worden. Dosinho, der gute Freund, begleitet von zwei Freunden. Rodopião, der Langweiler, von einer Massenansammlung. Das Schicksal, wie gesagt ...

Gegen Mitternacht kamen Dona Judite, die jetzt Del Castilho hieß und soeben erst vom Tod ihres Ex-Mannes erfahren hatte, und Magarra, Dosinhos bester Freund. Magarra weinte mehr als Dona Judite. »Welch ein Verlust, welch ein Verlust!« wiederholte er immer wieder, und Dona Judite schüttelte ohne große Überzeugung den Kopf. Die Kapelle, in der man Rodopião aufgebahrt hatte, war jetzt so überfüllt, daß die Menschen allmählich in die Trauerfeier von Dosinho eindrangen. Sie schauten interessiert, aber ohne jemandem zu nahe treten zu wollen, auf den unbekannten Toten. Magarra wollte wissen, wer die mächtige Figur in der Kapelle nebenan war. Er war gekränkt angesichts eines solchen Andrangs. Wenn jemand eine solche Verabschiedung verdient hatte, dann Dosinho. Ein graumelierter Mann erklärte Magarra, wer Rodopião war. Er gab alle seine Titel preis. Magarra war empört. Er war

jemand, der das Schicksal und seine Ironie nicht ohne
weiteres hinnahm. Er zeigte mit dem Kinn auf Dosinho
und fragte:

»Wissen Sie, wer der da ist?«

»Wer?«

»Cardoso. Ehemaliger Senator.«

»Ah …« sagte der Graumelierte ein bißchen unsicher.

»Kennen Sie das ›Cardoso-Gesetz‹? Er war sein Urheber.«

In wenigen Minuten breitete sich die Nachricht aus. Da
war nicht nur ein berühmter Staatsmann aufgebahrt, sondern zwei. Der Andrang in der Kapelle Dosinhos erhöhte
sich. Magarra lief zwischen den Gruppen hin und her und
schmückte seinen Lebenslauf aus.

»Erinnern Sie sich an das Mittelfeld vom FC Fluminense
in den Vierzigern? Tatu, Matinhos und Cardoso. Cardoso
ist der da.«

Er erzählte auch, daß Cardoso den Laser erfunden habe,
nur daß ein Amerikaner ihm die Erfindung gestohlen hätte.
Und er hätte auch ein Affäre mit Maria Callas in Europa
gehabt. Einige Leute konnten sich sogar daran erinnern.

»Ah, dann ist das dieser Cardoso?«

»Ganz genau.«

Die Kapelle von Dosinho wurde auch voll. Die Leute
gingen am Sarg Rodopiãos vorbei und stellten fest: »Er
schaut toll aus.« Und gingen dann zu Dosinhos Kapelle. Sie
kondolierten Dona Judite, die sich nicht vorstellen konnte,
daß Dosinho so geschätzt worden war (sogar ein Stell-
vertreter des Gouverneurs erschien), den zwei Kellnern und
Magarra.

»Ein großer Verlust.«

»Erinnern Sie mich nicht daran«, antwortete Magarra.

Das Fernsehen kam. Man interviewte Magarra, der sich
über die Undankbarkeit des Lebens beschwerte. An einen
Mann wie diesen – Urheber des »Cardoso-Gesetzes«,

Wissenschaftler, dessen Foto in der Ehrenhalle des FC Fluminense hing, ein Mann von Welt, ein bedeutender Zeitgenosse – wurde erst in der Stunde seines Todes gedacht. Die Menschheit vergißt schnell. Die Welt ist grausam. Der Kameramann nahm die tränenerfüllten Augen Magarras auf. Zu diesem Zeitpunkt gab es mehr Publikum bei Dosinho als bei Rodopião. Kurz bevor der Sarg geschlossen wurde, kam ein Blumenkranz für Dosinho. Vom FC Fluminense.

Die Leichenzüge waren gleich lang, aber das Fernsehen begleitete Dosinho. Das Begräbnis von Rodopião war schneller durch, weil der Akademiker, der die Ansprache halten sollte, den Text zu Hause vergessen hatte. Alle gingen rasch zu Cardosos Beerdigung hinüber, weil keiner die Ansprache Magarras verpassen wollte.

»Cardoso!« rief Magarra, auf einem Grabstein stehend, »Das, was man hier sieht, ist mehr als eine Beisetzung, es ist eine Entschädigung. Die Nachwelt wird für die Gerechtigkeit sorgen, die das Leben dir verweigert hat. Deine Freunde und Gefährten, die hier versammelt sind, sagen dir nicht Adieu, sondern Willkommen im ewigen Ruhm!«

An diesem Abend sagte Magarra im Dança Brasil, bevor er auf die Bühne stieg, um die Show von Rubio Roberto, der romantischen Stimme der Karibik, anzukündigen, zu Mariuza, die der Dosinho besonders gern gehabt hatte, daß er sie am Morgen bei der Begräbnisfeier vermißt hatte. Mariuza verteidigte sich:

»Woher hätte ich denn wissen sollen, daß er so wichtig war?«

Und schluchzte aufrichtig.

Familie

Der Fels

Dona Mimosa war im Laufe der Zeit zur moralischen Instanz der Familie geworden. Alle sagten:

»Dona Mimosa steht mit beiden Beinen auf der Erde.«

Sie hatte auch einen gesunden Hausverstand, einen guten Riecher für etliche Dinge und einen gewissen Weitblick. Das Alter hatte ihren Ruf nur gemehrt. Denn nun besaß sie außer ihrem Sinn fürs Praktische und dem ererbten Wissen auch noch Erfahrung. Sie hatte einen Ehemann beerdigt, elf Kinder großgezogen, bei der Erziehung von zwanzig Enkelkindern geholfen, und wenn sie auch nichts mit der Gründung der Republik zu tun gehabt hatte, so war sie doch wenigstens dabeigewesen. Mit hundert Jahren war sie immer noch geistig klar und wach. Generationen der Familie hatten sich nach ihrer Nase gerichtet. Und Dona Mimosa hatte sich nie geirrt.

»Großmutter, das Baby hat Schluckauf.«

»Leg ihm einen nassen Waschlappen auf die Stirn.«

»Tante Mimosa, der Olegário weiß nicht, wie er sein Geld anlegen soll.«

»In Land.«

»Mama, ich wollte den Sofabezug wechseln …«

»Nimm Grau.«

Die Generationen wechselten sich ab, aber die Probleme blieben sich gleich.

»Der Maneco will nicht lernen.«

»Bring ihn her.«

Maneco hörte sich einen Vortrag von Dona Mimosa an. Er erfuhr von Fällen von Nichtstuern in der Familie, die in den Ruin getrieben worden waren, und von Doktoren, die sich gemacht hatten. Es war wichtig, eine Stellung zu haben. Wer die Möglichkeit hatte zu lernen und nicht lernte, der war schlimmer als ein Nichtstuer, der war ein Verschwender.

»Was ist ein Verschwender, Urgroßmama?«

»Lern erst mal ordentlich, dann wirst du es wissen!«

Es gab Streit wegen Geld oder Grundbesitz. Fälle von Mißtrauen oder Eifersucht zwischen Schwägerinnen. Drängende Gesundheitsfragen – operieren oder nicht operieren? Alles wurde von Dona Mimosa entschieden. Das eine oder andere Mal ergriff sie sogar vorbeugende Maßnahmen. Sie rief den ältesten Sohn zu sich und sagte:

»Meine Nase sagt mir, daß der Tininho in Schwierigkeiten steckt. Prüf das mal nach.« Oder:

»Ich habe bemerkt, daß Juracis Tochter zuviel schwitzt. Sie muß heiraten.«

Und sie lag immer richtig.

In Krisenfällen war Dona Mimosa ein Fels in der Brandung. Wie zum Beispiel damals, als man entdeckte, daß Biluca noch eine Familie hatte. Dona Mimosa ließ nicht zu, daß das Thema diskret verhandelt wurde. Sie berief eine Familienversammlung ein, von der nur die Minderjährigen ausgeschlossen wurden, und konfrontierte Biluca mit der allgemeinen Ablehnung, ohne selbst ein Wort zu sagen. Später machte sie unter vier Augen mit Biluca aus, was er der zweiten Familie, die er sofort zu verlassen hatte, als Ausgleich geben sollte.

Zum ersten Mal in ihrem Leben wußte Dona Mimosa nicht, was sie sagen sollte, als man ihr erzählte, daß der vierzigjährige Sidnei Jazz mache.

»Ich wußte nicht, daß er ein Instrument spielt.«

»Tut er auch nicht. Er macht Jazz Dance.«

Zum ersten Mal in hundert Jahren fiel Dona Mimosa der Kiefer runter.

Später war es der Ururgroßenkel Duda, Sohn eben jenes Nichtstuers Maneco, der zuletzt doch noch sein Jurastudium zu Ende gebracht hatte, der die Alte mit der Bitte um finanzielle Unterstützung überraschte. Der Vater hatte alles in Aktien investiert und war nun nicht flüssig. Duda wollte Kohle locker machen, um mit ein paar Miezen an den Strand von Porto Seguro zu fahren. Supergeil.

Dona Mimosa versuchte noch zu argumentieren. Es sei doch schwierig, mit Tieren zu reisen. Man müsse einen Korb oder einen Karton mitnehmen. Aber es war offensichtlich, daß sie sich nur vortastete, sich ihrer Sache nicht sicher war.

Die Familie suchte Dona Mimosa weiterhin wegen ihrer Ratschläge auf. Aber man befolgte sie nicht mehr so wie früher.

»Großmama, ich werde Geld in einen Laden für importierte Badeaccessoires investieren. Ich habe sogar schon einen Namen: Pipique.«

»Nein, nein. Kauf lieber Land.«

»Ach komm, Großmama, Land …«

Kürzlich trug man Dona Mimosa ein weiteres Problem vor.

»Berenice will das Haus verlassen.«

»Laß es nicht zu.«

»Das wird nichts nützen. Sie zieht mit jemandem zusammen.«

»Wie bitte?«

»Mit der Valdirene.«

»Na, gut. Sie zieht mit einer Freundin zusammen.«

»Das ist es nicht. Die beiden sind ein Paar.«

Schweigen.

Dona Mimosa fühlte, daß die Welt ihr entglitt. Ihr Riecher half ihr nicht mehr weiter. Es war aber wichtig, die Autorität zu wahren. Mit Mühe riß sie sich zusammen und fragte:

»Und diese Valdirene, hat die wenigstens eine gute Stellung?«

Das Wiedersehen

Frederico betrat die Wohnung und zog den Freund am Ärmel hinter sich her. Er rief seiner Frau zu:

»Lurdes, schau mal, wen ich im Aufzug getroffen habe!«

Die Frau erkannte ihn nicht.

»Es ist Parra! Kannst du dich erinnern, wie ich dir immer von Parra erzählt habe? Also, das ist Parra!«

Der Name des anderen war Parreira. Bekannt als Parra. Die zwei waren ungefähr gleich alt. An die fünfzig. Aber Parreira schien jünger zu sein. Er hatte keinen Bauch. Und seine Haarpracht war noch vollständig, obwohl kleine graue Strähnchen sichtbar wurden. Sie schauten sich lachend an.

»Parra, alter Junge …«

»Ja, wie lang ist es wohl her?«

»Zwanzig Jahre.«

»Mindestens.«

»Warte mal. Ich erinnere mich genau an das letzte Mal, als ich dich gesehen habe. Es war im Rond Point. Er lag zwischen der Fernando Mendes Straße und Unserer Heiligen Frau von der …«

»Copacabana«, ergänzte der andere.

»Genau.«

»Du kannst dich nicht daran erinnern, weil du betrunken warst.«

Und zu seiner Frau:

»Dieser Typ war furchtbar. Ein richtiger Filou. Stimmt's, Parra?«

»Ach, was«, sagte der andere bescheiden.

»Alter Parra!«

»Alter Ponte!«

»Wer ist Ponte?« wollte Lurdes wissen.

Frederico ließ sich prustend vor Lachen in den Sessel fallen.

»Der Ponte war ich! Das war mein Spitzname in der Clique, weil ich immer so gern mit Paulistanern stritt. Ich habe die Paulistaner mehr verschreckt als die erste Flugverbindung mit Rio, die fanden sie damals echt schlimm. Ich war der Brückenkopf der Cariocas. Und du warst auch nicht gerade ein Kind von Traurigkeit.«

»Setz dich, Junge. Was für eine Freude. Du ißt natürlich mit uns.«

»Ich weiß nicht ...«

»Was soll denn das heißen? Sicher ißt du bei uns. Laß uns über die guten alten Zeiten sprechen. Kannst du dich an die Perücke im Sacha's erinnern? Lurdes, hör dir das an. Dieser Verrückte stiehlt eines Tages mitten im Sacha's einer Frau die Perücke. Er läuft damit hinaus, die Avenida Atlântica entlang, und die Besitzerin der Perücke hinter ihm her. Und ihr Mann noch dazu! Ein Paulistaner.«

»Und jetzt erzähl mal, wer die Perücke vom Kopf der Frau geklaut und auf meinen getan hat! Du mußt die Geschichte schon richtig erzählen.«

»Was wir nicht alles angestellt haben in dieser Stadt, was, Parra?«

»Allerdings.«

»Mensch, Parra.«

Nach dem Essen:

»Ja, ja … die guten alten Zeiten. Du hast noch einen ganz guten Zug drauf, nicht, Parra? Ich habe seit damals keinen Alkohol mehr angerührt. Die Leber ist im Eimer. Dazu das Alter. Alles Mist.«

»Aber was erzählst du denn da? Du bist jung!«

»Jung bist du, du Gauner. Er sieht gut aus, nicht wahr, Lurdes? Ich bin verbraucht. Schau mal, meine älteste Tochter ist schon siebzehn geworden. Und ist schon ausgezogen. Hast du geheiratet, Parra?«

»Nur zwei- oder dreimal.«

»Du Lump! Kannst du dich an die Mädchen erinnern? Keine konnte deinem Charme widerstehen. Weißt du, wie man den Parra in der Gruppe nannte, Lurdes? Delamare, den König der Babys.«

»Mit dir war auch nicht zu spaßen.«

»Ja. Aber das war zu der Zeit, als das Tote Meer noch im Sterben lag. Heute bin ich zu nichts mehr nutze. Ein Wrack.«

Der andere wurde ernst. Er sagte:

»Gib nicht auf, alter Junge. Nie. Schau nach vorn! Vorbei ist vorbei.«

»Vorbei ist es mit mir«, sagte Frederico, ebenso ernst.

»Ich mache einen Kaffee«, kündigte Lurdes an.

»Meine Tochter sagte, daß ihr Verlobter uns heute besuchen kommt. Da schaust du. Verlobter. Ich bin schon fast Schwiegervater. Fast Großvater.«

»Die Sandra.«

»Ja.«

Schweigen.

»Du kennst meine Tochter, Parra?«

»Ja.«

Schweigen.

»Was hast du ausgerechnet in diesem Aufzug gemacht, Parra?«

»Ich war auf dem Weg hierher.«

Ein weiteres Schweigen. Dann fuhr Parra fort:

»Ich bin der Verlobte von Sandra, Ponte.«

Frederico schaute den anderen unverwandt an. Als Lurdes mit dem Kaffee ins Wohnzimmer zurückkam, fand sie beide Auge in Auge vor. Frederico zusammengesunken in seinem Sessel, Parra auf der Sofakante. Schweigend.

»Und, seid ihr mit euren Erinnerungen am Ende?«

Kein Wort kam von beiden. Schießlich sagte Parra:

»Was denkst du jetzt, Alter?«

»Ich überlege gerade, ob ich dich aus dem Fenster schmeißen oder ...«

»Oder was?«

»Ich weiß es nicht.«

»Was ist denn mit euch passiert?«

»Nichts. Ein alter Streit.«

»Ihr seid gut. Nach zwanzig Jahren trefft ihr euch und fangt wieder an zu streiten? Trinkt erst mal einen Kaffee.«

Frederico schien noch mehr in den Sessel hineinzusinken. Er rührte sich nicht, er griff nicht nach der Tasse. Er starrte gebannt auf das Kreuz, das aus dem offenen Hemd von Parra hervorschaute. Er selbst war noch in Anzug und Krawatte.

Nur um das Schweigen zu brechen, sagte Lurdes:

»Unsere älteste Tochter, die Sandra, sagte, daß ihr Verlobter uns heute besuchen kommt. So ist das heutzutage. Man lernt den Freund der Tochter erst kennen, wenn sie schon verlobt sind. Und das nur, wenn es überhaupt zur Verlobung kommt. Ich will nur sein Gesicht sehen ...«

»Er kommt nicht.«

»Woher weißt du denn das, Fred?«

Aber Frederico schaute weiterhin auf das Kreuz.

»Was sagten wir immer, wenn wir am Abend weggingen, Parra? ›Leute, sperrt eure Töchter ein!‹«

»Sie ist ein wunderbares Mädchen, Ponte …«

»Nein! Das nicht! Komm mir ja nicht mit diesem Geschwätz. Gib zumindest zu, wie infam es ist. Komm mir nicht mit diesem Geschwätz!«

Lurdes verstand nichts.

»Fred …«

»Ich kann nichts dafür, Ponte«, sagte Parra, »wenn du jetzt auf der anderen Seite bist …«

»Raus! Raus, bevor ich dir eins in die Fresse gebe!«

Lurdes verstand nichts, sie begleitete Parra bis zur Tür und entschuldigte sich für Fredericos sonderbares Benehmen. Sie kam ins Wohnzimmer zurück und hörte ihren Mann fragen:

»Lurdes, warum habe ich nicht so ein Hemd wie Parra?«

Er war damals im Crazy Horse zum König des Cha-Cha-Cha gewählt worden. Jetzt hatte er nur mehr diesen toten Blick eines Menschen, der aufgegeben hat.

Die Onkel

Die erste Onkelgeschichte handelt von Onkel Paulito, der, seit die Kinder sich erinnern konnten, jeden Tag bei ihnen mitaß und sonntags mit einer Tüte Kokospralinen ankam. Er sprach wenig und verhielt sich so unauffällig, daß die jüngste Tochter erst mit sechzehn auf die Idee kam zu fragen:

»Wie sind wir eigentlich mit Onkel Paulito verwandt?«

»Aber, Liebling«, antwortete die Mutter, »er ist mein Bruder! Wußtet ihr das nicht?«

Keines der Kinder hatte das gewußt. Tatsache war, daß Onkel Paulito sich nicht für sie interessierte. Er kam nur, um zu essen. Er kam nie zu den Festen. Weihnachten und Neujahr verschwand er. An den Geburtstagen seiner Neffen und Nichten erschien er mit einer Extratüte Kokospralinen zum Mittagessen. Einmal überraschte er tatsächlich alle, als er bei Tisch einen Witz erzählte. Aber der Witz war doof und allen bekannt, außerdem erzählte er ihn noch schlecht. Niemand lachte und Onkel Paulito schwieg wieder. Niemand wußte, was er machte und wohin er nach dem Essen ging. Er war letztlich wie ein Möbelstück im Wohnzimmer, an dessen täglichen Anblick sich alle gewöhnt hatten und dessen Vergangenheit und Zukunft keinem einen Gedanken wert war.

Bis die jüngste Tochter, die sich plötzlich für Politik interessierte und bei der Arbeiterpartei engagierte (sie verpaßte keine Versammlung, kein Symposium, keine Demo), eines Tages mit einer großen Neuigkeit nach Hause kam.

»Ihr könnt euch das nicht vorstellen!«

»Was, Liebling?«

»Wißt ihr, wer bei der Konferenz mit Prestes war?«

»Wer?«

»Onkel Paulito!«

»Wie?«

»Und Prestes unterhielt sich mit ihm! Ich bin fast gestorben!«

»Luiz Carlos Prestes hat mit Onkel Paulito gesprochen?«

»Nicht nur gesprochen. Er begrüßte ihn ganz herzlich! Sie umarmten sich. Er nannte Onkel Paulito einen großen Kampfgefährten. ›Der hier ist ein Kampfgefährte.‹«

»Das glaub' ich nicht!«

Sogar die Schwester von Onkel Paulito konnte es nicht glauben. Als er am nächsten Tag zum Essen erschien, wollten es alle wissen. Wie kam denn das, Paulito? Der Prestes?!

»Ja«, sagte er lächelnd. Und als er überrascht feststellte, daß die Antwort nicht genügte, wiederholte er: »Ja, so ist es.«

»Erzähl, Onkel! Wie ist es denn dazu gekommen?«

»Nein, nein«, sagte er. »Es ist nichts Besonderes. Eine alte Geschichte.«

Und er hielt seinen Teller für das Schnitzel Mailänder Art hin.

Während des ganzen Essens war Onkel Paulito Gegenstand der Bewunderung aller. Besonders der jüngsten Nichte, die fast nichts essen konnte, so bewegt war sie. Und sie starrte unentwegt auf diesen Mann, der an seinem Schnitzel kaute. Er war nicht mehr Onkel Paulito. Jetzt war er ein Geheimnis am Tisch.

Anders Onkel Dedé, der ständig aus seinem Leben erzählen mußte, und die Geschichte, die er immer wieder erzählte, war die von dem Hollywood-Film, bei dem er mitgewirkt hatte. Die Älteren waren es schon müde, diese Geschichte zu hören, aber immer wieder kam jemand Neues dazu, den Onkel Dedé beeindrucken konnte.

»Sie haben einen Film in Hollywood gedreht, Senhor Dedé?«

»Ich erscheine in einer Szene.«

»Und was für ein Film war das?«

»Du hast ihn bestimmt nicht gesehen. Er ist nicht aus deiner Zeit. Der englische Titel war ›Ailand ovilovi‹.«

»Wie?«

»›Ailand ovilovi‹. Ich glaube, er wurde in Brasilien nie gezeigt.«

»Wer hat da mitgespielt?«

»Dorothy Lamour. Sie ist auch nicht aus deiner Zeit.«

»Und wie sind Sie da reingekommen?«

»Ich war bei der Band ›Los Tropicales‹. Ich spielte Bongo

und sang auch. Das war in den Vierzigern. Zur Kriegszeit. Aber die Band ist in Los Angeles auseinandergegangen, weil die Sängerin Lupe, eine Kubanerin, entdeckte, daß ihr Mann, der Trompete spielte, und – wie hieß er nochmal? Rafael Rafael, so ein Doppelname – daß eben dieser Rafael Rafael ein Verhältnis mit einer kleinen Amerikanerin hatte, und die …«

Und da erzählte Onkel Dedé weiter und weiter und obwohl Einzelheiten hier und da geändert wurden, war seine Geschichte immer dieselbe, nur eben entsprechend dem Grad des Interesses des Zuhörers modifiziert. Nach der Auflösung von »Los Tropicales« sah sich Onkel Dedé gezwungen, seinen Lebensunterhalt in Los Angeles zu verdienen, und wurde als Komparse für einen Film verpflichtet, der zwar in der Südsee spielte, aber in voller Länge in Hollywood abgedreht wurde.

Die Szene, in der Onkel Dedé auftrat, war stark, wie er sagte. Es war in einer Bar, in der Dorothy Lamour sang. Sie ging, während sie sang, an seinem Tisch vorbei, nahm ihm die Zigarette aus dem Mund und gab ihm einen Kuß. »Wir sind sogar Freunde geworden«, erzählte Onkel Dedé.

Eines Tages …

»Onkel Dedé! Hieß dein Film vielleicht ›Island of Love‹?«

»Genau.«

»Er kommt heute im Fernsehen!«

Große Sensation. Die Familie kam zusammen und lud noch Leute dazu ein, damit man sich gemeinsam »den Film von Onkel Dedé« anschaute. Der erstaunlich schweigsam war, als er sich vor den Fernseher setzte. Der Film fing an, lief und lief und war fast zu Ende, ohne daß die Szene mit Onkel Dedé vorgekommen wäre.

»Wann kommt sie denn endlich, Onkel?«

»Warte nur.«

Aber der Film ging zu Ende und die Szene kam nicht. Alle drehten sich stumm zu Onkel Dedé. Und da sprang er nach kurzem Zögern auf und schrie voller Empörung gen Himmel:

»Die haben mich einfach rausgeschnitten!«

Urlaub

»Strand!« schrie die Tochter.

»Berge!« schrie der Sohn.

»Garten«, meinte der Vater in Anbetracht der Krise.

Die Frau träumte von einer Luxuskreuzfahrt über den Atlantik. Nur einmal im Leben. Mondnächte in der Karibik. Bunte Drinks am Swimmingpool. Exotische Plätze mit romantischen Namen.

»Galapagos …«

»Barbados …«

»Bankrottos …«

»Ban… was? Bankrott?«

»Das ist, was wir nach einer solchen Reise sein würden. Weißt du, wieviel so etwas kostet?«

»Du denkst nur ans Geld.«

»Nicht nur ans Geld, auch an die Zukunft.«

»Strand, Papa!«

»Berge!«

»Strand!«

Man einigte sich. Strand und Berge. Eine Woche hier, eine Woche da. Die Kreuzfahrt in der Karibik mußte noch auf die etwas unwahrscheinliche Gelegenheit warten, daß Papa sterben und Mama einen Millionär heiraten würde. Ihnen war etwas von einem neuen Hotel zu Ohren gekommen, das an einem noch unerschlossenen Strand lag. Entsprechend die Preise. Auch die Entfernung sei akzeptabel, sagte der Vater, der sich die Wahrscheinlichkeit ausrechnete, hin- und zurückfahren zu können, ohne daß auf halbem Weg die Benzinpreise stiegen. Also auf zum Strand! Eine Woche!

»Ist alles im Auto?«
    »Ja, Vilson, steig ein.«
    »Sonnencreme?«
    »Ja.«
    »Insektenschutz?«
    »Ja.«
    »Chinin? Salztabletten? Verbandszeug? Ein Radio, damit wir den Kontakt zur Zivilisation nicht verlieren?«
    »Steig endlich ein, Papa!«
    »Penicillin? Flammenwerfer gegen einen möglichen Angriff von Riesenameisen?«
    »Alles eingepackt, Vilson. Laß den Blödsinn und komm!«
    »Halt! Es ist eben nicht alles im Auto.«

Agatha Christie fehlte.
    Der Vater lief ins Hause zurück, um Agatha Christie zu holen. Fünf Bücher. Die würden nach seinen Berechnungen genügen, ihn eine Woche lang von Sonne, Sand und kaltem Wasser fernzuhalten.

»Gehst du nackt zum Strand?«
    »Ich bin nicht nackt, Papa. Ich habe einen Bikini an.«
    »Na ja, wenn du das sagst …«

»Kellner, Salz.«

»Was?«

»Salz. Dieses weiße Pulver, das wie Zucker aussieht.«

»Ah.«

»Das darf doch nicht wahr sein. Er weiß nicht, was Salz ist.«

»Beruhige dich, Vilson. Das ist ein neues Hotel. Ich habe gehört, daß sie nur Leute aus der Gegend einstellen.«

»Aber Salz muß doch hier trotzdem schon bekannt sein. Ich habe sogar Satellitenantennen gesehen, und Salz gibt es schon ein bißchen länger.«

»Er hat nicht gehört, was du gesagt hast, Vilson. Schau, da kommt er schon.«

»Ah, da ist es. Danke.«

»Danke.«

»Ich hab's gewußt …«

»Was?«

»Er hat Zucker gebracht.«

»Weißt du, daß du so sehr, aber wirklich sehr sexy aussiehst?«

»Au!«

»Was ist?«

»Faß mich nicht an.«

»Warum?«

»Sonnenbrand. Deswegen muß ich nackt schlafen.«

»Habe ich es dir nicht gesagt? Du solltest es wie ich machen. Ich kriege nie einen Sonnenbrand.«

»Natürlich nicht. Du verbringst den ganzen Tag im Hotel und liest Agatha Christie.«

»Ja, aber nur, wenn der Oberst das zuläßt. Dieser nervige Alte! Spricht nur über Krankheiten. Ich weiß mehr über seinen Blinddarm als über meinen. Und mit dem lebe ich schließlich schon seit einigen Jahren zusammen. Jetzt komm schon.«

»Au! Hier kannst du mich nicht anfassen. Aber da. Da schon.«

»Da interessiert's mich nicht.«

»Mein Sohn, ich bitte dich, eines zu bedenken: Weißt du, was passieren kann, wenn du immer so weit hinausschwimmst? Weißt du das?«

»Ja, Papa. Ich könnte ertrinken.«

»Nicht nur das, mein Sohn. Wenn du ertrinkst, müssen wir den Urlaub abbrechen. Und das Hotel ist bereits für die ganze Woche bezahlt!«

»Ich habe Fisch bestellt.«

»Sie haben Fisch bestellt.«

»Genau. Und das ist kein Fisch.«

»Doch, das ist Fisch.«

»Nein, mein Freund. Das ist Fleisch.«

»Es ist Fisch.«

»Es ist Fleisch.«

»Papa ...«

»Vielleicht ist das ein Seepferd.«

»Vilson! Du kannst den Jungen doch nicht einfach schlagen!«

»Entschuldigung. Ich habe die Nacht sehr schlecht geschlafen. Die Mücken. Und ich habe vom Blinddarm des Oberst geträumt. Entschuldigung, mein Sohn.«

»Wollen Sie das Gericht zurückgehen lassen?«

»Nein, nein. Es ist phantastisch. Rindfleisch mit Meeresfrüchten. Man muß alles im Leben ausprobieren. Bringen Sie mir Salz, bitte.«

»Was?«

»Vergessen Sie's.«

»Schau mal, wie faszinierend der Lebenskreislauf ist. Die Mücken fressen uns, die Eidechsen fressen die Mücken, und ich bin mir sicher, daß man früher oder später diese Echsen im Restaurant hier auftischen wird. Ohne Salz. Der Kreis schließt sich. Das Leben nimmt sein Lauf. Das ist schön. Komm her zu mir!«

»Nein. Ich habe noch den Sonnenbrand.«

»Dann du, Agatha. Komm du. So … Ja, so. Laß mich deine Seiten aufschlagen, langsam deinen Rücken streicheln. Mmmmm …«

»Vilson …«

»Was?«

»Kitzelst du mich gerade am Fuß?«

»Es würde mir nicht im Traum einfallen, dich zu berühren, Liebste.«

»Ihhh …! Es ist eine Eidechse!«

»Wissen Sie, Herr Oberst, ich dachte mir immer, wenn es die Hölle gibt, dann ist sie bestimmt ein Strandhotel an einem Regentag.«

»Wie bitte?«

»Die Hölle, sie muß ein Strandhotel an einem Regentag sein.«

»Das finden Sie nur, weil Sie nicht am Blinddarm leiden.«

»Irgendwann bringe ich den Oberst um.«

»Die Geschichtsschreibung hat Herodes unrecht getan. Man müßte ihn rehabilitieren, seinen Namen wieder aufwerten.«

»Geduld, Vilson. Bei diesem Regenwetter müssen die Kinder im Hotel spielen. Wo gehst du hin?«

»Mir fällt ein, ich bin schon seit fünf Tagen hier und habe den Strand noch nicht gesehen.«

»Aber es regnet doch.«

»Gut. Sobald es aufhört, komme ich wieder zurück.«

»Bingo!«

»Papa! Du hast das Spiel gewonnen.«

»Super, Papa.«

»Intellektuelle Spiele sind meine Stärke. Ich würde jeden in diesem Hotel bis zum bitteren Ende zum Fingerhakeln herausfordern.«

»Schatz …«

»Hm?«

»Leg die Agatha weg.«

»Hast du keinen Sonnenbrand mehr?«

»Doch, aber das ist mir jetzt egal.«

»Ich kenne das schon. Nur weil ich beim Bingo gewonnen habe. Ein Sieger hat das gewisse Etwas, das die Frauen ganz verrückt macht, eine magnetische Anziehungskraft, die …«

»Vilson …«

»Ja?«

»Halt den Mund.«

»Ist alles im Auto?«

»Ja, Vilson. Steig ein.«

»Das Surfbrett? Die Muscheln? Alles?«

»Alles, Vilson.«

»Die Eidechse?«

»Wir fahren jetzt, Papa!«

»Ah, die Berge! Schaut nur, wie schön. Ihr werdet jeden Morgen früh aufstehen und lange Wanderungen machen. Und hinterher erzählen, wie es war – wenn ihr es schafft, mich aufzuwecken. Wir werden die Lungen mit frischer

Luft füllen und davon noch Kühltaschen voll mit nach Hause nehmen. Dieses Hotel macht mir einen guten Eindruck.«

»Warum hast du ausgerechnet dieses Hotel ausgesucht?«

»Mir gefiel der Name. ›Falscher Bayer‹. Wirkt wenigstens ehrlich.«

»Gehen wir in den Wald, gehen wir in den Wald!«

»Und ich dachte mir schon, du würdest den ganzen Tag im Hotel verbringen, beim Lesen!«

»Ihr werdet es nicht glauben.«

»Was denn?«

»Der Oberst ist hier! Auf in den Wald!«

Kinderfest

Man erkennt sofort, bei wem am Tag zuvor ein Kinderfest stattgefunden hat. Da ist so etwas im Gesicht. Der Ausdruck von jemandem, der zu dem furchtbaren Schluß gekommen ist, daß Herodes vielleicht doch recht hatte.

»Wie schwer Sie heute atmen!«

»Das waren die vielen Luftballons, die ich aufblasen mußte.«

»Wie mühsam Sie heute gehen!«

»Das kommt von den vielen Tritten, mit denen ich Streit schlichten wollte.«

»Wie Ihre Hände zittern!«

»Das kommt von der Anstrengung, mit der ich an mich halten mußte, niemandem den Hals umzudrehen!«

Respekt und Anerkennung verdient jeder, bei dem am Tag zuvor ein Kinderfest stattgefunden hat.

Vater und Mutter liegen auf dem Sofa hingestreckt, jeder

in einer Ecke. Halb bewußtlos. Es ist schon dunkel, aber das Fest ist noch nicht zu Ende. Drei Kinder sind noch da und rennen unaufhörlich durch das Haus.

»Ich habe eine Idee«, sagt der Vater.

»Nämlich?«

»Wir schicken sie zum Spielen direkt auf die Straße. Momentan ist viel Verkehr.«

»Sei nicht so ekelhaft. Sie gehen doch bald.«

»Aber wann? Diese drei sind als erste gekommen! Ich glaube, daß ihre Eltern sie hierhergebracht haben, um anschließend ins Ausland zu fliehen.«

Ein Mädchen läuft durch das Wohnzimmer. Als sie ankam, hatte sie das bestgebügelte Kleid von allen. Nach drei Limonadenbädern und einer Schokoladenkugelschlacht schaut sie aus wie eine Veteranin des Grabenkampfes.

»Das ist die schlimmste!« sagt der Vater dramatisch flüsternd. »Die Kleine da! Sie ist ein Horror!«

»Die Arme. Sie heißt Candida.«

»Candida?! Sie ist eine Terroristin!«

»Schhhh.«

»Wo kommt dieser Alptraum her?«

»Sie ist eine Schulkameradin von Paulinho.«

»Und das rotzende Ungeheuer, das nicht aufhört zu essen?«

»Das ist Chico. Auch ein Schulkamerad von Paulinho.«

»Ob man ihm nichts zu essen gibt zu Hause? Und wer ist der, der auf dem Tisch herumspringt?«

»Das ist der Paulinho. Erkennst du deinen eigenen Sohn nicht mehr?«

»Er ist völlig mit Schokolade überzogen.«

»Er hat an einer Schokokugelschlacht teilgenommen, mit Candida …«

»Und natürlich hat er verloren. Diese Candida ist unbesiegbar. Schokokugelschlacht, Jiu-Jitsu, Luftballonvolleyball oder Hundereiten. Sie war die einzige, die es geschafft hat, auf Atlas zu reiten.«

»Da wir gerade darüber sprechen, wo ist Atlas denn eigentlich?«

»Er ist natürlich aus dem Haus geflohen. Das hätte ich auch tun sollen.«

»Also komm, einmal im Jahr …«

»Mußt du mich daran erinnern? Wenn ich nur daran denke, daß in einem Jahr das nächste …«

»Du kannst wirklich nichts sagen. Du feierst auch gern Geburtstag.«

»Aber wir benehmen uns anständig. Bei unseren Festen gab es noch nie eine Schlacht mit Schokoladekugeln. Wir betrinken uns zivilisiert.«

»Ach, ja? Und der Zwerg mit der Trompete?«

»Diese Geschichte hast du erfunden. Es gab nie einen Zwerg mit Trompete.«

»Ach, nein? Die Araci kennt diese Geschichte. Sie hat noch am selben Tag gekündigt.«

Chico kommt zu ihnen.

»Gibt es keinen Hot-dog mehr?«

»Nein, mein Sohn. Die sind zu Ende.«

»Schokokugeln?«

»Sind auch aus, Chico.«

»Du kannst ja den Kopf von Paulinho ablecken«, schlägt der Vater unter dem vorwurfsvollen Blick der Mutter vor.

»Mensch, gibt's echt nichts mehr?« sagt Chico und geht wieder – untröstlich.

»Und er beschwert sich noch, das kleine Arschloch!«

»Schhhhh!«

»Gut, was du machst, weiß ich nicht, aber ich …«

»Was machst du?«

»Ich werde ein Bad nehmen, wenn ich noch genug Kraft

habe, um den Wasserhahn aufzudrehen, und dann im Bett fernsehen.«

»Und wenn die Eltern kommen?«

»Was für Eltern?«

»Na, die Eltern von Candida und den anderen.«

»Was habe ich mit denen zu tun?«

»Wenn sie kommen, müssen wir sie empfangen.«

»Ach, nein.«

»Ach, ja!«

»Was ist das denn?«

An der Tür läutet es. Der Vater geht zur Tür, lautlos vor sich hinschimpfend. Es ist ein Paar, das sich als die Eltern von Candida zu erkennen gibt.

»Kommt rein, kommt rein.«

»Wir wollten nur Candida ...«

»Nun kommt doch herein. Candida wird bestimmt nicht gleich gehen wollen. Sie ist bezaubernd. Liebling, die Eltern von Candida. Setzt euch, setzt euch.«

Der Vater reibt sich die Hände, plötzlich wieder munter.

»Wollt ihr vielleicht ein Bierchen? Liebling, kannst du welches holen?«

Da Araci gekündigt hat, muß die Mutter selbst das Bier holen, obwohl sie sich seit frühmorgens um das Fest gekümmert hat und kaum mehr auf den Beinen halten kann und den Mann eigentlich umbringen könnte. Sie steigt über klebrige Bonbonpapiere, Pappbecher und Ballonreste, die den Boden bedecken, den sie selbst wird am nächsten Tag reinigen müssen. Respekt und Mitleid für den Tag danach gebührt den Müttern, die ein Kinderfest gehabt haben.

Währenddessen hat der Vater den Eltern von Chico die Tür geöffnet und bittet sie hereinzukommen, begeistert von der Idee, daß nun sein eigenes Fest anfängt.

»Liebling, mehr Bier bitte!«

Unwetter in der Herzogstrasse

Es war reiner Zufall, daß das Treffen der esoterischen Gesellschaft von Dr. Erzengel, das Kostümfest der Zwillinge Theresa und Rita – benannt nach ihren Schutzheiligen – und das Unwetter gleichzeitig stattfanden. Und wenn es nicht der Zufall war, dann war es etwas anderes, was der Autor nicht einmal in Betracht ziehen möchte, da er sonst als Märchenerzähler gelten könnte. Der Autor, ein Mann um die Vierzig, Skeptiker aus Selbstschutz, weiß, daß eine verborgene Logik unser Schicksal regiert, möchte sich aber lieber nicht einmischen. Er wird regelmäßig Einwände bringen, um die Handlung zu kommentieren, was sein gutes Recht ist, aber er verspricht, keine dogmatische oder ironische Interpretation des Textes zu erzwingen. Was folgt, ist reine Erfindung. Nur das Unwetter ist wirklich geschehen. Und das Haus ist noch dort in der Herzogstraße oder, besser gesagt, das was von ihm noch übrig blieb. Man erzählt sich, daß des Nachts der Geist eines angesengten Riesenkaninchens durch die leeren Säle geht. Aber ich nehme zuviel vorweg. Die Witwe des Dr. Erzengel lebt auch noch, und man sagt, daß sie ständig Kontakt zur Seele ihres Mannes hält, der aus dem Jenseits keucht: »Einsamkeit, Einsamkeit ... laß mich in Ruhe!« Man sagt auch, daß die Witwe heute mit einem Bolivianer der katholischen Universität liiert ist. Aber ich nehme zuviel vorweg.

Die Zwillinge hatten beschlossen, ein Kostümfest zu veranstalten, und alle sollten als Tiere verkleidet erscheinen. Dr. Erzengel, der es seit Jahren aufgegeben hatte, den Gesprächen der Töchter beim Abendbrottisch zu lauschen, tauchte aus seiner inneren Klausur gerade soweit hervor, um durch den Dampf der Suppe hindurch zu erfahren, daß irgend etwas am Freitagabend in der alten Villa stattfinden würde. Ein Fest? Aber er hatte alle Feste in der Villa verboten, seit die Polizei bei dem letzten hatte Hunde einsetzen müssen, um die Gäste in Schach zu halten. Dr. Erzengel mußte damals den altehrwürdigen Ruf der Familie aufbieten – sogar den Namen des Patriarchen, Komtur Dionísio, bekannt als Kurienfuchs wegen seiner jahrelangen Aktivitäten hinter den Kulissen der Kirche –, damit die Nachricht nicht in den Zeitungen erschien und niemand festgenommen wurde, auch nicht der Junge, der schreiend kopfüber durch ein hundert Jahre altes, buntes Fenster gesprungen war.

Aber die Zwillinge Theresa und Rita, benannt nach ihren Schutzheiligen, hörten schon lange nicht mehr auf den Vater. Sie planten das Fest fröhlich weiter, und Rita war so aufgeregt, daß sie einen ihrer Anfälle bekam und aufs Zimmer gebracht werden mußte. Dr. Erzengel appellierte an seine Frau, sie aber meinte, daß die Mädchen schließlich ein gesellschaftliches Leben brauchten, und sie müßten ihre Feste zu Hause abhalten, denn die Mädchen waren so häßlich, daß niemand sie jemals einlud.

»Aber ich habe es verboten! Für immer verboten!« sagte Dr. Erzengel.

»Aber Francisco, das war im letzten Monat.«

»Ich wette, daß eine Menge Schwule kommen!« rief Theresa.

Von den zwölf Kindern des Paares waren nur noch die zwei Mädchen im Hause.

Freitag war ein heißer Tag und am Abend bedeckten dicke schwarze Wolken die Sonne und zogen über die Stadt Porto Alegre hin wie die Heerscharen Saladins über das Jerusalem der Kreuzritter. Dr. Erzengel hätte das Treffen seiner esoterischen Gesellschaft vertagt, wenn er die Vorzeichen beachtet hätte – ein Auto vor dem Haus fing von selbst Feuer, eine Eidechse durchquerte den Innenhof und hinterließ eine leuchtende Spur auf den Fliesen.

Aber dieses Treffen würde das wichtigste von allen sein. Die Verkündigung des Evangeliums vom Geheimen Jesus, von seiner Urheberschaft, die Wahl der vier Säulen der Geheimen Kirche, die Lektüre des Dekaloges der Katakomben und nach dem Tee die Weihung der neuen Ritter des Heiligen Grabes, Region Süd. Die Versammlung begann um acht Uhr – wie vereinbart.

Der General und Dr. Costa trafen gemeinsam ein. Dann kamen die anderen, einer nach dem anderen. Sie wurden an der Tür von der Frau von Dr. Erzengel im langen Kleid in Empfang genommen und ins Arbeitszimmer geführt. Der vorletzte Ankömmling war der schwarzgekleidete Prof. Orvelho, und seine Erscheinung wurde an der Tür vom ersten Blitz der Nacht erleuchtet. Als letzter kam Komtur Bentin, zusammen mit einem Hasen, dem ersten Gast der Zwillinge.

Das tierische Fest sollte im Untergeschoß stattfinden. Dort sollte zuerst Stroganoff aufgetischt, danach das beste Kostüm ausgezeichnet und anschließend getanzt werden.

»Sind alle da?« fragte Dr. Erzengel.

Von der ursprünglichen Gruppe von achtzehn waren nur mehr zehn übriggeblieben. Die anderen waren nicht einverstanden mit der Indoktrination von Dr. Erzengel. Gut, man mußte Widerstand leisten, aber nicht bis zu diesem Punkt. Die Alte Kirche hatte vieles überlebt und würde auch das marxistische Gift und das neue Barbarentum überleben. Als man bei den Freitagabendtreffen im Arbeitszimmer von Dr. Erzengel nicht mehr nur die restriktiven Artikel über den Glauben diskutierte, sondern auch die

Idee von neuen Katakomben, protestierten einige wegen der Häresie und gaben auf, andere blieben einfach weg. Die zehn Übriggebliebenen würden bis zum Letzten gehen. Sie waren alle da. Nur Dr. Costa zweifelte noch. Er war bleicher als gewöhnlich, und seine Unterlippe zitterte. In der Nacht zuvor hatte er geträumt, daß seine Mutter von einer Schlange verschlungen worden war, die seine Gesichtszüge trug. Dies war ein Zeichen, das gegen die Apostasie sprach, das wußte er.

»Schreiten wir zur Lektüre des Evangeliums des Geheimen Jesu«, sagte Dr. Erzengel.

Der Regen setzte ein. Von der Eingangshalle der Villa kam zwitscherndes weibliches Gelächter. Eine Gruppe Rehe war gerade eingetroffen. Dr. Costa sprang nervös vom Sessel auf, und seine schneeweißen Hände umklammerten das Kreuz, das auf dem schweren Tisch mit den gedrechselten Beinen stand.

»Was ist los, Costa?« fragte der General.

»Axis mundi«, sagte Dr. Costa mit geschlossenen Augen. Er schwitzte heftig. »Es ist alles in Ordnung.«

Dr. Erzengel fing an zu lesen.

»Vom siebten bis zum siebenundzwanzigsten Lebensjahr irrte Jesus heimlich in Galiläa umher oder auch nicht. Die vier Evangelien schweigen darüber. Zwanzig Jahre Schweigen.«

Der helle Schein eines Blitzes erleuchtete das Fenster des Arbeitszimmers, das zum Innenhof schaute. Sekunden später ließ ein Tosen die Stadt und das Haus erzittern. »Barmherzigkeit« murmelte Dr. Costa, das Kreuz umklammernd. »Miserere nobis …«

»Er predigte oder auch nicht«, fuhr Dr. Erzengel fort. »Er vollbrachte Wunder oder auch nicht. Er säte die Ersten Wahrheiten, und deren Samen gingen im Schweigen der Evangelien verloren. Oder vielleicht auch nicht …«

Während der Lektüre hörte man den Lärm der Gäste, die auf das Kellerfest eingeladen waren, die dicken Regentropfen, die gegen das Fenster prasselten, und Donnergrollen. Es war nicht genügend Platz für alle auf den alten Ledersesseln im Arbeitszimmer. Fünf mußten stehen. Alle Stühle der Villa waren in den Keller gebracht worden. Prof. Orvelho lehnte sich mit verschränkten Armen und zurückgeneigtem Kopf gegen die Wand und schien der Musik zu lauschen. Seit den Jahren im Priesterseminar trug er immer schwarz. Dr. Erzengel kam zum Ende seiner Lesung:

»Du Christus der Klausur. Du Christus der Familie. Du Christus der Wenigen. Deine Ersten Wahrheiten sind nicht in den Schriften, sie sind im Schweigen der Schriften. Und Dein Schweigen wurde gehört.«

Musik wurde im Keller aufgelegt, Led Zeppelin.

»Du Christus der Auserwählten, Kind und Lamm, wir sind die Apostel Deines Schweigens. Wie die Märtyrer in den Katakomben sind wir die Zeugen des Geheimnisses.«

Ohne das Kreuz loszulassen, ging Dr. Costa ans Fenster. Im lila Wetterleuchten sah er den Körper einer Ratte im Regenwasser treiben, das die Fliesen des Innenhofes bereits bedeckte. Die Gedärme der Ratte lagen offen, und das Blut, das aus der Wunde floß, bildete ein griechisches Wort. Dr. Costa zitterte und dachte an die Stunde der Vergeltung und an den Bösen:

»Wir lehnen den getauften Christus ab, den Allerweltschristus, den Christus der Sklaven, den Christus dieser Gesellschaft!«

»Nein«, stammelte Dr. Costa. Auch ohne Donner hätte man ihn nicht gehört.

»Bei der bevorstehenden Ankunft des Antichrist erlösen wir den Geheimen Jesus.«

»Amen!« stimmte Dr. Orvelho ein, außer der Reihe.

»Wir negieren die Epiphanie und die Offenbarung an die Massen!«

»Nein!« sagte Dr. Costa lauter.

Die Tür des Arbeitszimmers ging auf, und ein Löwe spähte herein. »Ist hier das WC?« fragte er.

Aber alle Augen fixierten Dr. Costa, der das Kreuz fallen ließ. In diesem Moment leuchtete ein Blitz auf, heller als alle anderen zuvor, ein Donner erscholl, und alle Lichter der Villa gingen aus.

»Ich werde Kerzen holen«, sagte Dr. Erzengel und tastete sich zur Tür vor, wobei er gegen den Löwen stieß und beide kurz einen Blindentanz aufführten.

Prof. Orvelho ergriff in der Dunkelheit das Wort. Seine Stimme war tief, als käme sie aus einem Schacht. Aus dem Keller hörte man Gelächter und Schreie. Irgend jemand schrie: »Hier kommt der Schnee!«

»In den zwanzig Jahren des Antichrist, die uns nun bevorstehen, werden wir die Wächter des Grabes sein«, sagte Prof. Orvelho. »Wir werden von neuem mit dem Mystischen Körper in die Tiefe hinabsteigen. In den drei Tagen des Grabes erneuerte der gemarterte Christus seine unterirdischen Bande. Er stieg hinab in die Hölle, befreit durch die Wunden seines Martyriums von seinen fünf Sinnen, die das Fleisch foltern. Er erlöste den gefallenen Adam und alle Propheten aus den Krallen des Bösen. Oh, Leib, Leib, Leib …«

Prof. Orvelho schlug sich an die Brust.

»Unwürdiger Leib, verfaultes Fleisch …«

Ein Blitz erleuchtete sein wirres, weißes Haar. Der General erhob sich und rief: »Costa … Costa …« Dr. Erzengel kam mit einem vierarmigen Kandelaber zurück, auf dem nur eine Kerze steckte. »Alle anderen Kerzen sind im Keller«, erklärte er.

»Lumen Christi!« rief Costa aus.

»Beruhige dich, Costa«, sagte der General, der ihn nicht sehen konnte. »Wo bist du?«

Man hörte Beifall aus dem Keller. Im Schein der Kerzen fing dort der Kostümwettbewerb an.

»Laßt uns nun mit der Wahl der vier Säulen der Geheimen Kirche beginnen«, sagte Dr. Erzengel.

»Ketzer!« schrie Dr. Costa. »Aufhören!«

Im Keller präsentierte sich gerade ein Sohn von Prof. Orvelho in Badehose, den Körper mit großen bunten Flecken bemalt. Sein Kostüm hieß »schnuckliger Punkjaguar«. Durch die geöffnete Tür sah Dr. Erzengel im Blitzlicht, daß seine Tochter Rita von ihrer Mutter im Abendkleid und einem Hasen ins Schlafzimmer gebracht wurde.

»Costa …«, rief der General.

Aber Dr. Costa verließ gerade den Raum.

»So geht es nicht …«, sagte Dr. Erzengel. »Betin, nimm die Kerze und hole Costa zurück!«

Der Komtur ging mit dem einkerzigen Kandelaber in den Innenhof und wurde von einer Gruppe Miezen umzingelt. Prof. Orvelho eilte ihm zu Hilfe. Die Miezen wollten die Kerze, um die Küche zu finden. Mit Fausthieben und Stößen rettete der Professor Betin und zog sich mit ihm und der Kerze ins Arbeitszimmer zurück.

»Sperr die Tür zu!« schrie Dr. Lorange, Großgrundbesitzer und Mathematiker.

»Costa ist draußen geblieben!« rief der General.

Die Miezen klopften an die verschlossene Tür. Plötzlich ertönte noch stärkeres Klopfen und eine Männerstimme:

»Wer ist denn da drin?«

Alle schauten sich an. Der Regen wurde stärker. Dr. Erzengel schrie zurück:

»Francisco Erzengel, Besitzer dieses Hauses!«

»Hast du gerade mein Mädchen geschlagen?«

»Hier hat keiner irgend jemanden geschlagen.«

»Ja, klar. Und wer geschlagen hat, wird jetzt was abkriegen.«

»Etwas mehr Respekt, wenn ich bitten darf!« rief Dr. Erzengel.

»Dich respektieren, du Arschloch!« sagte der Mann und trat gegen die Tür.

Die Tür war massiv, hundert Jahre alt und gab nicht nach.

»Mach die Scheiße auf!« schrie der Mann.

»Es gibt ein Fenster zum Innenhof«, sagte eine weibliche Stimme. Dr. Erzengel erkannte die Stimme seiner Tochter Theresa, die sich heute als Huhn verkleidet hatte.

Alle Augen im Arbeitszimmer richteten sich auf das Fenster. In wenigen Sekunden füllte sich der von Blitzen erleuchtete Innenhof mit Tieren: Miezen, der Löwe, eine Giraffe, die Rehe, ein Elch mit einem Geweih aus Kleiderbügeln und ein aufgeregtes Huhn torkelten umher. Der Regen zerstörte die Kostüme. Die Tiere schrien. Der Kopf eines Esels fiel plötzlich auseinander, und es erschien ein menschlicher Kopf. Dr. Erzengel stieg auf den schweren Tisch mit den gedrechselten Beinen.

»Wir haben nicht viel Zeit!« rief er. »Ich ernenne nun die vier Säulen der Geheimen Kirche, die vier Evangelisten der Reconquista, die vier Kardinäle des Widerstandes und drei Erzengel außer mir.«

Die Tiere klopften ans Fenster. Ihr rasender Anführer war der Elch mit dem Kleiderbügel-Geweih, der Sohn von Komtur L., Meister im Sportkampf, spezialisiert auf Kopfstöße.

»Lorange!« schrie Dr. Erzengel.

»Hier!« schrie Dr. Lorange, Großgrundbesitzer und Mathematiker, und kniete nieder.

»Du bist der Norden. Du bist das unterirdische Rom.
Die Krypta Petri. Die Verliese des Kolosseums.«

Der Löwe machte am Fenster Grimassen. Der Elch
schlug mit den Fäusten gegen das Fenster. Das Huhn
hüpfte im Regen umher. Ein Esel mit menschlichem Körper ließ die Hose runter und zeigte seinen Hintern.

»Orvelho!«

»Hier!«

»Du bist der Osten. Du bist Ephesus und Smyrna. Du
bist die Sieben Kirchen Asiens und das Grab der gemarter-
ten Heiligen.«

Prof. Orvelho breitete die Arme aus, schaute nach oben
und schrie:

»Adonai!«

Der Elch zerbrach mit einem Geweihstoß das Fenster. Es
blitzte ohne Ende.

»Costa!« schrie Dr. Erzengel.

»Er ist rausgegangen! Er ist da draußen!« schrie der
General und zeigte auf die Tür.

Die Tiere stürmten mit dem Regen das Arbeitszimmer.

»Die Horden! Die Horden!« brüllte jemand.

Dr. Erzengel wurde vom schweren Tisch mit den gedrechselten Beinen gestoßen, schlug mit dem Kopf auf
eine Marmorstatue des Adonis auf und starb. Die einzige
Kerze des vierarmigen Kandelabers fiel zu Boden und
erlosch. Prof. Orvelho, mit einem schön gebundenen Buch
über das Leben des Heiligen Johannes vom Kreuz be-
waffnet, verteilte Schläge in die Dunkelheit und schrie:
»Latinität! Latinität!« Seine These war, daß die Glorie der
Kirche mit dem Höhepunkt der lateinischen Zivilisation
zusammengefallen war. Und daß ihre Ausbreitung unter
den Barbaren zur Reformation, zu Dom Hélder Camara
und zum batteriebetriebenen Vibrator geführt hätte. In den
oberen Etagen hörte die Frau von Dr. Erzengel auf, dem

Hasen zu widerstehen. Er hob gerade ihr langes Kleid mit samtigen Pfoten.

Dr. Costa war im Keller angekommen und ging mit gefalteten Händen inmitten der Rauchschwaden von Kerzen und Marihuana umher. In diesem Dämmerlicht sah er den Bösen, der zwei Rücken, einen Schweine- und einen Affenkopf hatte. Zwei Beine und vier Arme waren zu sehen, und er kopulierte mit sich selbst zwischen den Stroganoffresten. Niemand weiß, ob Dr. Costa die Kerze in Panik umwarf oder absichtlich gegen sie trat. Die Dschungelszenerie, die die Zwillinge aus Papier gebastelt hatten, fing sofort Feuer. In kurzer Zeit leckten die Flammen an den Wänden.

Nur ein Teil der Villa brannte nieder. Der Regen verhütete weiteren Schaden.

Die Frau von Dr. Erzengel und ihre Tochter Rita konnten fliehen. Aber der Hase verfing sich in seinem Kostüm und verbrannte. Der Hase war ein Mädchen, Dalinda, im Freundeskreis bekannt als »die Lesbe mit Schuhgröße 43«. Alle anderen fanden in der Herzogstraße im weitesten Sinne die Erlösung. Der älteste Sohn von Dr. Erzengel, ein Richter, mußte sich auf das Renommee des Patriarchen, Komtur Dionísio, das jahrhundertealte Ansehen der Familie und den guten Namen und die mildtätigen Werke seines Vaters berufen, damit in den Zeitungen nichts über die Sache geschrieben wurde. Die esoterische Gesellschaft trifft sich weiterhin unter der Leitung von Prof. Orvelho irgendwo in der Stadt. Dr. Costa, gereinigt durch das Feuer, erklärte sich einverstanden, die Säule des Südens zu sein, Jerusalem, die Höhlen des Acheldamach, die Labyrinthe des Tempels.

Angelika

Sie ist jung, weiß, von einfacher Art.

»Sie suchen eine Hausangestellte?«

»Ja. Aber Sie ...«

»Ja, ich würde die Stelle gern annehmen.«

Marina schaut sie mißtrauisch an.

»Können Sie kochen?«

»Sehr gut. Einfaches und Exquisites. Salziges und Süßes. Sie müssen nur sagen, wie Sie es haben wollen.«

»Gut, aber ...«

»Ich kann auch saubermachen, Wäsche bügeln, einkaufen. Sie müssen es nur sagen.«

»Wollen Sie auch hier wohnen?«

»Wie Sie wünschen.«

Marina zögert. Die junge Frau öffnet ihre einfache Tasche, entnimmt ihr einige Papiere und reicht sie Marina.

»Meine Referenzen.«

»Oh, das ist gar nicht notwendig«, sagt Marina, nimmt aber die Zeugnisse entgegen und prüft sie genau. Sie sind ausgezeichnet.

»Sie sind ausgezeichnet.«

»Ja, gnädige Frau.«

»Wann wollen Sie anfangen?«

»Ist es nicht besser, vorher das Gehalt abzusprechen?«

»Da haben Sie recht«, sagt Marina entmutigt. Und denkt: Sie wird wahrscheinlich eine horrende Summe verlangen.

»Wieviel wollen Sie haben?«

»Zweihundert Cruzeiros.«

»Am Tag?«

»Im Monat.«

»Im Monat?! Aber das ist sehr wenig!«

»Wenn Sie das nicht akzeptieren können ...«

»Ich akzeptiere es. Natürlich! Und wie heißen Sie?«

»Angelika«, antwortet das Mädchen mit engelsgleichem Lächeln.

Als Manoel nach Hause kommt, trifft er Angelika neben der Tür.

»Ihren Mantel bitte.«

Sie hilft ihm aus dem Mantel. Manoel läßt es verwirrt geschehen.

»Trinken Sie gerne etwas vor dem Abendessen? Einen Whisky?«

»Whisky ist wunderbar.«

»Wollen Sie die Schuhe ausziehen und Hauspantoffeln haben?«

»Äh … ja gut.«

»Und Ihre Pfeife – jetzt oder nach dem Essen?«

Manoel staunt nur noch. Er braucht ein paar Minuten, bis er sich wieder erholt hat und antworten kann.

»Danach, danach.«

»Wollen Sie jetzt oder vor dem Schlafengehen Ihr Bad nehmen?«

Manoel macht instinktiv eine Bewegung, als wolle er seine Nacktheit schützen.

»Warum?«

»Weil ich Ihnen sonst Ihr Bad jetzt einlasse.«

»Danke. Ich dusche vor dem Schlafengehen. Hören Sie zu. Sie sind …«

»Ihre neue Hausangestellte. Angelika.«

»Sie ist vom Himmel gefallen!« flüstert Marina bei Tisch.

»Was für ein Abendessen. Was für ein Abendessen!« ruft Manoel begeistert aus. Wieviel zahlen wir für diesen Engel?«

»Du wirst es nicht glauben. Zweihundert.«

»Am Tag?!«

»Im Monat!«

Angelika kommt mit dem Nachtisch aus der Küche.

»Mmmm …« macht Manoel, als er das Dessert erblickt.

»Mmmmmmmm …« macht Marina.

»Ich weiß schon«, sagt Marina später im Wohnzimmer. »Sie ist eine Diebin.«

»Bei diesem Gesicht? Das kann nicht sein!«

»Ihre Referenzen sind tatsächlich sehr gut.«

»So wie sie kocht, kann sie uns von mir aus alles stehlen. Sie geht von hier nur über meine Leiche weg. Und das wird eine fette Leiche sein.« Manoel streicht sich mit Befriedigung über den Bauch.

Die zwei schauen in Angelikas Zimmer vorbei. Sie treffen das Mädchen beim Sockenstopfen an.

»Hör zu, wenn du ein bißchen ausgehen möchtest, einen Spaziergang machen, das ist alles in Ordnung.«

»Nein, vielen Dank. Ich bleibe lieber zu Hause. Ich gehe nicht gern aus.«

»Wenn du mit uns fernsehen möchtest …«

»Nein, vielen Dank. Ich mag nicht fernsehen.«

»Was machst du dann gern in der Freizeit?«

»Also, ich spiele gern Dame …«

Marina und Manoel schauen einander gerührt an. Dame! Sie ist wirklich ein Engel.

Manoel und Angelika spielen Dame, während Marina fernsieht. Angelika erbietet sich, einen Kaffee, Tee oder vielleicht etwas Gebäck zu bringen, aber das möchten die beiden nicht.

»Entspann dich, Mädchen«, sagt Manoel. »Du gehörst jetzt zur Familie. Du bist jetzt dran.«

»Wollen Sie nicht um Geld spielen, Senhor Manoel?«

»Dame spielen um Geld? Das habe ich noch nie gemacht.«

»Es ist lustiger.«

»Und wie spielt man Dame um Geld?«

»Tausend pro Runde, fünfhundert pro Zahlunterschied der Steine, bar auf den Tisch, bei Gleichstand verdoppelt sich der Einsatz.«

Einen Monat später. Marina und Manoel flüstern bei Tisch. Sie haben gerade wieder ein wunderbares Abendessen verspeist, doch ihre Begeisterung hält sich in Grenzen. Marina fragt:

»Wieviel schuldest du ihr?«

»Sechzehntausend. Ich habe noch nie jemand kennengelernt, der so Dame spielt wie sie. Sie verliert nie!«

»Sechzehntausend?!«

»Schhh …«

Angelika kommt mit einem monumentalen Nachtisch aus der Küche. Selbst gegen seinen Willen fließt Manoel das Wasser im Mund zusammen.

»Vergessen Sie nicht unser Spielchen von heute abend, Senhor Manoel«, sagt Angelika fröhlich.

»Ich vergesse es schon nicht«, sagt Manoel. Und als Angelika wieder in die Küche zurückgegangen ist: »Heute gewinne ich. Heute hole ich alles zurück. Sie wird schon sehen.«

Aber Angelika gewinnt wieder. Und sie akzeptiert keinen Scheck.

Das Schwert

Eine Familie der gehobenen Mittelschicht. Vater, Mutter und der siebenjährige Sohn. Es ist der Abend seines siebten Geburtstages. Die Mutter sammelt die Reste des Festes auf. Der Vater hilft dem Sohn, die Geschenke, die er von seinen Freunden bekommen hat, zusammenzutragen. Er merkt, daß der Sohn schweigsam und ernst ist, aber er denkt: »Das ist die Müdigkeit.« Schließlich ist er den ganzen Tag hin und her gerannt, hat Hot dogs und Eiscreme gegessen, mit den Gästen im und um das Haus gespielt. Er muß müde sein.

»Ganz schön viele Geschenke, nicht wahr, mein Sohn?«

»Ja.«

»Und dieses Schwert! Wie schön! Das habe ich vorher gar nicht gesehen.«

»Papa …«

»Und wie schwer es ist! Wie ein richtiges Schwert. Und es ist aus echtem Metall. Wer hat es dir geschenkt?«

»Genau deswegen wollte ich mit dir sprechen.«

Der Vater wundert sich über die Ernsthaftigkeit seines Sohnes. Er hat ihn noch nie so gesehen. Er hat noch nie einen siebenjährigen Jungen so ernst gesehen. So feierlich. Wie komisch … Der Sohn nimmt ihm das Schwert aus der Hand. Er sagt:

»Vater, ich bin Thunder Boy.«

»Thunder Boy?«

»Der Donnerjunge.«

»Gut, mein Sohn. Jetzt gehen wir aber ins Bett.«

»Warte. Dieses Schwert … Es stand geschrieben, ich würde es bei meinem siebten Geburtstag empfangen.«

Der Vater muß sich zusammenreißen, um nicht zu lachen. Das Lesen von Zeichentrickheften hilft dem Jungen zumindest bei der Grammatik. »Ich würde es empfangen...« Der Junge spricht weiter.

»Es kam heute. Es ist ein Zeichen. Ich muß mein Schicksal annehmen. Das Schwert geht in jeder Generation zu einem neuen Thunder Boy über. Das ist so, seit es vor siebentausend Jahren im heiligen Tal von Bem Tael vom Himmel gefallen ist und von Ramil getragen wurde, dem ersten Donnerjungen.«

Der Vater ist beeindruckt. Er erkennt die Stimme seines Sohnes nicht wieder. Und die Ernsthaftigkeit in seinem Blick. Eines ist jedenfalls klar. Er wird alle Zeichentrickhefte für einige Zeit streichen.

»Sicher, mein Sohn. Aber jetzt gehen wir ...«

»Ich werde das Haus verlassen müssen. Ich will, daß du das der Mama erklärst. Es wird hart für sie sein. Ich zähle auf dich, daß du ihr beistehst. Sag ihr, daß es so geschrieben stand. Es ist mein Schicksal.«

»Werden wir dich nie wiedersehen?« fragt der Vater, entschlossen, das Spiel mitzumachen, während er den Sohn langsam zum Bett führt.

»Aber sicher doch. Das Schwert des Thunder Boy steht im Dienst des Guten und der Gerechtigkeit. Wenn ihr gut und gerecht bleibt, werdet ihr immer mit meiner Unterstützung rechnen können.«

»Gott sei Dank«, sagt der Vater.

Aber dann sagt er nichts mehr. Weil er sieht, wie der Sohn zum Schlafzimmerfenster geht, das Schwert wie ein Kreuz erhebt und gen Himmel schreit: »Ramil!«. Und er hört einen Donnerschlag, der das Haus erzittern läßt. Und er sieht, wie das Schwert aufleuchtet und sich blau färbt. Und sein Sohn auch.

Der Vater findet seine Frau im Wohnzimmer. Sie sagt:

»Hast du das gehört? Was für ein Donner! Ein merkwürdiges Wetter.«

»Wer hat ihm das Schwert gegeben?«

»War es nicht von dir? Ich dachte, du hättest es ihm geschenkt.«

»Ich muß dir was erzählen.«

»Was denn?«

»Setz dich erst mal.«

Die Schächtelchen

Niemand hat jemals genau erfahren, was Ramão wohl seiner Frau angetan hat, aber eines Tages fing sie an, Schächtelchen zu sammeln. Sie hatte sonst noch nie etwas gesammelt, und plötzlich fing sie an, Schachteln, Schächtelchen, Behälter und Kästchen zu sammeln. In kurzer Zeit hatte sie eine beachtliche Sammlung. Ramão selbst interessierte sich dafür. Er sagte:

»Zeig doch mal deine Schachtelsammlung her, Santa, Engelchen.«

Und Santa zeigte den Gästen ihre Schachtelsammlung.

»Wie schön!«

Die Schachteln, Schächtelchen, Dosen, Behälter, Behälterchen, Kästchen und kleinen Truhen belegten bereits einige Tische und viele Schränke. Sie waren wirklich sehr schön. Aber komischerweise war Santa diejenige, die sich am wenigsten für die eigene Sammlung begeisterte. Die anderen bewunderten sie, aber sie selbst sagte nichts. Und wenn, dann gab sie nur irgendeine lakonische Auskunft:

»Diese da ist chinesisch.«

Oder:

»Das ist Speckstein.«

Niemand hatte mehr Probleme damit, was er Santa zu Weihnachten oder zum Geburtstag schenken sollte. Schachteln. Und die Freundinnen gaben sich Mühe, immer noch exotischere Schachteln für Santas Sammlung zu entdecken. Ein Schächtelchen, so klein, daß nur eine Erbse hineinpaßte. Eine lackierte Truhe, die angeblich dem Conde d'Eu gehört hatte, dem Ehemann von Prinzessin Isabel, Tochter des Kaisers Pedro II. und kurzzeitig Regentin Brasiliens im 19. Jahrhundert. Ramão trug auch etwas dazu bei. Wenn er auf einer seiner Reisen war, vergaß er nie, Santa ein Schächtelchen mitzubringen. Und Santa nahm es, ohne ein Wort zu sagen, und fügte es ihrer Sammlung hinzu. Und die Sammlung füllte mittlerweile das ganze Haus.

Als die Polizei, von den Nachbarn gerufen, ins Haus kam, fand sie überall Blut. Santa saß auf einem Stuhl, stumm, und blätterte in einer Boulevardzeitschrift. Sie fanden Romão zunächst nicht. Sie fanden ihn erst, als sie die Schächtelchen aufmachten. In jedem Schächtelchen war ein bißchen von Romão. Sogar in dem, in welchem nur eine Erbse Platz hatte, lag ein Knöchelchen. In der Truhe des Conde lag ein Oberschenkelknochen. Und Jacira war empört, als sie erfuhr, daß man Romãos Kopf in der alten Hutschachtel fand, die sie Santa aus Paris mitgebracht hatte. Man möchte es nicht glauben, aus Paris!

Niemand wollte Santinha entschuldigen, aber alle waren der Meinung, daß Romão bestimmt irgend etwas angestellt hatte.

Der Maharadscha

Die ganze Familie lachte über Dona Morgadinha und sagte, daß sie immer auf den Besuch des Maharadschas von Jaipur warte. Dona Morgadinha konnte nichts in Unordnung sehen, kein Stäubchen auf ihren Möbeln oder einen Flecken an den Fensterscheiben oder auf ihrem Kristall dulden. Sie stöhnte leise, wenn jemand einen Schuh im Gang, ein Handtuch im Schlafzimmer vergessen hatte, oder wenn – ai, ai, ai – ein Kissen auf dem Wohnzimmersofa verrückt war. Klein und resolut schritt sie durchs Haus, mit einem Flanelltuch in der Hand, wachsam gegen jegliches Eindringen von Staub, von Asche, vom Feind in ihre Domäne.

Dona Morgadinha hatte ein schlichtes Gemüt. Sie las keine Zeitung, sie las gar nichts. Sie war der Meinung, daß Zeitungen die Finger schmutzig machten und Bücher Moder und Ungeziefer anzogen. Der Ehemann von Dona Morgadinha, den sie mit Hingabe liebte, obwohl er die Gewohnheit hatte, sich die Ohren mit der Kappe eines Stiftes zu reinigen, setzte ihrem Putzdrang Grenzen. Sie durfte seine Bibliothek nicht betreten. Ihre Macht endete an der Tür. Da drinnen durfte nur er saubermachen, aber das tat er nie. Und die seltenen Male, die Dona Morgadinha an die Tür des verbotenen Zimmers kam, um mit ihrem Mann zu sprechen, war es ihm ein besonderes Anliegen, sie herauszufordern. Er legte die Füße auf den Tisch, warf seine Schuhe in den Raum. Einmal zog er sogar einen Socken aus und warf ihn auf eine Lampe, nur um zu sehen, was seine Frau für ein Gesicht dazu machte. Er schnippte die Zigarettenasche über den überfüllten Aschenbecher und verfehlte absichtlich das Ziel. Dona Morgadinha schloß dann die Augen und, außerstande, sich zu beherrschen, polierte sie mit dem Flanelltuch den Türgriff.

Der Mann von Dona Morgadinha erzählte – halb amüsiert, halb entsetzt –, wie er eines Tages seine Frau zu einem diplomatischen Empfang mitgenommen hatte.

»Wir reihten uns gerade bei den Empfangsgästen ein, als ich sah, wie Dona Morgadinha dem Botschafter vorgestellt wurde. Der Botschafter erwies ihr seine Reverenz und verneigte sich, doch plötzlich hob Dona Morgadinha die Hand und entfernte ein weißes Haar vom Kragen des Botschafters!«

»Ich konnte nicht anders«, erklärte Dona Morgadinha ernst, unter dem Gelächtern der anderen.

»Und dann hat sie ihm noch mit der Hand die Schulter abgeklopft.«

»Schuppen«, seufzte Dona Morgadinha, vom diplomatischen Korps enttäuscht.

Das Schicksal wollte aber, daß die Kinder von Dona Morgadinha – was Unordnung und Respektlosigkeit betraf – dem Vater nachschlugen. Alle drei.

»Ist das der richtige Platz für die Schulbücher, mein Sohn?«

»Was ist los, Mama? Erwartest du heute den Maharadscha?«

»Das Wohnzimmer ist nicht der Ort, an dem man Nägel schneidet, meine Tochter!«

»Ihh, heute kommt der Maharadscha!«

»Oscar, bei Tisch?!«

»Ich verspreche dir, wenn der Maharadscha zum Essen kommt, werde ich es nicht tun.«

Eines Morgens klopfte jemand an die Tür. Dona Morgadinha, die gerade mit militärischer Ernsthaftigkeit die tägliche Säuberungsaktion des Hauses befehligte, gab den Bediensteten ein Zeichen, daß sie selbst öffnen wolle. An der Tür stand ein dunkelhäutiger Mann in Anzug und

Krawatte – und Turban! Dona Morgadinha, die sogar einmal mit dem Postboten wegen der fehlenden Bügelfalte an seiner Hose gestritten hatte, beäugte den Mann von oben bis unten und fand nichts auszusetzen.

»Dona Morgadinha?«

»Ja.«

»Mein Herr schickt Ihnen seine Karte und bittet um Erlaubnis, Sie um fünf Uhr besuchen zu dürfen.«

Dona Morgadinha schaute sich die Karte an, die der Mann ihr übergab. Dort las sie in goldenen Lettern »Maharadscha von Jaipur«. Sie konnte nicht mehr sprechen. Sie nickte nur verstört mit dem Kopf. Der Mann verbeugte sich und verschwand, bevor Dona Morgadinha ihre Sprache wiedererlangen konnte.

Die Bediensteten wurden beordert, mit der Säuberungsaktion von vorn zu beginnen. Dona Morgadinha verkündete ihrer Familie, daß es an diesem Tag kein Mittagessen geben würde. Sie wollte keinen Essensgeruch im Haus. Und es wäre besser, wenn alle ausgingen und erst am Abend zurückkehrten, damit die Kissen nicht verrückt würden. Vater und Kinder schauten sich an und waren damit einverstanden:

»Der Maharadscha kommt heute.«

Dona Morgadinha lächelte nur. Und sie hatte noch dasselbe Lächeln im Gesicht, als der Mann und die Kinder am Abend mit fleckigen Kleidern nach Hause kamen, nachdem sie noch an der Ecke lärmend Cheeseburger gegessen hatten. Dona Morgadinha erzählte niemandem vom Besuch des Maharadschas. Von seinem weißen Anzug, von dem Rubin an seinem Turban, von seinem graumelierten, ehrwürdigen Bart. Und von dem Gespräch, das sie allein geführt hatten, zwischen fünf und sieben Uhr, zwischen einem Schlückchen Tee und einem Stückchen Spargelsandwich, über ferne Dinge, über Linnen und Marmor und

über die Reinigung der Seelen. An diesem Abend über-
raschte der Mann Dona Morgadinha mit einem verlorenen
Blick vor dem Spiegel. Sie war so durcheinander, daß sie ins
Bett ging, ohne sich zuvor die Nägel zu bürsten, ihre
Augentropfen zu nehmen und den Schrank aufzuräumen,
wie es sonst ihre Gewohnheit war.

Der Maharadscha verabredete sich mit Dona Morgadinha zwei Tage später für die gleiche Zeit. Diese zwei Tage
verbrachte Dona Morgadinha sitzend, ohne Notiz von
irgend etwas zu nehmen, ja, sie vergaß selbst das Flanelltuch. Der älteste Sohn brachte sogar einen Straßenköter
ins Haus, der ans Bein ihres Sessels pinkelte, aber auch das
konnte Dona Morgadinha nicht aus ihren Träumereien
wecken.

Nach zwei Wochen regelmäßiger Besuche des Maharadschas, in denen Dona Morgadinha den Haushalt, die
Hygiene der Familie und des Hauses vollkommen vernachlässigt hatte, war ihr Mann der Meinung, daß es reiche. Er
suchte seinen Freund auf, den man den »Türken« nannte,
der aber eigentlich Araber war mit dem Gesicht eines
Inders und der die Rolle des Maharadschas übernommen
hatte, um Dona Morgadinha auf den Arm zu nehmen. Er
sagte ihm, daß es an der Zeit sei, dem Spaß ein Ende zu
bereiten.

Der Türke sagte etwas zögerlich, daß er das gut fände,
aber Dona Morgadinha …

»Was denn?« wollte der Ehemann mißtrauisch wissen.

»Sie hat das alles ganz ernst genommen. Sie will sogar
mit mir fliehen und mit mir in meinem Palast in Jaipur
leben. Dumme Sache. Ich glaube, daß es besser ist, ihr die
Wahrheit zu sagen und …«

Da merkte der Mann von Dona Morgadinha, was er
angerichtet hatte. Und ihm wurde klar, daß man mit einer
einfachen Seele nicht spaßen sollte. Wenn sie entdeckte,

daß man sich einen Scherz mit ihr erlaubt hatte, würde Dona Morgadinha bestimmt versuchen sich umzubringen, sie würde Spülmittel einnehmen. Nein, nein. Das hatte sie nicht verdient. Reumütig bat der Mann den Türken, seine Frau weiterhin zu besuchen. Aber er sollte versuchen, sie zu enttäuschen. Vielleicht hie und da ein Rülpser. Oder so.

Zu schnell

Ich glaube, daß es Marcel Marceau war, der eine Pantomime kreierte, die ein Menschenleben von der Wiege bis zum Grab in weniger als einer Minute darstellt. Shakespeare verdanken wir natürlich seinen berühmten Monolog über die Lebensalter des Menschen, ein wunderbares Stück der poetischen Synthese. Denn letztendlich findet unser Leben, verglichen mit dem Alter des Universums, innerhalb weniger Sekunden statt. Der ganze Dialog paßt auf ein paar Seiten.

»Willst du mit mir tanzen?«

»Ja, gerne.«

»Kommst du immer hierher?«

»Ja.«

»Willst du meine Frau werden?«

»Also ... also, da mußt du zuerst mit meinem Vater sprechen ...«

»Hab' ich schon getan. Wir brauchen nur noch einen Termin.«

»26. Juni?«

»Gut.«

»Vergiß die Ringe nicht …«

»Liebst du mich?«

»Ja.«

»Echt?«

»Ja.«

»Ja.«

»Es ist wie ein Traum. Jetzt sind wir verheiratet. Alles geschieht so schnell …«

»Weißt du, was der nervöse Bräutigam in der Hochzeitsnacht gesagt hat?«

»Was denn?«

»Endlich allein!«

»Warst du nervös?«

»Nein. War es gut?«

»Mmmm. Weißt du was?«

»Ja?«

»Ich bin schwanger!«

»Es ist ein Junge.«

»Er sieht aus wie du …«

»Wo gehst du hin?«

»Er weint …«

»Laß doch, komm her.«

»Liebling …«

»Hmmm?«

»Ich bin wieder schwanger.«

»Es ist ein Mädchen!«

»Was hast du?«

»Warum?«

»Du kommst mir so fern und kalt vor …«

»Probleme in der Arbeit.«

»Du hast eine andere!«

»Blödsinn.«

»Du hast recht … Kannst du mir verzeihen?«

»Komm her.«

»Nicht hier. Die Kinder …«

»Júnior ist mit dem Auto weggefahren. Wollte ein Mädchen abholen.«

»Hast du schon mit ihm gesprochen, du weißt schon, ich meine über …«

»Ja. Er weiß genau, was zu tun ist.«

»Was? Hast du ihm Instruktionen erteilt?«

»Um die Wahrheit zu sagen, er kannte sich besser aus als ich. Diese Generation weiß alles besser. Ich mußte ihm nur zeigen, wie das Ding funktioniert.«

»Was?!«

»Ach, du meinst … Ich dachte an den Wagenheber. Und die Beti?«

»Scheint ernst zu sein.«

»Sie und der Informatiker?«

»Ja. Im übrigen …«

»Sie leben zusammen. Ich hab's gewußt!«

»Sie ist auf dem Weg in die Klinik.«

»Jetzt schon?!«

»Es sind Zwillinge!«

»Weißt du, daß du eine nette Oma bist?«

»Wer hätte das gedacht …«

»Komm mal her.«

»Die Kinder …«

»Welche Kinder?«

»Die Zwillinge. Beti hat sie uns hier gelassen.«

»Au.«

»Was ist los?«

»Ein Stich in der Brust.«

»Du mußt aufpassen. Das ist ein gefährliches Alter.«

»Jetzt schon?!«

»Weißt du, daß Beti wieder schwanger ist?«

»Es werden bestimmt wieder Zwillinge. Der Typ arbeitet nur mit dem binären System.«

»Muß die Gruppe von Júnior bei uns proben? Das ist ja die Hölle.«

»Und wie heißt die Gruppe nochmal? Terror und Ekstase.«

»Sie werden die Zwillinge aufwecken.«

»Au!«

»Sticht's wieder?«

»Mach' dir nichts draus. Weißt du, diese Musik finde ich sogar schön. Ist das nicht eine Rockballade?«

»Nein. Sie stimmen die Instrumente.«

»Willst du tanzen?«

»Nein! Du weißt doch, was das letzte Mal passiert ist.«

(Noch ein) Geburtstagsfest

Die Zutaten sind: Eine Portion Chaos, zwei Portionen Unordnung und eine geplagte, überarbeitete Mutter – und das alles gemixt mit einem bellenden Hund und knallenden Luftballons.

Für ein gutes Geburtstagsfest braucht man mindestens zwanzig Kinder, wobei eines davon noch ein Baby sein muß, das die ganze Zeit plärrt, ferner ein Kind mit dem Namen Eurico, das größer ist als alle anderen und die kleineren Kinder schlägt, aber zur geheimen Freude der anderen zum Schluß vom Hund gebissen wird; und dann noch eines mit einem engelhaften Gesicht, klarem Blick und tadellosem Kleid, das es fertigbringen wird, sich mitten auf die Schokoladentorte zu setzen. Dieses Kind muß Candide heißen.

Bei einem guten Geburtstagsfest prüft die Mutter, nachdem alle gegangen sind, die Trümmer mit demselben Blick wie Napoleon nach der Schlacht die Felder von Waterloo, und sie kann sich nicht entscheiden, ob sie weinen oder aus dem Haus laufen oder sich vielleicht auf den Teppich werfen und hysterisch lachend hin- und herwälzen soll. Sie nimmt Abstand davon, sich auf dem Teppich zu wälzen, weil dort überall Essensreste liegen.

Es ist auch unerläßlich, daß am Ende ein Kind übrig bleibt, von dem niemand weiß, wie es unter das Sofa gekommen ist.

»Wie heißt du denn, Kleines?«

»Candide.«

Schon wieder sie. Und die dicken Schokoladenschichten an ihrem Po sind auch nicht unbedingt das Beste für den Teppich.

Die Mutter des Geburtstagskindes fängt an zu weinen.

Noch besser sind die Eltern, die die Kinder abholen kommen und noch auf ein Bierchen bleiben. Es ist spät abends, die Kinder schlafen mit offenem Mund auf ihrem Schoß, die bunten Luftballons, die an ihren Fingern festgebunden sind, tanzen ein langsames Ballett mitten im Wohnzimmer, aber diese Eltern gehen einfach nicht. Die Mutter des Geburtstagskindes spürt schon lange ihre Beine nicht mehr.

Sie tastet nach ihrem Knie, um zu sehen, ob das Bein noch da ist. Phantastisch: Es ist noch da. Und dann hört sie – es ist nicht zu fassen – die Stimme ihres Mannes:

»Carminha, hol doch bitte noch ein Bier für Dr. Ariel ...«

Weiß dieser Dummkopf nicht, daß sie den ganzen Tag nur herumgelaufen ist? Daß sie die Luftballons mit den eigenen Lungen aufgepustet hat? Daß sie die Schokoladentorte nach eigenem Rezept zubereitet hat? Daß sie zwanzig Kinder fast mit eigenen Händen erwürgt hätte? Ein gutes

Geburtstagsfest endet so, daß die Mutter des Geburtstagskindes zum Schluß am liebsten noch den eigenen Ehemann umbringen würde.

Und der Taufpate des Geburtstagskindes, der extra für das Fest von weither angereist ist und nun vom Patenkind nicht beachtet wird?

»Aber, Rodolfo, das ist doch nur, weil er dich seit zwei Jahren nicht mehr gesehen hat. Ein Kind vergißt schnell.«

»Er hat mich noch nie gemocht.«

»Klar mag er dich, Rodolfo. Beto, komm mal her und bitte deinen Taufpaten um seinen Segen.«

»Deinen Segen, Onkel.«

»Gib ihm auch einen Kuß. So. Und bedanke dich für das schöne Geschenk, das er dir mitgebracht hat.«

»Vielen Dank für das Cowboy- und Indianerspiel.«

»Da siehst du es, Rodolfo. Du kannst dich nicht über dein Patenkind beschweren. Er liebt dich.«

»Sicher. Nur daß er das Spiel nicht von mir hat.«

Der Patenonkel wird bis zum Ende des Festes eine tragische Miene aufsetzen. Er wird salzige Häppchen und Bier ablehnen und oft seufzen. Doch vor dem Schlafengehen wird sein Patenkind zu ihm gelaufen kommen und ihm einen spontanen Kuß geben und ihn lange umarmen. Und dann, wenn Rodolfo wieder fahren muß, wird er den Eltern zuflüstern:

»Er liebt mich!«

Bei einem guten Geburtstagsfest muß es lauwarme Limonade und eine Zaubershow geben. Man muß den Zauberer in letzter Minute auftreiben, und er darf nicht so besonders gut sein. Die Mutter des Geburtstagskindes wird den Zauberer im Glauben engagieren, daß die Kinder, nachdem sie »Happy Birthday« gesungen, Schokoladen-kuchen gegessen und lauwarme Limonade getrunken haben, nichts mehr zu tun haben und das Interesse an allem verlieren werden. Das könnte das Fest zu einem Mißerfolg werden lassen. Man organisiert eine Show, um sie zu unterhalten.

»Achtung, Kinder! Eine Überraschung für euch!«

Dona Carminha gelingt es nicht, die Aufmerksamkeit der Kinder auf sich zu ziehen.

Einige spielen »Fangen«, andere »Blinde Kuh«, eine dritte Gruppe versucht ein heißes Fußballspiel mit Luft-ballons, und Candide mit ihrem gleichmütigen, engel-haften Gesicht bindet gerade eine sündteure Karaffe an den Schwanz des Hundes.

»Kinder! Ruhe bitte! Hört bitte sofort auf mit allem, egal, was ihr gerade macht. Wir werden euch eine Zauber-show zeigen!«

Es wird einige Mühe kosten, alle Kinder um den Zaube-rer zu scharen. Bis zum Ende der Show werden alle Kinder aktiv an jedem Trick teilnehmen, werden im Ärmel des Zauberers wühlen, alle geheimen Fächer entdecken und ihn so völlig demoralisieren, daß er am nächsten Tag ernsthaft überlegen wird, den Beruf zu wechseln.

Danach wird die Mutter des Geburtstagskindes ein ruhi-ges, didaktisches Ratespiel mit den Kindern versuchen, aber niemand wird ihr Aufmerksamkeit schenken. Die Kinder spielen jetzt »Zorro«, und Eurico, der auf dem Hund reitet, wird schnell ein »Z« mit einem Coca-Cola-Spritzer an die Wohnzimmerwand sprühen.

Ein gutes Geburtstagfest endet nach Mitternacht, wenn der letzte Vater das letzte Kind nach Hause schleift und das Kind den letzten Luftballon beim Hinausgehen zerplatzen läßt. Die Mutter des Geburtstagskindes wird ihren Mann anschauen, seufzen und erklären, daß sie tot sei. Daß sie auf direktem Weg ins Bett gehen und nicht vor morgen ans Aufräumen denken wird. Oder vielleicht auch erst in einer Woche. Und erst dann wird ihr etwas einfallen:

»Mein Gott, Candide! Wir müssen Candide heimbringen.«

Ein gutes Geburtstagsfest muß so zu Ende gehen, daß ein schläfriges, schokoladenverschmiertes Kind mit der Empfehlung zu Hause abgegeben wird:

»Vorsicht, sie klebt!«

Eltern und Kinder

Väter haben keine Ahnung

»Einen neuen Bikini?«

»Ja, Papa.«

»Aber du hast dir doch erst letztes Jahr einen gekauft!«

»Der paßt nicht mehr, Papa. Ich bin gewachsen.«

»Was heißt, er paßt nicht mehr? Letztes Jahr warst du vierzehn, dieses Jahr bist du fünfzehn. So sehr bist du auch wieder nicht gewachsen.«

»Er paßt nicht mehr, Papa.«

»Also gut. Hier ist das Geld. Kauf dir einen größeren Bikini.«

»Doch keinen größeren, Papa! Einen kleineren!«

Auch dieser Vater war einer von denen, die einfach keine Ahnung haben.

Das Kürbis-Soufflé

Es gab ein großes Hallo, als Dudas erster Anruf – ein R-Gespräch – aus Paris kam. Der erste Anruf, seit sie mit ihrem Rucksack (ausgerechnet Duda, die zu Hause nicht einmal ihre Wäsche vom Boden aufhob!) gegen den Willen der Eltern in ein Flugzeug der Varig eingestiegen war. Du bist nie allein aus dem Hause gegangen, meine Tochter!

Du kannst doch kein Wort Französisch! Ich gehe und basta. Und sie ging. Und jetzt, nach einigen Wochen voller Sorge, nach lauter »Wo ist dieses Mädchen jetzt wohl?« und »Du hättest es nicht erlauben sollen, Eurico!« kam das erste Lebenszeichen. Von Duda, aus Paris.

»Meine Tochter …«

»Ich kann nicht lange sprechen, Mama. Wie kocht man Kaffee?«

»Was?«

»Kaffee, Kaffee. Wie macht man das?«

»Ich weiß nicht, mein Kind. Mit Wasser, mit … Aber wo bist du denn, Duda?«

»Ich arbeite als Au-Pair in einer Wohnung. Huch, ich kann jetzt nicht mehr weitersprechen. Sie kommen gerade. Ich rufe später wieder an! Ciao!«

Der Vater wollte Details wissen. Wo wohnte sie gerade?

»Sie hat irgend etwas von ›Oper‹ gesagt.«

»Sie meinte bestimmt ›Opéra‹. Ihr Französisch ist nicht besser geworden …«

Tage danach kam ein weiterer Anruf. Eilig wie der erste. Duda wollte wissen, wie man Windeln wechselt. Für eine Sekunde schoß der Mutter ein verrückter Gedanken durch den Kopf. Duda hat ein Kind mit einem Franzosen! Nein, Blödsinn, so lange war sie ja noch gar nicht weg. »Wieso willst du das wissen, mein Kind?«

»Schnell, Mama. Das Kind hat die Windeln voll bis zum Hals!«

Niemand zu Hause konnte sich Duda beim Windelwechseln vorstellen. Gerade sie, die sich sogar ekelte, wenn der kleine Bruder niesen mußte.

»Armes Kind …«, stellte der Vater fest.

Endlich kam ein Anruf, bei dem Duda etwas Zeit hatte. Die Hausleute waren gerade ausgegangen, der Scheißer schlief, und sie konnte erzählen, was sie alles erlebt hatte.

»Au-Pair« bedeutete Hausangestellte, Mädchen für alles. Und sie machte alles im Haushalt. Anfänglich hatte sie ein bißchen Schwierigkeiten mit den Geräten gehabt. Zum Beispiel hatte sie zuvor noch nie bemerkt, daß der Staubsauger an die Steckdose angeschlossen werden mußte. Aber jetzt war sie eine »Oper formidable«. Und Duda betonte die französische Aussprache. »Formidable«. Die Familie liebte sie. Und sie hatte versprochen, in der kommenden Woche eine authentische brasilianische Feijoada für sie und ihre Freunde zu machen.

»Aber, Duda, weißt du denn, wie man eine Feijoada macht?«

»Genau darüber wollte ich mit dir sprechen, Mama. Also los, wie kocht man den Reis?«

Die Mutter konnte kaum den Anruf erwarten, den Duda ihr für den Tag nach der Feijoada versprochen hatte.

»Wie war's, mein Kind? Erzähl!«

»Formidable! Ein Erfolg. Für das nächste Essen werde ich deine Moqueca machen.«

»Du nimmst den Fisch …«, begann die Mutter beschwingt.

Auch die Moqueca wurde ein Erfolg. Duda erzählte, daß eine Freundin der Hausfrau ihr in die Küche gefolgt sei und ihr ein Angebot ins Ohr geflüstert habe: Sie würde ihr das Doppelte zahlen, wenn sie zu ihr als Oper käme. Oder zumindest hatte sie es so verstanden. Aber Duda wollte ihre Familie nicht verlassen. Sie waren sehr lieb. Sie wollten ihr helfen, ihren Aufenthalt in Frankreich zu legalisieren. Wenn das so weitergeht, sagte Duda zu der Mutter, werde ich so schnell nicht nach Brasilien zurückkehren.

Man muß also verstehen, was im Herzen der Mutter vor sich ging, als Duda anrief, um nach ihrem Rezept für ein Kürbis-Soufflé zu fragen. Man aß fast nie Kürbis in Frankreich, und Duda hatte ihren Hausleuten erzählt, daß

Kürbis-Soufflé ein typisch brasilianisches Gericht sei, dessen Rezept in den Wäldern von Generation zu Generation weitergegeben worden war, wo der Kürbis übrigens für ein Aphrodisiakum gehalten werde.

Mit dem Herzen einer Mutter ist es wie mit den Antillen. Winde kommen aus entgegengesetzten Richtungen, Strömungen prallen aufeinander, es herrschen die Naturgewalten. Selbst die Besitzerin dieses Herzens könnte nicht die vielen Impulse beschreiben, die es in den Sekunden vor einer Entscheidung durchkreuzen. Sie entschloß sich, der Tochter ein falsches Rezept durchzugeben, das Rezept eines Mißerfolges. Auf der einen Seite der Wunsch, daß der Tochter Anerkennung zuteil würde und – warum sollte sie dies nicht zugeben? – eine gewisse Neugierde zu erfahren, welche Wirkung ihr Kürbis-Soufflé im eigentlichen Land der Soufflés wohl erzielte. Auf der anderen Seite die Angst, daß ihre Tochter nie mehr zurückkehren würde, daß Duda sich als beste Oper in Europa durchsetzte und nie mehr nach Hause käme. Das ganze Schicksal hing an einem Soufflé. Die Mutter gab das falsche Rezept durch. Mit bangem Herzen. Mit grotesken Mengenangaben. Das Rezept einer Bombe.

Tage, Wochen vergingen ohne eine Nachricht von Duda. Die Mutter dachte an das Schlimmste. Ehepaare vergiftet. Abendessen in Paris endet im Krankenhaus. Brasilianerin festgenommen. Exotisches Gericht sucht Familien heim, höllisches Rezept wird der Mutter der illegalen Gastarbeiterin zugeschrieben, Interpol eingeschaltet. Oder sie malte sich aus, wie Duda mit ruhmlos abgebrochener Oper-Karriere und enttäuscht von ihrem Pariser Abenteuer nach Hause zurückkehrte und bereit wäre, noch einmal für einen Studienplatz zu kämpfen.

Aber was kam, war ein anderer Anruf von Duda. Einen Monat später. Wie immer war sie in Eile. Im Hintergrund der dumpfe Klang der Bongos und das Rasseln der Maracas.

»Mama, frag den Vater nach dem Text vom Bolero *Cubanacä!*«

»Aber Kind …«

»Frag ihn, der ist aus seiner Zeit. Schnell, ich habe gleich meinen Auftritt!«

Auch im Herzen des Vaters gab es einen gewissen Konflikt, als er die Frage hörte. Tja, sie hatte sich nie recht für seine musikalischen Vorlieben interessiert, und jetzt brauchte sie ihn. Aber der zweite Gedanke siegte.

»Sag diesem Mädchen, es soll sofort nach Hause kommen. SOFORT!«

Der Ball

Der Vater schenkte seinem Sohn einen Ball. Er erinnerte sich noch daran, welche Freude er selbst empfunden hatte, als er seinen ersten Ball von seinem Vater bekam. Es war ein Ball Nr. 5 aus Leder. Dieser jetzt war nicht mehr aus Leder, sondern aus Plastik. Aber es war ein Ball.

Der Junge bedankte sich, packte den Ball aus und sagte »Super!« Oder das, was die Jungen heutzutage sagen, wenn ihnen das Geschenk gefällt oder sie den Alten nicht verletzen wollen. Dann fing er an, den Ball zu drehen, als suche er nach irgend etwas.

»Wie macht man das an?«

»Wie, ›anmachen‹? Da gibt es nichts anzumachen.«

Der Junge suchte im Geschenkpapier.

»Gibt es keine Gebrauchsanweisung?«

Der Vater verlor allmählich den Mut und dachte, daß

die Zeiten sich geändert hatten. Daß die Zeiten sich entschieden geändert hatten.

»Da braucht man keine Gebrauchsanweisung.«

»Was macht er?«

»Er macht nichts. Du machst etwas mit ihm.«

»Und was?«

»Du fängst ihn, du schießt mit ihm …«

»Ach so, dann ist es ein Ball.«

»Na sicher ist es ein Ball.«

»Ein Ball, ein Ball. Ein echter Ball.«

»Was dachtest du denn, was es wäre?«

»Ach, nichts.«

Der Junge bedankte sich und sagte nochmal »Super«. Wenig später fand der Vater ihn vor dem Fernseher mit dem neuen Ball neben sich. Er spielte gerade ein Videogame. So etwas wie »Monster Ball«, ein Spiel, in dem kleine Monstermannschaften sich um einen Ball in Form eines elektronischen Lichtkegels stritten, aber gleichzeitig versuchten, sich gegenseitig zu zerstören. Der Junge beherrschte dieses Spiel gut. Er hatte ein gutes Reaktionsvermögen und eine schnelle Auffassungsgabe. Er war im Begriff, das Spiel gegen die Maschine zu gewinnen.

Der Vater nahm den neuen Ball und versuchte ein bißchen zu spielen. Es gelang ihm sogar, den Ball auf dem Fuß zu balancieren, wie früher, und er rief seinem Sohn zu:

»Schau mal, Junge.«

Der Sohn sagte »super«, ohne jedoch seinen Blick vom Bildschirm abzuwenden. Der Vater hielt den Ball mit beiden Händen fest und roch daran und versuchte, sich in Gedanken den Geruch des Leders vorzustellen. Doch der Ball roch nach nichts. Vielleicht wäre ein Gebrauchsanweisung gar keine schlechte Idee, dachte er. Aber auf englisch, damit die Jungs sich dafür interessierten.

Die Entdeckung

»Vater!«

»Mein Sohn. Komm in meine Arme. Es ist so lange her …«

»Wann bist du gekommen?«

»Vor wenigen Minuten. Das Dienstmädchen hat mir die Tür geöffnet. Als sie erfuhr, daß ich dein Vater bin, ließ sie mich herein und bot mir eine Tasse Kaffee an. Übrigens ich sage dir, dieses Dienstmädchen, ich weiß nicht.«

»Was ist denn mit ihr?«

»Du als lediger Mann, allein in einer Wohnung mit so einem Dienstmädchen …«

»Sie kommt nur tagsüber. Wir sehen uns fast nie.«

»Du schaust gut aus, mein Sohn.«

»Mir geht es auch gut.«

»Ich habe erwartet, dich viel dünner anzutreffen …«

»Nein, mir geht's prima. Und was macht Mama, und wie geht es den Leuten daheim?«

»Alles in Ordnung. Deine Mutter hat dir Unterhosen und Süßigkeiten mitgeschickt.«

»Sehr gut. Aber warum hast du mir nicht gesagt, daß du kommst?«

»Ich wollte dich überraschen.«

»Das ist dir auch gelungen! Ich habe nie erwartet, dich hier zu sehen.«

»Aber es sieht fast so aus, als hättest du mich erwartet. Deine Wohnung ist so aufgeräumt, überall Bücher … Ich dachte, wenn ich hier hereinkäme, würde ich überall auf Frauen stoßen.«

»Vater, wo denkst du hin …«

»Ja, ich dachte, daß ich Berge von Busen und Hintern antreffen würde. Aber wie das hier ausschaut, scheint es fast, als ob du die ganze Zeit nur studieren würdest. Ich wette, daß hinter den Büchern eine Frau steckt. Hm? Oder?«

»Aber, Vater …«

»Dieser Bücherschrank ist in Wahrheit eine Geheimtür zu deinem privaten Harem. Man drückt darauf, und es erscheint eine Pamela Andersen. Ist es nicht so? Wo sind sie alle?«

»Wer, Vater?«

»Die Frauen, Junge, die Frauen.«

»Hier gibt's keine Frauen, Vater. Ich meine, nicht um diese Zeit.«

»Ach so, dann kommen sie immer um eine bestimmte Zeit? Bald kommt die Nachtschicht, stimmt's? Ja, weil ich das in deinen Briefen so verstanden habe, daß hier die Frauen Tag und Nacht ein- und ausgehen, ohne Unterbrechung. Vollzeit.«

»Nein, nein. Um die Wahrheit zu sagen …«

»Gibt es hier nichts, was du deinem Alten zu trinken anbieten könntest? Ich will in Stimmung sein, wenn sie kommen.«

»Vater, du sprichst nicht im Ernst.«

»Wie, nicht im Ernst? Ich zahle doch für das alles hier, für die Wohnung, für deine Klamotten, für die Nachtclubs, für die Geschenke für deine Frauen, für die Musikanlage, für alles. Jetzt will ich das auch mal ein bißchen genießen. Und da wir schon darüber reden, ich habe die Anlage, von der du geschrieben hast, nicht gesehen! Die ist wohl hinter einem anderen Bücherschrank versteckt.«

»Vater …«

»Und mein Getränk?«

»Getränke. Tja. Ich glaube, daß es nur Limonade gibt.«

»Was? Die Bar in dieser Wohnung wurde aufgestockt – und zwar sehr gut aufgestockt, deinen Briefen zufolge – mit meinem Geld, Junge. Übrigens, ich habe auch keine Bar hier gesehen. Wo ist der importierte Whisky?«

»Vater, meine Briefe ...«

»Mach dir keine Sorgen. Deine Mutter hat keinen davon gelesen. Es war nicht einfach, aber es ist mir gelungen, sie alle vor ihr zu verstecken. Da wir schon davon sprechen, sie hat sich beschwert, daß du nie schreibst.«

»Ich habe in meinen Briefen ein bißchen übertrieben.«

»Wie übertrieben?«

»Ich bat dich um Geld, um für die Frauen Geschenke zu kaufen. Mit diesem Geld ...«

»Ja?«

»... habe ich mir Bücher für das Studium gekauft.«

»Mein Sohn ... Nein!«

»Doch, Papa. Ich habe in meinen Briefen gelogen.«

»Und das Geld für die Disconächte?«

»Habe ich für Forschungsmaterial ausgegeben.«

»Mein Gott. Du willst damit sagen, daß das Geld, das ich dir Monat für Monat schicke, oftmals unter Schwierigkeiten ...«

»... alles für die Universität und Studienmaterial draufgegangen ist.«

»Ich glaube es nicht. Das würdest du deinem Vater nicht antun!«

»Vater ...«

»Und wenn ich denke, wie stolz ich deine Briefe meinen Freunden zeigte ... Der, in dem du mir erzähltest, daß du mit dem Fernsehstar Sandra Bréa ausgehen wolltest und Geld ...«

»Das Geld habe ich für ein ausländisches Buch gebraucht.«

»Und diese Abtreibung, die so dringend war?«

»Es gab nie eine Abtreibung. Alles Lüge.«

»Mein Sohn, was für eine Enttäuschung ...«

»Vater … Vater, geht es dir gut? Vater! Dona Zulmira, kommen Sie schnell!«

»Was ist passiert?«

»Bringen Sie uns ein Glas Wasser, schnell.«

»Es kann auch eine Limonade sein, mein Sohn.«

»Schnell, eine Limonade!«

»Aber es ist keine Limonade da.«

»NICHT EINMAL LIMONADE?!«

»Ruhig, Vater. Bringen Sie Wasser, Dona Zulmira.«

»Und diese alte Hexe, die du hier im Hause hast, mein Sohn. Es könnte wenigstens eine hübsche Hausangestellte sein …«

»Hier ist das Wasser, Herr Doktor.«

»Danke.«

»Schauen Sie, Sie brauchen sich keine Sorgen um Ihren Sohn machen, Herr Doktor. Ich kümmere mich um ihn, als ob er mein eigenes Kind wäre. Er ist ein Heiliger!«

»Aaaahh …«

»Danke, Dona Zulmira. Sie können gehen.«

»Und die Musikanlage, mein Sohn? Das Geld, das ich dir geschickt habe für eine Musikanlage mit eingebautem indirekten Lichtsystem und Blinklicht?«

»Damit habe ich mir ein Mikroskop gekauft, Vater.«

»AAHHHHH!«

Die sechs Säulen der Weltordnung

Der Vater bekam die Geschenke, die ein Vater immer bekommt. Hemden, Taschentücher, eine Krawatte, die so ähnlich aussah wie eine, die er selbst letztes Jahr verschenkt hatte, Socken. Einige Bücher, einige Weinflaschen. Aber er schielte immer auf die Geschenke der Kinder. Mit einer gefälligen Art, als habe er ein gesundes Interesse für die Aktivitäten seiner Kinder. Aber schwarz vor Neid.

»Mein Sohn. Eine Rennbahn!«

»Ja, Papa.«

»Laß sie uns gleich aufbauen!«

»Jetzt nicht, Papa. Morgen bauen wir sie auf.«

»Was heißt hier, morgen? Jetzt! Schieb die Papiere zur Seite. Hier im Wohnzimmer haben wir genug Platz!«

Die Mutter kommt dazwischen. »Bist du wahnsinnig? Das Zeug mitten im Wohnzimmer aufbauen, während des Festes?! Überhaupt müssen die Kinder jetzt schlafen gehen. Es war zuviel Aufregung an einem einzigen Tag.«

Der Vater sieht voller Groll die Rennbahn unter dem Arm seines Sohnes aus dem Wohnzimmer verschwinden. Er überlegt noch, dem Sohn hinterherzulaufen und ihm ein Tauschgeschäft anzubieten. Schau, deine Mutter kann uns nicht hören. Ich gebe dir alle meine Taschentücher und dafür läßt du mich die Rennbahn hier in deinem Zimmer aufbauen, bei geschlossener Tür. Lieber nicht. Was würden die Gäste von ihm halten? Sie würden glauben, er sei betrunken, wie im letzten Jahr.

Er nimmt das Buch zur Hand, das er von seinem Schwager geschenkt bekommen hat. *Die sechs Säulen der Weltordnung* von Henry Kissinger. Der Schwager unterstellt ihm aus unerklärlichen Gründen ein ernsthaftes Interesse an den Problemen der Gegenwart. Er schickt ihm immer

Zeitungsartikel voller Ausrufezeichen und Unterstreichungen. Manchmal ruft er mit chiffrierten Hinweisen an.

»Kannst du dich an unsere Unterhaltung erinnern?«

»Welche?«

»Schau auf die dritte Seite im *Correio* von heute. Ein kleiner Artikel in der untersten linken Ecke. Er ist die Bestätigung von allem, worüber wir uns vor Tagen unterhielten, erinnerst du dich?«

»Nein.«

»Die Krise ist unumkehrbar, mein Lieber. Ciao.«

Er bekommt nur Geschenke für seriöse Männer. Für Männer, die sich Sorgen um die Probleme der Gegenwart machen. Weiße Taschentücher, nüchterne Hemden, schwarze und braune Socken. Im letzten Jahr hatte er einem einsilbigen Cousin eine dunkelgraue Krawatte mit schwarzen Flecken und roten Streifen wie Blutergüsse geschenkt und eine Karte dazu geschrieben, mit der er den Ernst des Cousins auf den Arm nahm. Dieses Jahr bekam er dieselbe Krawatte zurück. Ohne Karte. Die Leute, denkt er, verwechseln mich mit einem Erwachsenen. Er sieht seine älteste Tochter einige Geschenkschachteln an ihm vorbeibalancieren.

»Ich fordere dich zu einer Partie Dame!«

Es ist kein liebevoller Vorschlag. Es ist eine echte Herausforderung. Ich kann jedes Kind in diesem Raum schlagen! Ob Dame oder Mühle, Canasta oder Kreuzworträtsel ... Die Tochter achtet nicht weiter auf ihn und geht auch in ihr Zimmer.

Er und seine Frau waren übereingekommen, keine Spielzeugwaffen zu verschenken. Auch nicht Pfeil und Bogen. Die Psychologen raten davon ab. Aber es überkommt ihn eine Erinnerung, die ihm bis zum Hals hochsteigt und dort stecken bleibt: Als er zwölf war, bekam er ein blechernes Maschinengewehr, das Feuer spie. Es hatte an der Seite eine

Kurbel, und wenn man daran drehte, spie das Gewehr Feuer! Der Schwager setzt sich mit einem Whiskyglas in der Hand neben ihn. Er zeigt auf das Buch.

»Es erklärt manches. Kannst du dich an meine These erinnern?«

Aber er hört nichts mehr. Er hebt den Henry Kissinger in Augenhöhe, als ob er mit einem Maschinengewehr zielen würde, und fängt an, die imaginäre Kurbel an der Seite des Buches zu drehen. Gleichzeitig macht er mit dem Mund die Schußgeräusche nach und entdeckt begeistert, daß er das noch gut kann. Der Schwager schaut nur, halb überrascht, halb amüsiert, während seine imaginären Schußsalven durch das Wohnzimmer fegen.

In der Bar

Sechzehn Bier

Die Unterhaltung hatte schon alle Phasen durchgemacht, die eine Unterhaltung an der Bar normalerweise durchläuft. Sie hatte saftlos angefangen, zäh. Denn das Wichtigste ist erst einmal das Bier. Die erste Phase geht bis zum dritten Glas.

Vom dritten bis einschließlich vierten Glas erzählt man sich sogar Witze. Fast alle kennen diese Witze schon, aber alle lachen sich kaputt. Der Witz dient nur als Vorwand zum Lachen. Der Tisch fängt an sich zu beleben, und darum geht es ja. Es sind fünf Freunde.

Habe ich gesagt, daß fünf am Tisch waren? Dann waren es eben fünf. Zwei verheiratet, zwei ledig und einer, der weder das eine noch das andere war, weil seine Frau gerade Strandurlaub mit den Kindern machte. Sie treten gerade in die dritte Phase ein.

Zwischen dem fünften und sechsten Bier unterhalten sie sich über Fußball. Wo wird das wohl hinführen mit dem neuen Trainer Minelli? Schau, ich finde seine Art gar nicht schlecht. Und ich sage dir, die Mannschaft von Grêmio packt die Anstrengung in dieser Phase der Meisterschaft nicht. Wollen wir wetten? Sie packen es nicht. Weil dies und das, noch eine Runde, bitte. Und – hören Sie – bringen Sie uns noch ein paar Häppchen und Käse dazu.

Das siebte Bier eröffnet die Phase der schwerwiegenden Themen. Die Krise kommt und setzt sich dazu. Das ist alles nicht so leicht, Leute. Habt ihr die Geschichte mit den Raketen mitbekommen? In Europa hatte ein Terrorist eine Rakete bei sich – in einem Koffer. Mitten auf der Straße! Der Typ geht in ein Hotel, verlangt nach einem Zimmer, geht rauf, macht den Koffer auf, geht zum Fenster und holt ein Flugzeug runter. Holt ein Flugzeug runter, als ob er auf den Gehsteig spucken würde!

Sie alle sind erwachsene, erfolgreiche Männer, Freunde seit vielen Jahren. Keiner bessergestellt als der andere. Der Abschnitt mit den schwerwiegenden Themen fließt zusammen mit dem neunten Bier in den Abschnitt der Bekenntnisse über. Denn ich habe gehört, wer hinter alledem steht, nämlich der so und so … Jetzt schreien sie alle, und die Bekenntnisse hallen durch die Bar. Die fünf sind in bester Stimmung.

Einer von ihnen droht nach Hause zu gehen, wird aber mit Gewalt zurückgehalten. Noch eine Runde! Heute geht keiner nach Hause. Es beginnt der intelligente Abschnitt. Alle geben endgültige Statements von sich, die keiner hört, weil sie alle lauthals zur gleichen Zeit sprechen. Zwölf Gläser Bier. Dreizehn. Eine Diskussion beginnt, und niemand weiß genau, ob über Zahnstocher oder die Ölpreise. Die Diskussion findet ein jähes Ende, als einer von ihnen vom Stuhl aufspringt, mit der Faust auf den Tisch schlägt und schreit: »Und ich sage Euch jetzt mal was!« Alle schweigen. Was? Ja, was denn nun? »Ich gehe pinkeln …«

Das fünfzehnte Bier eröffnet die nostalgische Phase. Reminiszenzen, Selbstkritik, den Müll auf den Tisch. Die großen Offenbarungen. Ich bin ein Idiot … Der Idiot bin ich. Ich muß mein Leben ändern. Ich auch. Ich bereue immer mehr, nicht versucht zu haben … nicht versucht zu haben … ich weiß nicht was! Und dann sagt einer von ihnen, dem die Augen schon fast zufallen:

»Wißt ihr, was ich am meisten vermisse, wirklich vermisse?«

Niemand weiß es.

»Wißt ihr, welche Sache ich am meisten vermisse?«

»Sag es uns.«

»Wißt ihr, was mir am meisten fehlt?«

»Nun sag schon.«

»Daß ich nie ein richtiges Taschenmesser gehabt habe.«

Das Schweigen, das dieser Offenbarung folgt, wird vom Kellner mißverstanden. Er kommt, um nachzusehen, ob sie die Rechnung haben wollen. Er trifft die fünf plötzlich nüchtern an. Alle starren auf den Tisch mit einem jahrealten Groll. Genau das ist es. Ein Mann braucht ein Taschenmesser. Nicht irgendein Taschenmesser, nicht eines dieser Werbegeschenke, nein, ein richtiges Taschenmesser. Schwer, mit vielen Klingen, das sich in der Hand gut anfühlt. Ein richtiges Taschenmesser.

»Ich hatte eines«, sagt endlich einer der fünf. Es ist ein Bekenntnis.

Und die anderen schauen ihn an, wie man einen vollkommenen Mann anschaut. Da ist er, der beste von ihnen, und sie hatten es nicht gewußt.

Indianer

Es war ein Treffen von Freunden, die alle schon in jenem trägen Abschnitt weit in den Vierzigern waren. Sie hatten sich bereits über alles unterhalten. Über den Präsidenten, über die Fußballnationalmannschaft, über das Leben im allgemeinen vor und zurück. Als einer von ihnen sagte:

»Wißt ihr, wonach ich mich sehne?« fragte niemand »Wonach?«, weil das gar nicht notwendig war. Er fuhr fort:

»Nach Piratenfilmen.«

Die anderen seufzten. Wie wahr. Es werden keine Piratenfilme mehr gedreht. Ein Beweis mehr, daß das Leben im allgemeinen mit den Jahren viel an Reiz verloren hat.

»Und Filme mit Treppen?«

Dieses Mal gab es keinen Konsens. Was sollte das nun wieder heißen, Filme mit Treppen?

»Erinnerst du dich nicht, wie die Leute früher die Treppen hinunterfielen? Hin und wieder fiel jemand die Treppe hinunter und starb.«

»Und wenn es eine Frau war, verlor sie das Kind.«

»Genau.«

Wieder seufzten alle. Niemand rollte mehr die Treppen hinunter in den Filmen. Überdies waren die Treppen jetzt Rolltreppen.

Einer von ihnen behauptete – nur, um im nachhinein den Neid der anderen zu provozieren –, daß er einmal einen Piratenfilm mit Treppe gesehen hatte. Schauplatz war Maracaibo.

»Rollte dabei jemand die Treppe hinunter?«

»Eine Frau.«

»Und verlor sie ihr Kind?«

»Nein, aber man mußte eiligst die Geburt einleiten. Jemand schrie: ›Heißes Wasser! Viel heißes Wasser!‹«

»Ich habe noch nie verstanden, warum man bei der Entbindung so viel heißes Wasser braucht …«

Überflüssig zu erwähnen, daß sie alle um einen Bartisch herum saßen und keiner aufstehen konnte, selbst wenn er gewollt hätte … Aber niemand wollte. Die Unterhaltung bekam gerade die richtige Mischung aus Melancholie und Revolte. Sie orderten noch eine Runde Getränke. Erst da bemerkten sie, daß der Kellner verschwunden war. Niemand war mehr in der Bar.

»Wo ist wohl der …«

»Schhhhhhhhh!«

»Was ist los?«

»Hör doch mal.«

»Ich höre gar nichts.«

»Genau. Es ist alles viel zu still.«

Alle schauten sich an. Ob es wohl das war, woran sie dachten? Es dauerte einige Minuten, bis einer von ihnen das Wort herausbrachte.

»Indianer …«

Es konnte nur das sein.

»Wir sind umzingelt.«

»Jemand muß draußen auskundschaften, wie viele es sind.«

»Ich bin unbewaffnet.«

»Ich habe ein Taschenmesser.«

»Dann geh du.«

»Und wenn wir versuchen zu verhandeln?«

»Ach. Du kennst diese Wilden nicht. Sie wollen kein Gerede. Sie wollen unsere Skalps.«

»Da werden sie nicht sehr viel Glück bei dir haben …«

»Keiner von uns hat die Haarpracht von früher.«

Noch mehr Seufzer.

»Ich glaube, wir müssen versuchen, die Umzingelung zu durchbrechen und nach Hause zu gehen.«

»Wir haben keine Chance. Diese Cheyenne sehen im Dunkeln.«

»Aber das hier ist kein Cheyennegebiet.«

»Du willst damit sagen …«

»Ich fürchte ja.«

Das Wort wurde mit einer Mischung aus Furcht und Bewunderung ausgesprochen:

»Mescaleros.«

Die Schlimmsten von allen. Schlimmer als die Sioux, die Komantschen und die Comancheros. Schlimmer sogar noch als die Schwarzfußindianer und die Caiapauas. Sie waren verloren.

»Wir sind verloren.«

»Warte mal …«

»Was ist?«

»Ich habe einen Pfeifton gehört. Es sind Apachen.«

»Bist du sicher?«

»Nicht umsonst habe ich meine Kindheit und Jugend im Kino verbracht, mein Lieber. Die Mescaleros ahmen die Eulen nach. Die Apachen pfeifen.«

»Gott sei Dank …«

»Warum?«

»Die Apachen greifen nie bei Nacht an. Wir müssen bis morgen früh ausharren.«

Glücklicherweise kam der Kellner wieder, und sie konnten noch eine Runde bestellen.

Bargespräche

»Kellner, noch zwei Bier!«

»Einen Toast auf unser Treffen nach so vielen Jahren!«

»Einen Toast auf die alten Zeiten!«

»Auf die alten Zeiten!«

»Erinnerst du dich noch an unser Mittelfeld? Du, ich und Cadarço. Das war ein Trio!«

»Und was für eines.«

»Die besten Halfs der Welt.«

»Na, sagen wir besser, des Viertels.«

»Einen Toast auf uns.«

»Auf uns.«

»Kellner! Noch zwei.«

»Die ›Halfs‹ … Wie altmodisch wir sind!«

»Die gute alte Zeit. Wir alle vereint …«

»… und auch noch jünger.«

»Auf die Jugend!«

»Auf die Jugend!«

»Auf den Kultur-, Freizeit- und Sportverein Grüngelb!«

»Auf Grüngelb!«

»Diesen ›Kultur‹-Teil habe ich nie verstanden …«

»Es gab Lesungen. Kannst du dich an diese schweinischen Hefte erinnern? Das war superkulturell!«

»Komisch, wie man sich so wiedertrifft. Wohnst du noch im Viertel?«

»Ja, immer noch. Ich habe die Nelci geheiratet. Kannst du dich an sie erinnern?«

»Die Nelci von Senhor Nestor?«

»Nein, die Nelci von Dona Antônia. Die Schwester von Cambota.«

»Genau! Unglaublich, aber als ich weggegangen bin, war sie noch so klein.«

»Naja, seitdem ist sie ein bißchen gewachsen.«

»Und hast du vielleicht was von Cadarço gehört?«

»Also …«

»Was der für ein Spieler war! Ich habe mir immer gedacht, daß er bei einem dieser großen Vereine landen wird. Er war unser Nilton Santos, kannst du dich erinnern? Diese Eleganz. Diese Intelligenz. Er wußte alles über den Ball. Er wußte auch alles über das Leben. Kannst du dich erinnern, wie er uns vor der Prügelei im Nachbarviertel gerettet hat? Er konnte einfach gut reden. Toller Typ. Ich habe ihn nie wieder gesehen. Ich glaube, der ist weit gekommen. Kellner! Noch zwei!«

»Wenn er kommt, schau ihn dir genau an.«

»Wen?«

»Den Kellner.«

»Warum?«

»Es ist Cadarço.«

»Was?!«

»Er ist es.«

»Das kann nicht sein. Um Gottes Willen. Der Cadarço war so alt wie wir. Der Typ da ist ein alter Mann. Er schlurft beim Gehen!«

»Er hat ein ziemlich schweres Leben …«

»Aber warum hat er nicht mit mir gesprochen?«

»Ich glaube, er hat sich geniert.«

»Der Cadarço … Hatte er nicht ein Problem mit der Mutter?«

»Ja, und das hat ihm zugesetzt. Schau, da kommt er. Jetzt frage ich ihn, ob er sich an unser Mittelfeld erinnern kann.«

»Nein. Tu so, als ob ich nicht weiß, wer er ist.«

»Gut.«

»Danke, Herr Kellner. Echt gut eingeschenkt.«

»Auf was trinken wir jetzt? Auf das Leben!«

»Nein! Auf das Leben nicht!«

Alles was der Mafra sagte, zog Tarol in Zweifel. Die beiden waren unzertrennlich, aber sie stritten andauernd. Mafra erzählte phantastische Geschichten, aber Tarol machte dazu ein ungläubiges Gesicht.

»Einmal …«

»Schon wieder so eine Geschichte.«

»Ich habe sie noch nicht mal erzählt, und du fängst schon an zu zweifeln?«

»Was heißt hier zweifeln, ich glaube es echt nicht.«

»Aber ich habe sie noch nicht einmal erzählt!«

»Dann erzähl mal.«

»Einmal war ich auf einem Tanzfest nur für Einbeinige und ...«

»Hab' ich's nicht gesagt? Hab ich's nicht gesagt?«

Mafra bestand manchmal darauf, Tarol die Echtheit seiner Geschichten zu beweisen. Später berief er sich dann auf dessen Zeugenaussage:

»Tarol, bin ich nun ehrenamtlicher Pai-de-Santo oder bin ich es nicht?«

Tarol zögerte, und dann bestätigte er es. Aber gleich darauf setzte er hinzu:

»Aber in diesem Terreiro nehmen sie sogar argentinische Touristen als Pai-de-Santo!«

Dann kam die Geschichte mit der Pfeife. Eines Tages gab Mafra in der Runde zum besten:

»Ich habe eine Pfeife, mit der ich Frauen anlocken kann!«

»Eine was?!«

»Eine Pfeife, mit der ich Frauen anlocken kann.«

Niemand wollte ihm glauben. Tarol schlug sogar mit dem Kopf auf den Tisch und jammerte:

»Oh, mein Gott! Oh, mein Gott!«

»Wenn du es nicht glauben willst, dann laß es eben bleiben. Aber ich habe sie.«

»Dann zeig sie her.«

»Sie ist nicht hier. Ich habe sie zu Hause. Hier brauche ich keine Pfeife. Hier muß man nur ›Komm her‹ sagen.«

Tarol gestikulierte gen Himmel und flehte um Gnade. Auch das noch, mein Gott!

»Eine Pfeife, um Frauen anzulocken! Das hat mir gerade noch gefehlt!«

Aber dann passierte folgendes: Mafra und Tarol machten eine gemeinsame Reise. (Mafra wollte Tarol beweisen, daß er wirklich Land in Amazonien besaß, eine Insel, die mal hier, mal dort war, entsprechend Ebbe und Flut.) Und das Flugzeug stürzte mitten im Dschungel ab. Zum Glück wurde niemand verletzt und alle überlebten. Nach einer Woche mit Früchten und Regenwasser wurden sie von der brasilianischen Luftwaffe gerettet. Als sie nach ihrer Rückkehr wieder mit den Freunden am gewohnten Tisch in der Bar saßen, erzählten Mafra und Tarol ihr Abenteuer. Und Mafra bat Tarol triumphierend:

»Jetzt erzähl die Geschichte mit der Pfeife.«

»Erzähl du sie«, sagte Tarol widerwillig.

»Gibt es die Pfeife oder gibt es sie nicht?«

Tarol nickte ziemlich genervt.

»Erzähl, erzähl«, baten die anderen.

»Es war am vierten oder fünften Tag«, erzählte Mafra. »Wir wußten bereits, daß niemand würde sterben müssen und daß die Rettung nur eine Frage der Zeit war. Die Luftwaffe hatte uns schon geortet. Und dann, in dieser allgemein entspannten Stimmung, habe ich die Pfeife aus der Tasche geholt.«

»Die, mit der man Frauen herbeilocken kann?«

»Genau die. Ich pfiff damit.«

»Und dann?«

»Dann patsch.«

»Sind die Frauen erschienen?«

»In nicht einmal zehn, fünfzehn Minuten. Drei Frauen.«

Alle wandten sich ungläubig an Tarol.

»Ist das wahr?«

»Ja«, gab Tarol zu.

Ein ehrfürchtiges Schweigen breitete sich aus. Bis Tarol hinzufügte:

»Aber was für welche, solche Hexen!«

Der Stammtisch

Sie waren zu fünft. Sie trafen sich jeden Tag nach der Arbeit auf ein Bier. Seit Jahren stets das gleiche. Und jedesmal blieben sie ein bißchen länger am Tisch hocken. Immer dieselbe Bar, immer derselbe Tisch. Am Anfang waren es zwei oder drei Biere für jeden, höchstens ein Häppchen dazu, danach hieß es heimgehen zum Abendessen. Alle hatten Ehefrauen, Kinder und diese Dinge. Aber eines Tages verkündete der Dicke: »Ich werde hier essen.« Und orderte ein Filet.

Die anderen schlossen sich langsam an. Es war immer wie eine Entsagung gewesen, die Runde ausgerechnet dann zu verlassen, wenn die Unterhaltung so richtig in Schwung kam.

Sie fingen auch an, in der Bar zu essen. Nach zwei oder drei weiteren Bieren gingen sie dann nach Hause schlafen. Bis eines Tages der Dicke – erneut war er der Vorreiter – auf den Tisch schlug und feststellte:

»Ich gehe nicht mehr nach Hause.«

»Wie, du gehst nicht mehr nach Hause?«

»Ich gehe nicht. Ich werde die Nacht hier verbringen.«

»Aber wenn sie die Bar zumachen, schmeißen sie dich raus.«

»Ich werde erreichen, daß sie mich drinlassen, wenn sie die Bar zusperren.«

Und wirklich, der Besitzer getraute sich nicht, den Dicken hinauszuwerfen. Sie waren eine alteingesessene Runde, gute Kunden. Er schloß die Bar, ließ aber den Dicken am Tisch sitzen. Am nächsten Tag fanden die anderen vier den Dicken am selben Platz vor. Vor sich einen Turm Bierfilze aufgestapelt.

»Bist du gar nicht aufgestanden?«

»Nur, um das Klo aufzusuchen.«

Anschließend verkündete der Dicke feierlich, daß er die Bar nicht mehr verlassen werde.

»Nie mehr?«

»Nie mehr.«

Die anderen schauten sich an, und Julião sprach es als erster aus:

»Und ich auch nicht!«

Sie schlossen einen Pakt. Niemand würde mehr den Tisch verlassen. Zum Teufel mit den Frauen, mit den Kindern, mit Brasilien und dem Rest. Sie würden nur noch aufstehen, um aufs Klo zu gehen. Sie würden den Rest ihres Lebens damit verbringen, Bier zu trinken und sich zu unterhalten.

»Und im Fall eines Atomkrieges?« fragte einer vorsorglich.

»Werden wir eben hier sterben!«

»Abgemacht!«

Und bis heute sind sie noch dort. In derselben Bar, am selben Tisch, seit Monaten. Die Frauen versuchten, sie nach Hause zu holen, aber ohne Erfolg. Die Kinder baten sie darum, Verwandte und Freunde versuchten sie zu überreden. Ohne Erfolg. Sie schlafen sogar dort, sie essen dort, und wenn sie etwas brauchen – Zigaretten oder ein neues Hemd –, dann lassen sie es bringen. Der Barbesitzer weiß nicht, was er machen soll. Da die fünf ihre Stellen aufgegeben haben, werden sie wahrscheinlich kein Geld haben, um die Rechnung zu bezahlen. Aber genauso unwahrscheinlich ist es, daß sie die Rechnung in nächster Zukunft überhaupt verlangen werden. Die Unterhaltung wird ständig lebhafter.

Nächte im Bogart's

»Kommst du immer hierher?«

»Nein, zum ersten Mal.«

»Wie findest du es?«

»Ganz schön was los hier.«

»Nett, nicht?«

»Puh. Ja.«

»Ich habe das Gefühl, daß ich dich bereits kenne …«

»Kann schon sein.«

»Bist du nicht die Freundin von der Zange?«

»Von wem?«

»Von Pereira?«

»Ich war mal mit ihm zusammen. Aber das ist lange her.«

»Ich wußte es! Toller Kerl.«

»Ja …«

»Ich spreche als Freund. Wie er als Mann ist, weiß ich nicht.«

»Etwas kompliziert.«

»Die Zange kompliziert?«

»Dir ist es wohl entgangen. Er war ein Quell der Komplikationen. Ich muß es schließlich wissen.«

»Die Zange?! Schau mal einer an. Ich fand immer, daß niemand auf der Welt so unkompliziert war wie er. Man kennt die Menschen einfach nicht.«

»Ob wir vom selben Menschen sprechen? Ich wußte nicht, daß sein Spitzname Zange war.«

»Ich wußte nicht, daß er kompliziert war. Und das, obwohl ich die Zange von Kindesbeinen an kenne. Wir wohnten alle in derselben Straße, in der Rua Mostardeiro.«

»Ich sag dir nur eins, wir haben unsere Hochzeitspläne aufgegeben, weil sein Analytiker dagegen war.«

»Die Zange beim Analytiker? Das gibt's doch nicht.«

»Er fing mit der Analyse an, als wir uns kennenlernten.«

»Also entschuldige bitte, aber dann hast du das Leben der Zange verkompliziert.«

»Wieso ich?«

»Nein. Verzeihung. Es ist nur so eine Ahnung von mir. Aber in der Zeit, in der ich ihn kannte, hatte er einen klaren Kopf. Er war normaler als … was weiß ich. Irgend etwas wirst du schon gemacht haben.«

»Ich?! Das ist ja gut! Du hast ja keine Ahnung, was ich ertragen mußte mit deinem Freund. Ich weiß selbst nicht, wieso ich nicht verrückt geworden bin.«

»Also ich weiß nicht. Ich weiß nicht.«

»Der ist einfach ein Neurotiker.«

»Hör zu. Sprich nicht schlecht über die Zange.«

»Zange, Zange. Toller Typ, deine Zange!«

»Sprich nicht schlecht über die Zange!«

»Jetzt schau dir das an. Schau dir das an!«

»Direkt ein Wunder.«

»Jetzt weiß ich, was der Sarney gemeint hat mit ›Gott sei gelobt‹ …«

»Das ist keine Frau. Das ist ein Konglomerat!«

»Die Fafá de Belém verschwindet neben ihr.«

»Schau, ich meine, es sind zwei.«

»Nein, nein. Es ist nur eine. Es kommt einem nur so vor.«

»Wo José Onofre jetzt wohl ist?«

»Der ist in einer anderen Bar. Aber warum erinnerst du dich ausgerechnet jetzt an José Onofre?«

»Mir fiel nur gerade ein, wie er eine solche Frau zu nennen pflegte.«

»Wie denn?«

»Den Traum eines Gymnasiasten von Anchieta.«

»Genau!«

»Gut, nicht? Natürlich von der alten Garde. Heute ist alles anders.«

»Jemand wird eines Tages eine Doktorarbeit schreiben über die schlüpfrigen Träumereien der Anchieta-Absolventen und ihren Einfluß auf die Geschichte des Bundesstaates Rio Grande.«

»Auf die soziale und politische Geschichte.«

»Genau.«

»Der Typ, mit dem sie hier ist …«

»Ist das nicht der Andradinha?«

»Ja, es ist Andradinha!«

»Ich finde, daß diese Tatsache die These von José Onofre widerlegt. Der Andradinha war, soviel ich weiß, im Julinho-Gymnasium.«

»Aber die Anchietaner träumten von solchen Frauen. Das bedeutet nicht, daß sie versuchten, an sie ranzukommen. Sie zweifelten sogar an ihrer Existenz.«

»Wenn sie eine sahen, berührten sie sie sogar, um zu sehen, ob sie tatsächlich existierte.«

»Nein. Wenn er sie berührte, dann war er nicht vom Anchieta. Vielleicht vom Rosário. Aber vom Anchieta keinesfalls.«

»Käme er vom IPA, würde er versuchen eine Unterhaltung anzufangen.«

»Und einer vom Julinho würde sie direkt anbaggern.«

»Hör mal, wie läuft das hier ab? Kann man sie zum Tanzen auffordern?«

»Ich weiß nicht …«

»Das Problem ist der Andradinha.«

»Der wird keine Probleme machen. Die von Julinho machen keine Probleme.«

»Wenn er vom IPA wäre, würde er gleich einen Streit vom Zaun brechen.«

»Die vom Rosário wären unschlüssig.«

»Die vom Anchieta würden es zulassen, einem aber später Vorwürfe machen.«

»Ich werde es versuchen. Wenn ich in einer halben Stunde nicht zurückkomme, mußt du die Polizei verständigen.«

»Man kann sich etwas vorstellen, das kein Ende hat, nicht wahr?«

»Hä?«

»Etwas, das kein Ende hat.«

»Was?«

»Also, ich meine, einen Begriff. Das Unendliche. Man kann es erfassen.«

»Verstehe.«

»Gut, wie kannst du etwas, das keinen Anfang hatte, erfassen?«

»Wie meinst du das?«

»Hm?«

»Wie meinst du das?«

»Versuch dir etwas vorzustellen, das nie einen Anfang hatte. Etwas, das schon immer existiert hat.«

»Ja. Das ist schwer.«

»Genau. Und die einzige Möglichkeit, wie man das Universum verstehen kann, ist zu versuchen sich etwas vorzustellen, das nie einen Anfang hatte. Das schon immer existiert hat. Das Unendliche nach beiden Seiten hin.«

»Ja. Das ist schwer.«

»Wie ist das Universum entstanden?«

»Ich habe keine Ahnung.«

»Man sagt, es gab eine große Explosion.«

»Hä?«

»Explosion. Bumm. Aber jetzt sag mir mal, was gab es vor der Explosion?«

»Nichts.«

»Nein. Nichts bedeutet das Fehlen von Materie. Das Nichts kann nur existieren, wenn es auch Materie gibt. Es kann unmöglich etwas fehlen, was es gar nicht gibt. Das ist, wie wenn jemand sagt: ›Es gibt keinen Alkibiades‹ und sich dabei auf jemanden bezieht, der noch gar nicht geboren ist. Man muß erst geboren sein, damit man fehlen kann.«

»Der Alkibiades?«

»Vielleicht ein lächerliches Beispiel. Aber was ich damit sagen will, ist folgendes: Bevor es die Materie gab, existierte nicht einmal das Nichts.«

»Wie, ›existierte nicht einmal das Nichts‹? Wenn nichts existierte, existierte das Nichts.«

»Nein! Wie war dieses Nichts?«

»Woher soll ich das wissen? Es war Raum. Leerer Raum.«

»Raum ist das, was zwischen zwei Himmelskörpern besteht. Wenn diese Himmelskörper aber nicht existieren, dann gibt es auch keinen Raum zwischen ihnen. Es gibt nichts.«

»Aha! Du hast gerade gesagt, daß sogar das Nichts nicht existierte. Du widersprichst dir selbst.«

»Es gab die Absenz von allem, einschließlich des Nichts. Die Absenz von der Absenz. Das Unfaßbare. Und deswegen werden wir das Universum nie verstehen.«

»Was?«

»Warte mal. Hej, Dirceu! Dirceu! Kannst du die Musik ein bißchen leiser stellen? Sonst kann man sich ja gar nicht verständigen.«

»Bloß nicht leiser, Dirceu. Lauter!«

»Solange …«

Er sagte »Solange« mit französischem Akzent, die zweite Silbe betonend, die letzte verkürzend.

»Solange …«

»Nerv mich nicht, Carlos Henrique.«

»Denk daran: Ein Kuß ist immer noch ein Kuß.«

»Willst du wohl aufhören?«

»Ein Seufzer ist immer noch ein Seufzer.«

»Wenn du nicht sofort aufhörst, stehe ich jetzt auf und gehe.«

»Die grundlegenden Dinge sind die wichtigen.«

»Ich stehe jetzt auf und gehe!«

»*As time goes by.*«

»Weißt du, was du bist, Carlos Henrique? Willst du wissen, was du bist?«

»Wenn zwei sich lieben …«

»Du bist inkonsequent. Genau das bist du. Die Menschen machen Dinge, wichtige Dinge, und du kümmerst dich um nichts. Du …«

»Wie sagt man nochmal? *I love you.*«

»Geh weg, Carlos Henrique!«

»Darauf kannst du vertrauen, Beibi.«

»Ich halte es nicht mehr aus, verstehst du? Du denkst, ich mache nur Spaß? Ich halte es nicht mehr aus. Ein Mensch mit deinem Talent, und du schmeißt alles weg. Du nimmst nichts ernst. Weißt du, weswegen ich Gott danke? Weißt du das?«

»Es ist nicht wichtig, was die Zukunft bringt.«

»Daß wir keine Kinder haben. Gott sei Dank. Ich kann dich ohne Schuldgefühle verlassen. Und das werde ich jetzt tun.«

»Solange …«

»Ja?«

»*As time goes by.*«

»Jetzt reicht's. Ich gehe. Laß meinen Arm los.«

»Nur noch etwas.«

»Und was, Carlos Henrique?«

»Mondschein und Liebeslieder kommen nie aus der Mode. Herzen voller Leidenschaft, Eifersucht und Haß. Die Frau liebt den Mann, Solange. Und der Mann braucht eine Partnerin, das kann niemand leugnen, verdammt.«

Solange stand auf und ging. Sie stieß noch mit Pinheirinho zusammen, der gerade hereinkam. Carlos Henrique nahm sein Glas und ging an einen anderen Tisch. Er flüsterte Ana Paula ans Ohr:

»Aninha …«

»Was gibt's, Cacao?«

»Die alte Geschichte. Der Kampf zwischen Liebe und Ruhm. Es ist eine Frage des Gelingens oder Sterbens. In der Welt wird es immer Platz für die Liebenden geben, Aninha.«

»Meinst du?«

Xavier brachte seine neue Freundin mit, aber vorsichtshalber kam er nicht mit ihr an den Tisch der Clique.

Er winkte nur von fern. Am Tisch waren die Meinungen geteilt.

»Schamlos.«

»Laß ihn doch.«

»Sie könnte seine Tochter sein.«

»Sie ist ja auch eine Kollegin seiner Tochter.«

»Was?!«

»So haben sie sich kennengelernt.«

»Wie böse ihr sein könnt! Nur wegen eines kleinen Altersunterschiedes …«

»Klein, ja?«

»Wenn eine Frau dasselbe machen würde, würdet ihr über sie herfallen wie Aasgeier. Da er ein Mann ist, ist es in Ordnung.«

»Laß doch den Xavier.«

Ein paar Tische weiter hielt Xavier die Hand des Mädchens. Zum ersten Mal seit Jahren hatte er gegurgelt, bevor er außer Haus ging. Er fragte:

»Gefällt es dir hier?«

»Ja. Klar.«

»Geil, nicht?« sagte Xavier. Aber gleich überkamen ihn Zweifel. Sagte man noch ›geil‹?

»Kommst du oft hierher?«

»Ich? Manchmal. Willst du etwas essen? Das Essen hier ist auch gut.«

»Danke. Ich habe zu Hause ziemlich ausgiebig gegessen. Bin noch voll.«

»Und zu trinken?«

»Campari.«

Er bestellte auch einen Campari, obwohl er ihn nicht ausstehen konnte. Er hob das Glas:

»Auf uns.«

»Ja. Klar.«

Sie tranken schweigend. Dann sagte er:

»Gute Musik, nicht?«

Und sie sagte:

»Super.«

Und er sagte:

»Willst du tanzen?«

Und sie sagte, ohne nachzudenken:

»Später, Onkel.«

Und beide schwiegen. Sie dachte: »Ob er das gehört hat?« Und er dachte: »Sag ich irgend etwas dazu oder gehe ich einfach darüber hinweg?«. Er entschied sich, darüber hinwegzugehen. Aber für den Rest des Abends war dieses »Onkel« auf dem Tisch und pochte zwischen ihnen wie ein Frosch. Er brachte sie nach Hause, dann kam er wieder. Setzte sich zu den Freunden.

»Und, Xavier, was macht die Freundin?«

Er antwortete nicht. Gab dem Kellner gerade detaillierte Instruktionen, wie er seinen Whisky haben wollte. Danach bat er den Kellner, Dorfmann zu sagen, daß er *As time goes by* spielen sollte – ganz langsam. Dann lauschte er unbeweglich. Die anderen schauten ihn nicht an, aus Mitgefühl. Einige behaupten sogar, daß er geseufzt habe. Zumindest hatte irgend etwas die Ketten auf seiner Brust zum Klirren gebracht.

Die Frage am Tisch war: Wenn das Schlimmste eintritt, wohin gehst du dann?

»Es gibt ein kleines Hotel in Paris ...« sagte Pedro Paulo.

»Es gibt immer ein kleines Hotel in Paris ...« sagte Cabeça.

Pedro Paulo und Cabeça stritten gern genußvoll miteinander.

»Ich nehme ein Zimmer und genieße das Leben.«

»Mit welchen Dollars?«

»Ach, Dollars.«

»Ja, mit welchen Dollars? Das Ticket. Das Zimmer. Das Essen. Wovon willst du leben?«

»Ich werde in der Métro singen.«

»Ich habe dich schon singen hören, Pepê. Man würde dich lynchen, sobald du den Mund aufgemacht hast. Sie würden dich durchs Fenster werfen.«

»Ich verkleide mich als Frau und gehe im Bois de Boulogne anschaffen. Verstehst du?«

»Immer mit der Ruhe«, bat der Anwalt. »Die Frage ist rein hypothetisch, Leute!«

»Du brauchst dir keine Sorgen um mich zu machen!« sagte Pedro Paulo zu Cabeça und setzte sich verärgert hin.

»Ich würde nach Palmeiras zurückgehen«, sagte Marta unbefangen.

»Aber Palmeiras ist doch in Brasilien?«

»Ja, aber ich weiß nicht, wohin ich sonst gehen könnte.«

»Es ist Brasilien, aber nicht so sehr«, kam Batista ihr zu Hilfe.

»Ich sage euch mal was, ich habe sogar meine Fluchtfonds«, sagte Norberto.

»Echt?«

»Ich spare, was ich kann.«

»Und wohin gehst du?«

»Gut, ich habe schon genug, um bis nach Chuí zu kommen. Noch ein bißchen mehr, und ich komme sogar über die Grenze.«

»Ich würde nach Miami gehen«, sagte Lu. »Teller waschen oder irgendwas anderes.«

»Bist du verrückt? Dort gibt es nur Latinos. Ich verkehre schon hier nicht mit Latinos, da will ich erst recht nicht hin.«

»Und was sind wir?«

»Für alles gibt eine Grenze, nicht, Cabeça?«

Niemand verstand ihn, aber sie ließen es gut sein. Batista drehte sich zu Krabbe.

»Und du, Krabbe?«

»Was soll mit mir sein?«

Krabbe war etwas zerstreut.

»Wenn das Schlimmste eintritt, wohin gehst du dann?«

»Ich komme hierher.«

»Hier zum Bogart's?«

»Ja.«

»Im Ernst, Krabbe?« fragte Norberto.

»Voll im Ernst. Ich komme hierher. Ich gehe nicht weg von hier. Das ist das perfekte Exil.«

Das konnte natürlich nicht ernst gemeint sein, und Norberto setzte gerade an zu erzählen, wohin er gehen würde. Aber Krabbe insistierte:

»Wißt ihr denn auch, warum? Na, warum?«

»Warum, Krabbe?«

»Weil ihr alle nicht hier wärt!«

Pedro Paulo wollte reagieren, aber der Anwalt hielt ihn mit einer Handbewegung zurück. Sie mußten Krabbe auch verstehen. Er mit der roten Haut und noch dazu Beamter. Sie wechselten das Thema.

»Na, Fami, wie geht's?«

Alle am Tisch waren alte Freunde von Fami, der gerade angekommen war. Nur nicht Dulce, die den Spitznamen witzig fand.

»Warum Fami?«

»Ja genau, Fami. Warum nennen wir dich eigentlich alle Fami?«

»Woher soll ich das wissen?« sagte Fami und setzte sich.

Sie waren seit Jahren Freunde. Von Kindheit an, alle aus derselben Straße. Sie fingen an, eine Inventur der Spitznamen zu machen.

»Ich war der Dicke.«

»Du?!« fragte Dulce verblüfft.

»Ob du es glaubst oder nicht, ich war eine Kugel. Ich hatte einen Komplex, weil ich so dick war. Und die Jungs ließen mich das auch nicht vergessen. Sie nannten mich Dicker, große Kugel …«

»Big H…«

»Big H?«

»H von Hintern.«

»Mein Spitzname war Fleck. Nur weil ich eines Tages mit einem Fleck vorn auf der Hose nach Hause kam und deswegen geschlagen wurde.«

»Man nannte mich Kapitän Knüppel. Wegen meiner Art Fußball zu spielen.«

»Kapitän Knüppel oder Araponga.«

»Araponga? Daran kann ich mich nicht erinnern.«

»Ich war der Tukan. Aus nachvollziehbaren Gründen.«

»Aber warum Fami?«

Alle schwiegen und durchforschten ihr Gedächnis. Nur nicht Kapitän Knüppel, dem der Spitzname Araponga gar nicht gefallen wollte. Allerhand, so lange war das schon her, und jetzt kam diese alte Geschichte wieder auf. Ausgerechnet Araponga!

»Ob das von ›Familie‹ kommt?«

»Das kann sein. Ich war immer ein ruhiger Typ. Ein Familienmensch.«

»Jetzt hör aber auf, Fami!«

»Willst du etwa sagen, ich war nicht so?«

»Ich bitte dich. Von ›Familienmensch‹ konnte bei dir wirklich nicht die Rede sein.«

»Ich war der normalste aus der Gruppe.«

»Du willst sagen, der verrückteste. Ich muß sogar noch weitergehen. Fami kommt von ›famos‹. Du warst ein famoser Draufgänger.«

»Genau das war's!« erinnerte sich der Ex-Dicke. »Famos. Jetzt haben wir es.«

»Mein Spitzname war ›Fami‹, weil ich als Draufgänger bekannt war?!«

»Na klar doch. Ich erinnere mich ganz genau.«

»Aber warum, um Gottes Willen?«

»Daran kann ich mich nicht erinnern.«

»Irgendwas wirst du schon gemacht haben.«

Aber niemand konnte sich daran erinnern, was Fami gemacht hatte. Auf jeden Fall war seiner der einzige Spitzname, der geblieben war. Sogar die Kinder sagten: »Ich bin der Sohn vom Fami«. Tukan rief den Kellner und bat ihn *As time goes by* spielen zu lassen. Nur Kapitän Knüppel konnte sich nicht beruhigen und fragte in die Runde:

»Warum Araponga?«

Aber man hatte bereits das Thema gewechselt.

Es war das erste Mal, daß die beiden zusammen ausgingen, und sobald sie saßen, fragte Maria José:

»Liest du viel?«

Er verstand nicht.

»Liestduviel?«

»Bücher. Macht es dir Spaß zu lesen?«

»Ja, schon. Wenn mir ein bißchen Zeit dazu bleibt.«

»Man kommt zu gar nichts mehr, nicht? Ich habe gerade *Die Nebel von Avalon* auf meinem Nachtisch, aber ich schaffe es nicht, sie zu Ende lesen.«

»Die lese ich auch gerade.«

»Was für ein Zufall!«

Sie wählten – was für ein Zufall – das gleiche Gericht. Und sie entdeckten während des ganzen Essens Gemeinsamkeiten, die, wie Maria José viele Male sagte, »unglaublich« waren. Nur den Enthusiasmus für einen bestimmten Sänger teilten sie nicht, und das Mocotó beurteilten sie gar diametral entgegengesetzt. Aber sonst waren die Gemeinsamkeiten unglaublich, wirklich unglaublich.

»Es ist, als ob wir uns seit langem kennen würden, Maria José!«

»Sag ruhig Zequinha zu mir.«

Häßlich ist er auch nicht, dachte Maria José. Die zu langen Koteletten waren ein bißchen aus der Mode gekommen, aber zum Teufel, das konnte sich schnell wieder ändern. Sie fragte:

»Gehst du gern ins Kino?«

»Ja. Hast du *Blue Velvet* gesehen?«

»Und ob. Wahnsinnig, nicht?«

»Ich habe mich sehr mit der Figur identifiziert.«

»Mit dem jungen Mann?«

»Nein, mit dem anderen.«

»Mit dem Triebtäter?!«

»Warum Triebtäter?«

Maria José zögerte. Vielleicht wäre es besser, das Thema zu wechseln. Oder vielleicht auch nicht.

»Warte mal. Der Verbrechertyp? Der mit dem Samt?«

»Ja.«

»Fandest du nicht, daß er ein Triebtäter war?«

»Manchmal wird jemand, nur weil er vom als normal angesehenen Verhalten abweicht, nicht verstanden. In meinem Fall zum Beispiel …«

Aber Maria José hatte einen Entschluß gefaßt.

»Ich will nichts davon hören.«

»Aber Zequinha …«

»Erzähl mir von deiner Arbeit. Arbeitest du mit Computer?«

»Also. Ja. Ich …«

Und Maria José beugte sich über den leeren Nachtischteller hinweg lächelnd vor, um ihm aufmerksamer zuhören zu können. Sie würden sich gut verstehen. Sehr gut sogar. Sie müßte nur vorsichtig sein bei gewissen Dingen. Aber sonst würden sie sich sehr gut verstehen.

Dirceu war bereits an ihrem Tisch vorbeigekommen, um sie daran zu erinnern, daß es nächste Woche eine Show geben würde. Die Gruppe war gerade bei den ersten Schlucken, als jemand sagte:

»Schaut mal, Paulinho mit einer anderen!«

Einer der Gebräuche der Gruppe war, daß Paulinho nie zweimal mit derselben Frau erschien. Paulinho selber pflegte diese Legende und empfahl: »Wenn ihr mich zum zweiten Mal mit derselben Frau seht, dann warnt mich bitte, es ist nur Zerstreutheit.« Und er legte Wert darauf, mit den sonderbarsten Frauen zu erscheinen. Niemand wußte, wo er die immer herhatte.

Einmal kam er mit einer Orientalin, bei der nicht ganz klar wurde, woher sie kam.

»Aus dem Orient«, sagte Paulinho ohne weitere Erklärungen.

Das Mädchen war nett, lachte viel, doch trotz des lebhaften Gesprächs schlief sie irgendwann einfach ein.

»Aber, Paulinho.«

»Das sind die unterschiedlichen Zeitzonen.«

Ein anderes Mal kam Paulinho mit einer Sportlerin, zweimal so groß wie er und solche Beine. Sie sprach durch die Nase, und zu allem, was man ihr erzählte, sagte sie: »Das ist ein Witz!« Und nochmal zur Betonung: »Das ist aber echt ein Witz!«

Eine andere, eine Dame, die die Mutter von Paulinho hätte sein können, die sehr vornehm tat, aber ein bißchen zuviel trank und am Ende des Abends mit halbgeschlossenen Augen nur noch »Gon-del« sagte – und dabei betonte sie die Silben und achtete genau auf die Zungenstellung.

»Und, Dona Martita?«

»Gon-del.«

»Genau, da steigen wir jetzt ein.«

Die Frau, mit der Paulinho gerade angekommen war, war schön, sehr blaß und ernst. Die Haare fielen ihr über eine Gesichtshälfte. Paulinho stellte sie der Gruppe vor. »Das ist Inês.«

Die anderen warteten gespannt. Paulinho ließ sich Zeit. Dann verkündete er:

»Sie ist von der UDR.«

»Was?«

Mundinho vergewisserte sich noch:

»Bist du echt von der UDR?«

»Klar«, sagte das Mädchen mit einem Blick, der ins Leere gerichtet war.

Als das Mädchen sich entschuldigte, weil sie jemanden in der Bar entdeckt hatte, mit dem sie sprechen wollte, und sich vom Tisch entfernte, drehten sich die anderen zu Paulinho um und meuterten.

»Also Paulinho!«

»Was ist los?«

»Dieses Mal bist du zu weit gegangen!«

Nur um eine Vorstellung zu vermitteln: An diesem Abend gab es eine Lesung mit Ivan und José Antônio Pinheiro Machado. Es hatten sich drei Ringe um die Bar herum gebildet, so daß Paulão und Frank ihre Bestellung über viele Köpfe hinweg machen mußten und die Getränke von Hand zu Hand zu ihnen weitergereicht wurden. Wie wenn man Eiscreme in einer voll besetzten Tribüne kauft.

»Ob sie wohl kommt?« fragte Paulão nervös.

»Immer mit der Ruhe. Sie kommt«, sagte Frank.

Frank hatte eines Tages eine Bekannte mit dem Namen Chantal erwähnt, die …

»Wie heißt sie?« hatte Paulão gefragt.

»Chantal. Warum?«

Paulão hatte sich gleich in den Namen verliebt. Chantal! Was war das für ein Name?

»Sie ist Französin.«

»Chantal … Und wie ist sie so?«

»Also, sie …«

»Ach, erzähl mir lieber nichts.«

Wochenlang war Paulão der Name im Kopf herumgegangen. Chantal. Wie schön! Zu welchem Menschen dieser Name wohl gehörte? Sie war Französin, soviel wußte er schon. Zwei-, dreiundzwanzig Jahre alt. Haare? Brünett. Nein, schwarz. Lang. Sie umspielten ihre Wangen. Hochgewachsen? Nicht so sehr. Sie trug niedrige Schuhe. Und schminkte sich nicht. Die Augen waren groß und dunkel und geheimnisvoll und ganz sanft, wenn sie lachte, und sie lachte viel. Sie sprach Portugiesisch mit Akzent. Es gibt ein

Wort, das die Franzosen häufig gebrauchen, »superbe«, und das tat auch sie, weil sie glaubte, daß man auch im Portugiesischen so sagte. »Ich finde dich superbe, Paulon.« Sie konnte »ão« nicht aussprechen, sie nannte ihn »Paulon«. Und er wurde nicht müde, ihren Namen zu wiederholen. »Chantal, Chantal, Chantal«. Sie gingen Hand in Hand, sie lachte und sagte zu ihm: »Du bist verrückt, hm?« und zog die Nase kraus. Und er: »Chantal, Chantal, Chantal …«

Eines Tages hatte er es nicht mehr ausgehalten und Frank gebeten, ihm diese Frau vorzustellen. Er hatte befürchtet, Frank würde ihm antworten: »In Ordnung, ich weiß nur nicht, wie ihrem Mann das gefallen wird.« Aber Frank sagte nur »in Ordnung«, und dafür sind Freunde ja auch da. Und zwei Tage später: »Hör zu, ich habe ein Treffen hier im Bogart's ausgemacht, für Freitag.« Und da waren sie also. Plötzlich sah Paulão Frank dieses Gesicht machen, das man macht, wenn man gerade jemanden Bekannten erblickt hat, und den Arm heben und rufen: »Chantal, hier!«. Paulão drehte sich nicht um. Er ging rückwärts hinaus, stieß an Polidoro. Frank fragte noch überrascht:

»Wo gehst du hin? Sie ist gerade gekommen!«

»Nein. Hör zu. Lassen wir es für ein andermal, o.k.? Ciao, ciao!«

Er war zu verliebt. Er war so verliebt, daß er nicht riskieren wollte, das Objekt seiner Leidenschaft kennenzulernen. Er ging aus dem Bogart's, ohne sich auch nur umzusehen.

»Ich heiße Diana.«

»Wie die Göttin.«

»Welche?«

»Diana, die Jägerin.«

»Nein, nein. Meine Mutter erzählte mir, daß mein Name von einem Künstler kommt.«

»Diana Durbin.«

»Nein. Ich weiß nicht einmal, ob es wirklich ein Künstler war. Gab es da nicht ein Lied?«

»Wie alt ist deine Mutter?«

»Einundvierzig.«

»Dann war es ein Lied. ›Uh, uh, uh, Daiana‹.«

»Woher weißt du das?«

»Ich bin älter, als ich aussehe. Wie alt schätzt du mich?«

»Hm, laß mal sehen. So um die Vierzig …«

»Heiß!«

»Achtundvierzig.«

»Oh.«

»Entschuldigung, ich …«

»Zweiundvierzig, aber es ist schon gut.«

»Und wie ist dein Name?«

»Benito.«

»Wie?!«

»Tja. Mein Vater hat ihn mir gegeben. Ich habe einen Bruder, der Adolfo heißt. Und der andere Franco.«

»Benito … Ein schöner Name.«

»Ich habe ihn immer gehaßt. Als Junge habe ich immer verkündet, daß ich anders heißen wollte. Nämlich Hopalongue. Daraufhin hat mein Vater mich verprügelt.«

»Du schaust nicht aus wie achtundvierzig. Auch nicht wie zweiundvierzig. Ich schwör's.«

»Es nutzt nichts mehr. Das Malheur ist bereits geschehen. Kellner bitte: Schierling. Aber im Glas mit Zuckerrand.«

»Du hast nicht eine Falte!«

»Ich habe zu Hause welche. Mein Problem ist, daß ich unzurechnungsfähig bin. Ich weiß noch den ganzen Text von *Diana*. Daran kannst du sehen, wieviel Platz noch in meinem Hirn ist. Ich …«

»Also. Es war mir ein Vergnügen, ja?«

»Du gehst schon …«

»Ja. Ich bin mit der Gruppe dort zusammen. Ciao, ich finde Benito schön.«

»Hör mal.«

»Ja?«

»Kannst du mich nicht irgendwann deiner Mutter vorstellen?«

Es war das erste Treffen nach dem Streit.

»Hallo.«

»Hallo.«

»Wie geht's?«

»Gut. Und dir?«

»Gut, gut.«

»Dann ist ja alles in Ordnung.«

»Hör mal …«

»Hmm.«

»Ich habe zu Hause noch ein paar Fotos von dir.«

»Von mir?«

»Ja. Mit Bismarck.«

»Ach, die vom Strand?«

»Ja.«

»Kannst du behalten.«

»Aber das will ich ja gar nicht.«

»Also, dann …«

»Sie nehmen nur Platz weg.«

»Gut. Dann lasse ich sie abholen.«

»Danke.«

»Im übrigen, weißt du, daß der Bismarck gestorben ist?«

»Was?!«

»Er ist gestorben.«

»Überfahren?«

»Nein. Eine Krankheit. Er war auch schon ziemlich alt. Du weißt, wie das ist.«

»Armer Bismarck.«

»Ja.«

»Das muß dich sehr getroffen haben, nicht?«

»Man gewöhnt sich an alles. Sogar an Verluste.«

»So ist es.«

»Das ist das Leben.«

»Du sagst es.«

»Ich lasse die Fotos abholen.«

»Nein, ich meine ...«

»Willst du sie behalten?«

»Nein. Ich dachte eben nur als Erinnerung. Schließlich waren diese Tage am Strand sehr schön.«

»Das fand ich auch.«

»Vielleicht ...«

»Du kannst die Fotos behalten.«

»Nein, ich dachte folgendes: Vielleicht kann ich die Fotos in zwei Teile schneiden. Ich kann dir die Teile zurückgeben, auf denen du drauf bist und behalte die mit Bismarck.«

Es ertönen die ersten Takte von *As time goes by*.

»Einverstanden.«

»Macht dir das wirklich nichts aus?«

»You must remember this ...«

»Ach was. Alles in Ordnung.«

»A kiss is still a kiss ...«

»Also dann ciao.«

»A sigh is just a sigh ...«

»Ciao.«

Das war kein Torpedo mehr. Das war ein stärkeres Geschoß.

»Ich küsse dich überall.«

Manon versuchte noch, den Zettel zusammenzufalten, bevor Hamilton ihn sehen konnte, aber zu spät. Er nahm den Zettel, las, dann schaute er um sich und versuchte, dessen Autor zu identifizieren.

»Mach dir nichts draus, Liebling.«

»Was heißt, ich soll mir nichts draus machen? Was denkst du denn?«

Hamilton sah einen Typen, der am Tresen lehnte und zu ihrem Tisch herüberschaute, mit einem Lächeln auf den Lippen.

»Der war's.«

»Laß doch.«

Aber Hamilton war kein Mann, der die Dinge einfach so stehen ließ. Er stand auf. Manon versuchte noch, ihn am Arm festzuhalten, doch umsonst. Er ging auf den Typen am Tresen zu. Als der nun Hamilton näherkommen sah, verbreitete sich sein Lächeln, und er sagte: »Hallo!« Hamilton zögerte.

Kannte er diesen Typen vielleicht?

»Wie geht's dir?«

»Sehr gut. Und dir?«

»Gut. Hör zu.«

»Was ist los?«

»Kennen wir uns?«

Der andere kniff die Augen zusammen und betrachtete Hamiltons Gesicht.

»Warum?« fragte er.

»Kennen wir uns oder nicht?«

Der andere wurde ernst.

»Also hör mal …«

»Nichts also hör mal. Vorsicht, sage ich.«

»Was ist los, Freundchen?«

»Was glaubst du eigentlich, wer ich bin?«

»Hey …«

»Warum begaffst du meine Freundin?«

»Was weiß ich, wer deine Freundin ist?«

»Das weißt du ganz genau. Du begaffst sie die ganze Zeit. Reiß dich zusammen, ja.«

Jemand trat zu ihnen und sagte begütigend: »Immer mit der Ruhe, Leute.« Bevor er zum Tisch zurückging, drohte Hamilton: »Wenn du weiter mit diesem blöden Gesicht hinguckst, wirst du noch was erleben.« Nachdem Hamilton sich entfernt hatte, dachte der Typ an der Bar, daß er vielleicht lieber aufhören sollte, so blödsinnig eitel zu sein und allmählich mal seine Brille aufsetzen sollte. Diese Kurzsichtigkeit war noch sein Ruin.

Bevor Hamilton zum Tisch zurückkam, konnte Manon noch schnell den zweiten Zettel verstecken.

»Los, nutz die Gelegenheit, daß er vom Tisch weggegangen ist, und fliehe mit mir!«

»Ich liebe den Sommer. L I E B E !« sagte sie, alle Buchstaben betonend.

»Ich hasse ihn.«

»Ich weiß.«

Einmal hatte sie ihn zum Strand mitgeschleppt. Er war die ganze Zeit im Hemd geblieben, mit hochgeschlagenem Kragen, um das Genick zu schützen. Dazu ein Hut. Sie hatte noch einmal versucht, ihn für das Meer zu begeistern.

»Ist es nicht schön hier? Sei ehrlich!«

»Ja. Wenn die Sonne, der Sand und das Meer nicht wären.«

»Du bist unverbesserlich …«

Mit dem neuen Sommerbeginn startete sie erneut die Strandkampagne.

»Du bist so weiß wie Espenlaub.«

Sie war eben so, sie brachte die Vergleiche durcheinander.

»Das ist meine natürliche Farbe. Die echte.«

»Du mußt ein bißchen Sonne tanken.«

»Sonne ist eines der gefährlichsten Dinge, die es gibt. Laß sie dort und mich hier.«

»Frische Luft. Sauerstoff!«

»Ich war immer der Meinung, daß der Sauerstoff überbewertet wird. Wenn Sauerstoff gut wäre, wäre die Menschheit nicht in dem Zustand, in dem sie ist.«

»Ein gesundes Leben!«

»Ein gesundes Leben habe ich hier.«

Und dabei machte er eine Geste, die alles um sie herum mit einschloß. Er sagte:

»Hier gibt es nichts, was nicht vom Menschen gemacht worden wäre. Nichts. Von der Wand bis zum Aschenbecher. Vom Toupet bis zum Getränk. Hier fühle ich mich sicher. Ich finde, daß die Natur ihren Platz hat, aber der ist nicht der meine.«

»Du hast ein Vampirgesicht, wie Frankenstein.«

»Und noch was«, sagte er. »Kannst du dir Rick am Strand vorstellen?«

»Welchen Rick?«

»Von *Casablanca*. Rick beim Federballspielen? Rick beim Tauchen? In *Casablanca* gibt es nur eine Szene, bei der er bei Tageslicht erscheint, und das scheint ihn nicht glücklich zu machen.«

»Das bedeutet, daß du nicht mitkommst?«

»Ich fahre nur zum Strand, wenn man dort eine Klimaanlage installiert.«

»Dann gehe ich. Und komme erst im März zurück.«

»Du wirst mich hier antreffen.«

»Also, ich fahre allein, richte das Haus her und bleibe bis März.«

»Du wirst nie allein sein. Die Moskitos werden dich immer begleiten.«

»Weißt du, was du bist? Plemplem!«

So war sie. Sie sagte noch »plemplem«.

Eine gewisse Kälte strahlte ihm entgegen. Zumindest war es nicht so, wie es am Strand gewesen war.

»Gibt's Probleme?«

»Nein. Warum?«

»Du bist so ... anders.«

»Nur weil ich nicht tanzen wollte?«

Am Strand war immer sie diejenige gewesen, die tanzen wollte. Jetzt wollte sie nicht.

»Ich hab jetzt keine Lust. Das ist alles.«

»Ist schon in Ordnung.«

»Du bist nur verärgert, weil ...«

»Hör zu, Rô!«

Ihr Name war Roraima, aber von Anfang an hatte er beschlossen, daß er sie nur Rô nennen würde.

»Hör zu. So will ich es nicht. Wenn du nicht mehr magst, ist das schon in Ordnung.«

»Was soll das jetzt?«

»Du mußt es nur sagen. Du willst nicht mehr, und Schluß. Aber versuche nicht, mir etwas vorzumachen.«

»Bist du verrückt? Durchgedreht?«

»Mit mir ist das so« – dabei zeigte er auf sich. »Immer ehrlich bleiben. Wenn du willst, dann o.k. Wenn nicht, dann gute Nacht.«

»Versuch mich zu vergessen, ja?«

Beide zogen ein langes Gesicht, jeder schaute in eine andere Richtung. Der Kellner kam, um die Bestellung aufzunehmen, und jeder bestellte etwas gereizt. Am Strand hatte er es immer witzig gefunden, daß sie einen Alexander bestellte. Jetzt fand er es lächerlich. Alexander! Es war besser, daß sie so bald wie möglich einen Schluß-strich zogen.

Aber an ihrem letzten Abend am mondbeschienenen Strand hatte sie ihm im Auto gesagt, daß dies der schönste Sommer ihres Lebens gewesen sei. Da war ihm schier die

Luft weggeblieben. Ein erwachsener Mann, dem die Luft wegbleibt wegen einer Frau namens Roraima! Brasilien total in der Scheiße, und er hier dachte sogar an Hochzeit, nach Atem ringend und glücklich. An diesem Abend hatten sie sich geschworen, daß dies das ganze Leben halten sollte.

»Weißt du, was eine Freundin von mir sagte?«

Er drehte sich zu ihr und sah ihr ins Gesicht, als ob er ihr damit einen Gefallen täte. Schieß los, was für einen Blödsinn erzählt deine Freundin?

»Sie sagt, daß eine Sommerliebe nie länger als die Bräune hält.«

»Wie? Ist das etwa ein Fluch?«

»Sie sagt es, das ist alles.«

»Steht das im Gesetzbuch? Ist es verbindliches Recht? So ein Blödsinn.«

Sie versuchte ein Friedenszeichen. Sie nahm seine Hand und sagte:

»Also gut. Laß uns tanzen.«

»Jetzt will ich nicht mehr.«

Sie seufzte. Er versuchte ironisch zu sein:

»In der letzten Zeit dauert lebenslang immer kürzer.«

»Wie bitte?«

»Trink deinen Alexander.«

Als sie durch die Bar ging, in Richtung des Tisches, an dem seine Freunde saßen, sagte er:

»Brlbm.«

Sie blieb stehen und fragte:

»Wie bitte?«

Er lächelte.

»Es funktioniert immer. In Wahrheit habe ich nichts gesagt. Ich sagte nur ›Brlbm‹. Du hast es nicht verstanden und hast angehalten, um zu wissen, was es war. Die Neugierde hat all deine anderen Instinkte besiegt. Wenn ich einen Scherz gemacht hätte, hättest du es ignoriert. Da du so schön bist, wirst du ständig welche hören. Wenn ich etwas Anzügliches gesagt hätte, hättest du mich vielleicht herablassend angeschaut oder so getan, als hättest du nichts gehört. Oder du hättest mir eine heruntergehauen. Aber ›Brlbm‹, nein, das ist unfehlbar. Du mußtest unbedingt wissen, was ›Brlbm‹ bedeutet.«

»Nein, ich hörte das ›Brlbm‹ und wußte, daß es nichts bedeutet, und deswegen habe ich angehalten.«

Jetzt war es an ihm, »Wie bitte?« zu sagen. Sie fuhr fort:

»Du hast dich verändert, nicht?«

»Wieso? Ich …«

»Versuch dich zu erinnern. Es war ein Abend vor vielen Jahren.«

»Vor wie vielen Jahren?«

»Streng dich an.«

Er machte ein Gesicht, als ob er sich anstrengte, schloß die Augen und runzelte die Stirn, als ob er aus seinem Gehirn die letzten Erinnerungen herauswringen müsse. Dann bat er:

»Hilf mir.«

»Es war eine andere Bar.«

»Vor wie vielen Jahren? Bitte: mehr als zehn?«

»Viel mehr.«

»Unmöglich. Da war ich noch nicht auf der Welt. Laß mich nachdenken. In der Encouraçado-Bar?«

»Noch früher!«

»Vor der Encouraçado-Bar?! Es gab nichts vor der Encouraçado-Bar! Nur die Etrusker.«

»Im Crazy Rabbit.«

Er war schockiert. Mein Gott, dachte er, eine Altersgenossin. Was machen wir noch hier im Bogart's, warum sind wir nicht in einem Altersheim? Aber sie war so …

»Du kannst nicht im Crazy Rabbit gewesen sein, nicht in diesem Leben.«

»Es war dort. Du fingst das Gespräch an, und wir unterhielten uns die ganze Nacht. Später haben wir uns nie wieder gesehen.«

»Worüber haben wir uns unterhalten? Gugu? Dada?«

»Das weiß ich nicht mehr. Im übrigen hätte ich mich nie daran erinnert, wenn du nicht dieses ›Brlbm‹ von dir gegeben hättest. Das hast du nämlich damals schon getan, um meine Aufmerksamkeit auf dich zu ziehen.«

Sie winkte ihm zu und ging weiter. Sie mußte so um die fünfzig sein, dachte er. Sicher geliftet. Das müßte ich mir auch machen lassen. Und außerdem mit diesem »Brlbm« aufhören. Langsam wird es zu bekannt.

Metaphysisches

Borgesisches

Ich spielte gerade Schach mit Jorge Luis Borges – in der Dunkelheit, um ihm ja keinen Vorteil zu lassen –, als wir Hufschlag von der Straße her hörten.

»Hörst du das?« fragte Borges. »Zebras.«

»Warum Zebras?« fragte ich. »Es müssen Pferde sein.«

Er seufzte wie einer, der es aufgegeben hat. Danach erzählte er mir, daß er seit Jahren daran dachte, eine Geschichte zu schreiben, die etwa so ging:

»Plötzlich verschwinden Menschen in Europa. Einfache Leute, Bauern, niedrige Soldaten. Und sie verschwinden nach sonderbaren Unfällen. Sie werden niedergerannt – von Pferden, Läufern oder anderen einfachen Menschen oder – was am sonderbarsten ist – von Türmen. Sie gehen gerade auf der Straße, arbeiten oder sind in ihren Häusern, und plötzlich kommt ein Pferd und wirft sie nieder oder ein Läufer und stößt sie um, oder ein Turm man weiß nicht woher, und begräbt sie unter sich. Und die Menschen verschwinden aus der Welt.«

In diesem Moment hörten wir Motorenlärm von der Straße.

»Hörst du das?« fragte ich, nachdem ich mich davon erholt hatte. »Der Sportwagen einer schielenden Diva!«

»Es muß ein Kombi sein«, sagte Borges. Und fuhr fort: »Es geschehen noch mehr sonderbare Dinge. Ein Turm vom königlichen Schloß in Holland bewegt sich völlig irrsinnig auf der Landkarte und rammt eine Wand des

Schlosses von Juan Carlos von Spanien. Und die Läufer! Das Verhalten einiger europäischer Läufer verursacht große Aufregung, weil sie sich auf bedrohliche Weise nur noch in der Diagonalen bewegen. Niemand kann erklären, warum. Auch sie selbst nicht.«

»Pferde, Läufer in der Diagonalen, Türme, Könige ...« sagte ich. »Das erinnert mich an etwas.«

»Genau«, sagte Borges. »An ein Schachspiel. Ein riesiges Schachspiel. Das Brett ist ein Kontinent. Die Figuren sind lebendig und werden von unbekannten Mächten gelenkt. Wer spielt? Das Gute gegen das Böse? Verrückte Wissenschaftler, Herren, deren Macht man sich nicht widersetzen kann, die die Materie und das menschliche Verhalten ihrem Wahn entsprechend verändern? Der natürliche Größenwahn eines jeden Schachspielers potenziert zu einer undenkbaren Dimension? Zum Schluß endet alles in einem Riesenfiasko.«

»Wie bitte?« fragte ich, und dabei entdeckten meine tastenden Finger, daß Borges alle meine Bauern vom Feld geworfen hatte.

»Man entdeckt einen Läufer im Haus der Königin. Von Elisabeth von England. Ein Anglikaner, aber trotzdem ... Die Presse spielt es hoch. Man streitet sich im Parlament. Das große Schachspiel endet so geheimnisvoll, wie es angefangen hat. Die Apokalypse wird vom englischen Sinn für Eigentum besiegt. Du bist dran.«

Später hat mir Jorge Luis Borges erzählt, daß man bereits im alten Ägypten vom alten Ägypten sprach. Unter dem Sand des alten Ägypten existierte ein weiteres Ägypten und noch ein weiteres, in dem man von noch drei anderen sprach. Aber in unserem alten Ägypten, im jüngsten alten Ägypten, sagte Borges, glaubte man an ein Leben nach diesem Leben – und Borges zeigte dabei mit beiden Händen auf das Schachbrett. Man glaubte an noch ein anderes Ägypten über dem alten Ägypten. An ein zukünftiges Ägypten. Dorthin gelangten die Toten auf einem Schiff. Die Ägypter glaubten auch, daß, wenn man den Namen oder das Bild eines Toten auf Erden ausmerze, sein Geist auch im Jenseits verlösche. Die Grabschänder und Bilderstürmer hatten die Möglichkeit, dem Toten zum zweiten Mal das Leben zu nehmen. Der König Echnaton zum Beispiel löschte alle Hinweise auf seinen Vater, König Amenophis, von den Wänden und aus den Schriften des Königreiches und schloß ihn somit von der Ewigkeit aus. Ich fragte Borges, was er über die Theorie dachte, derzufolge Echnaton vom Theben der tausend Tore in Ägypten das historische Modell für Ödipus und das siebentorige Theben in Griechenland gewesen sei, worüber Freud … Aber Borges hob die Hände und bat mich, Freud mit seinen fünfhundert Falltüren nicht auch noch in diese Geschichte einzubringen, denn das würde alles zu sehr verkomplizieren. Und er sagte, daß er diese Geschichte nur erzählte, um die Macht der Schriftsteller über die Zukunft zu zeigen und wie sogar die Toten der Gnade der Korrektoren ausgeliefert seien.

Ein anderes Mal, als ich mit Jorge Luis Borges in einem Spiegelzimmer Schach spielte, mit unsichtbaren Figuren auf einem erfundenen Brett, kam durchs Fenster ein Rabe herein, setzte sich auf einen Bücherschrank und sagte:

»Nimmermehr.«

»Bitte keine literarischen Zitate!« sagte Borges, der völlig auf das Spiel konzentriert war.

Wir hatten alles eliminiert, was man zum Schachspielen braucht, mit Ausnahme der Konzentration. Ich protestierte, denn ich hatte ja nichts zitiert.

»Seit Stunden schweige ich!«

»Du zitierst Verse«, warf er mir vor.

»Und außerdem habe nicht ich gesprochen, sondern ein Rabe«, stellte ich fest.

»Ein Rabe?« sagte Borges und hob den Kopf.

»Der Rabe von Poe.«

»Kann nicht sein«, sagte Borges. »Er hat portugiesisch gesprochen. Er muß der Rabe des Übersetzers sein.«

Daraufhin erzählte Borges, daß er die Lyrik von Robal de Almendres, dem kleinwüchsigen katalanischen Dichter, ins Spanische übersetzt habe. Robal schrieb mit einem Stab in den Sand, und seine literarischen Anhänger folgten ihm buchstäblich. Sie schrieben seine Verse ab und löschten sie mit ihren Füßen gleichzeitig aus. Auf diese Weise konnte Robal seine Gedichte nie überarbeiten, weil er nicht zurückgehen konnte, um das Geschriebene nachzulesen.

»Warum las er nicht das, was seine Nachfolger aufgeschrieben hatten?«

»Weil er ihnen nicht vertraute. Wenn einer unter ihnen den Anspruch auf Originalität gehabt hätte, hätte er die Dichtung des Meisters ganz fatal verändert – nicht sehr vertrauenerweckend. Die anderen wären reine Kopisten, und wer kann einem Kopisten trauen? So hielt sich Robal für den unbekanntesten Dichter der Welt. Keine Edition seiner Werke wurde von ihm je autorisiert. Je mehr man ihn verlegte, desto unbekannter war er. Robal gewann einmal fast den Nobelpreis, aber er entmutigte die Stockholmer Akademie mit der Drohung, den Preis in Nairobi entgegennehmen zu wollen. Und ich habe sein Werk übersetzt.«

»Wie konntest du dem Geist Robals de Almendre in der Übersetzung treu bleiben?«

»Indem ich alles veränderte. Ich machte aus der Lyrik Prosa. Ich habe kein einziges Wort sinngemäß übersetzt ...«

»Und wo ist dieses Werk?«

»Es ist mein gesamtes Werk«, beichtete Borges.

Der Rabe flog weg.

Später diskutierten wir die Frage des Erfahrungswertes beim Schriftsteller. Ich war der Meinung, daß die Erfahrung für einen Schriftsteller sehr wichtig ist. Borges behauptete, daß die Erfahrung ihn nur behindere.

»Alle Lebenserfahrung, die ich brauche, ist in dieser Bibliothek«, sagte Borges und deutete mit einer Handbewegung auf das Spiegelzimmer.

»Aber wir sind nicht in einer Bibliothek, Meister«, stellte ich fest.

»Ich bin immer in einer Bibliothek«, sagte Borges. Und fuhr fort: »Und trotzdem weiß ich, wie man sich gegen einen Tiger verteidigt.«

»Aber bist du irgendwann einem begegnet?«

»Noch nie. Ich habe in meinem Leben nicht mal einen Tiger gesehen. Aber ich weiß, wie seine Augen funkeln. Ich weiß, wie er riecht, und kenne das weiche Geräusch seiner Pfoten auf dem Dschungelboden. Ich kann auf hundertsiebzehn Arten sein Fell beschreiben und sein Maul mit hundertsiebzehn weiteren Dingen vergleichen, von der Vorderseite eines Packards bis zu einer der Maskeraden des Teufels. Ich weiß, wie heiß mir sein Atem ins Gesicht schlägt, heiß wie ein Brennofen, wenn er mit den Zähnen meine Halsader sucht.«

»Und woher nimmst du diese Erfahrung? Beziehst du dich auf den Bericht von jemandem, der einem Tiger begegnet ist und darüber geschrieben hat?«

»Nein. Niemand, der je einem Tiger ins Auge geblickt hat, ist jemals ein guter Schriftsteller geworden.«

»Und das Gegenteil? Ein Schriftsteller, der einem Tiger ins Auge geblickt hat?«

»Es gab einen«, erzählte Borges. »Im übrigen ein guter Schriftsteller. Eines Tages wurde er in seiner Bibliothek, die mitten in Amsterdam liegt, von einem Tiger angegriffen. Man hat nie herausbekommen, wie der Tiger dahin gekommen ist.«

»Hat der Tiger ihn getötet?«

»Nein. Er lebt heute noch.«

»Aber dann kann er besser als jeder andere beschreiben, wie es ist, von einem Tiger angegriffen zu werden. Weil er die Erfahrung hat.«

»Nein. Kannst du das nicht verstehen? Um überzeugend über den Tiger berichten zu können, müßte er in seine Bibliothek zurückkehren. In seinen Büchern nachschlagen. Bei den Zoologen und den Jägern. Bei den Symbolisten. In den Enzyklopädien. Alles, was bereits über den Tiger geschrieben worden ist. Die Vergleiche von seinem Maul mit der Vorderseite eines Packards bis zu einer der Verkleidungen des Teufels. Und ausgerechnet das konnte er nicht tun.«

»Warum nicht?«

»Weil der Tiger noch in seiner Bibliothek ist!«

Kleine Geschichten

Als Jorge Luis Borges durch die eisige Steppe fährt, merkt er, wie zwei Leute zu ihm ins Zugabteil treten. »Wer seid ihr?« fragt er.

»Italo Calvino«, stellt sich der eine vor. »Vladimir Nabokov«, sagt der andere. »Aber ihr seid bereits tot!« ruft Borges. »Und du glaubst wirklich, daß du gerade die eisige Steppe in einem Zug durchquerst?« fragt Calvino. »Entspann dich«, sagt Nabokov. »Es wird eine lange Nacht werden, und wir haben viel zu erzählen!«

Man hatte Sandrinha vorgewarnt. Er hat zwar Hundeaugen, aber er ist eine Viper. Aber trotzdem näherte sich
ihm Sandrinha auf diesem Fest. Sie gingen in ein anderes
Zimmer, fernab vom Lärm. Setzten sich auf das Sofa. Er
hob sein Glas. Sandrinha dachte, jetzt kommt ein Toast,
aber so war es nicht. Mein Gott, dachte sie, er schminkt
sich!

»Enträtsle mich«, sagte er und schaute über den Glas-
rand hinweg tief in Sandrinhas Augen, »oder ich fresse
dich!«

Am nächsten Tag kam Sandrinha nicht zur Gymnastik.

»Scheiße«, sagte die Schwester Oberin. Erschrecken Sie
nicht, aber ich wollte immer schon eine Geschichte so
anfangen lassen. In Wahrheit hat die Geschichte nichts
damit zu tun. In Wahrheit endet die Erzählung sogar
hier.

Eines Tages fuhr unser Vater flußaufwärts.

Er erzählte uns, daß er reich zurückkehren und uns
nachholen werde. Aber der Fluß floß, er floß an unserer
Tür vorbei, und der Vater kam nicht.

Eines Tages brachte uns der Fluß den Strohhut unseres
Vaters. Er schwamm in der Mitte des Flusses, aber unsere
Mutter erkannte ihn. Ein gutes Zeichen. Er hat bereits
einen neuen Hut. Eines Tages würde er reich sein und den
Fluß herabgefahren kommen im Leinenanzug, auf einem
Motorboot. Aber der Fluß floß, er floß, und unser Vater
kam nicht.

Dann sah unsere Mutter eines Tages ein Floß den Fluß
hinabtreiben und darauf unser Vater, auf einen Stuhl ge-
fesselt, den Kopf abgeschlagen und eine Tafel auf seiner
blutverschmierten Brust. Aber unsere Mutter tat, als hätte
sie nichts gesehen.

Über unseren Vater wurde nie mehr gesprochen. Doch manchmal frage ich mich, was wohl auf der Tafel stand. Eines Tages werde ich flußaufwärts gehen, um das zu erfahren.

Auf dem Himalaya stürzte eine Eisbrücke ein. Gleichzeitig empfand Marisa in ihrer Küche in Rio eine leichte Unruhe, als sie die Pfirsichdose aufmachte, als ob etwas in ihrem Leben zu Ende gegangen wäre. Es gibt keinen uns bekannten Zusammenhang zwischen beiden Vorfällen.

Sie trafen sich nach fünfundzwanzig Jahren.
»Das ist nicht möglich. Der Kid!«
»Na sowas!«
»Unglaublich.«
»Wie hast du mich eben gerufen?«
»Kid. Es war dein Spitzname. Erinnerst du dich?«
»Ich muß gestehen, nein.«
»Kid, alter Junge …«
»Bist du sicher, daß ich das war?«
»Ja, ganz sicher. Mein Gedächnis funktioniert noch. Deine Mutter war doch die verstorbene Dona Jacira, oder?«
»Ja. Es ist so lange her …«
Danach dachte er darüber nach, warum er wohl »Kid« genannt worden war. Warum auch immer, seufzte er, eines war sicher. Er war es nicht mehr.

Maria José heiratete José Maria, der wie sie aus Ituiumbara kam und auch das Wandern liebte. Aber nicht diese Gemeinsamkeiten waren es, was sie angezogen hatte, sondern eine gewisse Faszination auf intellektueller Ebene. José Maria war der erste Mann, den Maria José kannte, der »gleichfalls« sagte. Er benutzte es stets falsch, aber das merkte Maria José gar nicht, und sie waren sehr glücklich.

Der Anrufbeantworter

Der Mann kommt in seine Wohnung zurück. Es ist bereits nach Mitternacht. Er läßt sich in den Sessel neben dem Telefon fallen und schaltet den Anrufbeantworter ein, der alle Anrufe während seiner Abwesenheit aufgezeichnet hat.

»Hallo? Mário? Hier ist Sérgio. Hör zu, das Geschäft hat geklappt. Zwölf Millionen. Ich brauche nur noch deine Antwort, bis spätestens vier Uhr nachmittag heute. Greif zu oder laß es sein. Ruf mich zurück! Ciao.«

»Äh … Also hier ist … Gott, ich kann einfach nicht mit einem Anrufbeantworter sprechen. Hier ist Belinha. Erinnerst du dich an mich? Gut, das Band kann natürlich nicht antworten. Ich bin die vom Strand, kannst du dich erinnern? Du hast mir auf die Schultern getippt und dich dann entschuldigt, weil du mich von hinten für Claudia Schiffer gehalten hast, aber als ich mich umdrehte, hast du gedacht, daß ich Pamela Anderson bin. Du, gell? Du hattest keinen Zettel bei dir und hast mir deine Telefonnummer mit Kugelschreiber auf den Arm geschrieben, erinnerst du dich? Also, die bin ich. Aber da du nicht zu Hause bist, tja … mit einem Anrufbeantworter will ich mich nicht verabreden. Küßchen!«

»Hallo, Mário? Ich weiß, daß du da bist. Hör auf, den Anrufbeantworter zu spielen. Du Schuft, ich weiß, daß du es bist. Du brauchst gar nicht ›Bip‹ zu machen, nur damit ich denke, daß es ein Band ist. Ich werde mich umbringen, verstehst du? Ich rufe an, um dir zu sagen, daß ich mich jetzt umbringen werde. Und ich werde einen Brief hinterlassen, in dem ich alles erzählen werde. Wenn du mich nicht vor zwölf Uhr zurückrufst, dann bringe ich mich um und mache einen Riesenskandal. Das liegt jetzt alles bei dir.«

»Mário? Hier ist deine Mutter. Hör zu, dein Vater hat aus sicherer Quelle erfahren, daß der Dollar Montag auf über vierzig Punkte steigen wird. Kauf gleich heute, soviel du kannst! Siehst du, wie ich mich um mein Baby kümmere? Ruf mich an, sobald du wieder da bist!«

»Hallo? Well, ich weiß nicht, ob du es bist. My Portugiesisch ist nicht sehr gut. Eine Frau gab mich deine Nummer in London, und ich soll dich nur sagen: ›Die Sonnenblumen schauen am Abend den Boden.‹ Sie sagte, du wirst verstehen das und das Nötige schon tun. Das ist alles.«

»Mário? Hier nochmal Sérgio. Ich wollte nur wissen, ob du schon zu Hause bist. Die Frist läuft um vier Uhr ab. Vergiß es nicht! Ciao.«

»Falsch verbunden. Ich wollte eigentlich Lopes anrufen, und ich bin sicher, daß der keinen Anrufbeantworter hat. Er glaubt ja nicht an elektronische Dinge. Schon das Telefon ist ihm ein Greuel. Er hat bis jetzt noch nicht einmal verstanden, wie eine Tür funktioniert, glaubst du das? Türen, Scharniere, all diese Sachen findet er faszinierend. Der Typ ist wie ein Kind. Jedesmal, wenn er jemanden anruft und der andere den Hörer abnimmt, fällt ihm vor Staunen der Kiefer runter, und er kann nichts mehr sagen. Der andere sagt ›hallo, hallo‹ und er nichts. Der Lopes ist genial. Für ihn sind Streichhölzer etwas Sensationelles. Feuerzeuge gar nicht so, da müsse man nur einmal draufdrücken und fertig. Anders beim Streichholz. Streichhölzer sind für ihn ungeheuer fortschrittlich. Aber damit haben Sie nichts zu tun. Ich bin falsch verbunden. Entschuldigung.«

»Mário, ich mache keinen Spaß. Ich werde mich umbringen. Ich gebe dir noch eine Frist bis zwei Uhr. Wenn du mich bis dahin nicht zurückgerufen hast, werde ich aus dem Fenster springen. Ich weiß, daß du da bist, du

Hund! Du wirst es noch bereuen. Das wirst du sicher. Und hör endlich auf mit diesem ›Bip‹!«

»Hier ist die Hausverwaltung. Es geht um Ihre Miete für Oktober und November. Wenn wir heute bis Büroschluß nichts von Ihnen hören, werden wir die entsprechenden gerichtlichen Schritte einleiten. Danke.«

»Ich weigere mich, mit einem Anrufbeantworter zu sprechen. Und deshalb wirst du nie erfahren, was ich dir sagen wollte. Pech!«

»Mário? Hier ist die Mama. Ich habe vergessen, dir zu sagen, daß das Geld für deine Miete bei mir ist, aber du mußt es vor fünf Uhr abholen, sonst setze ich es auch in Dollar um. Ich leihe es dir nur, ja? Und ich will es in bar wieder zurückhaben. Und nicht in Küssen wie das letzte Mal. Ruf zurück, du Schlingel!«

»Mário, es ist fünf vor vier, und ich weiß nicht, wie ich dich erreichen kann. Ich kann nicht länger warten! Ich werde das Zwölfmillionengeschäft jemand anderem überlassen. Tut mir leid, aber ich kann es nicht länger für dich aufheben. Grüße.«

»Hallo? Die Sonnenblumen schauen am Abend den Boden. Was soll ich machen? Ich warte für dein Anruf.«

»Hallo, hier ist nochmal Belinha. Ich dachte, daß du eine zweite Chance verdienst. Schade, daß du nicht da bist. Wir hätten unglaubliche Dinge zusammen tun können! Morgen wird es zu spät sein. Deine Telefonnummer verblaßt langsam auf meinem Arm, und ich kann mir nichts von einem Tag auf den anderen merken. Ciao.«

»Ihre Nummer hat bei unserem Spiel das große Los gezogen! Ihr Glück hängt am seidenen Faden! Wenn Sie zu Hause gewesen wären und die Antwort auf die Frage ›Was macht Miau und geht auf vier Pfoten?‹ gewußt hätten, wären Sie jetzt Millionär!«

»Jetzt mache ich es wirklich. Das Fenster steht schon offen. Ich werde noch eine Minute warten. Wenn du nichts sagst ... o.k., es ist deine Schuld. Ich will dich leben sehen mit meinem Tod auf dem Gewissen. Leb wohl.«

»Die Sonnenblumen schauen am Abend den Boden. Wenn jetzt ich nicht bekomme das Zeichen, der ganze Plan ist in Gefahr. Es ist dringend! Ich warte für dein Anruf!«

»(Schweigen)«

Das muß Lopes sein, denkt der Mann. Er sagt nichts. Hört nur zu.

»Mário! Hast du es schon erfahren? Marta hat versucht, sich umzubringen! Zum Glück wohnt sie im ersten Stock und hat sich nur leicht verletzt. Du mußt dich besser um sie kümmern, Junge. Wo bist du? Hast du meine Nachrichten bekommen? Die Dollars gekauft? Ruf mich an, Mário!«

Der Mann schmunzelt nur. Er wartet auf die Aufzeichnung des letzten Anrufs. Der, der den Tag vollenden wird. Er weiß, daß er kommen wird. Und dann wird er sich erleichtert fühlen. In Frieden mit sich und der Welt, trotz allem. Und dann hört er:

»Hallo, hier ist Mário. Gab's einen Anruf für mich?«

Erotische Erzählung

»Was kann ich für Sie tun?«

»Wer ... wer spricht da?«

»Was kann ich für Sie tun?«

»Ich glaube, ich habe den falschen Knopf gedrückt. Ich bin mit dem neuen System noch nicht vertraut. Was muß ich tun, um eine Direktverbindung nach draußen zu bekommen?«

»Direktverbindung: Drücken Sie den roten Knopf unten rechts. Dann warten Sie. Wenn Sie kein Freizeichen bekommen, drücken Sie erst den braunen Knopf und dann nochmal den roten. Wiederholen Sie das so oft, bis das Freizeichen ertönt.«

»Danke.«

»Bitte. Auf Wiederhören.«

»Einen Moment, bitte.«

»Was kann ich für Sie tun?«

»Hören Sie. Bitte denken Sie nicht, daß ich indiskret bin, aber ich kenne Ihre Stimme nicht. Sind Sie neu im Büro? Hallo?«

»Was kann ich für Sie tun?«

»Ich wollte nur diese Information haben …«

»Information: Drücken Sie die Null. Warten Sie. Wenn Sie ein elektronisches Zeichen hören, dann sagen Sie, welche Information Sie brauchen. Sprechen Sie langsam.«

»Nein, nein. Ich wollte nur wissen … Erstmal, was machen Sie um diese Zeit noch im Büro? Es sind bereits alle nach Hause gegangen. Ich weiß schon. Es ist Ihr erster Arbeitstag, und Sie kennen die Gepflogenheiten hier noch nicht. Aber Sie müssen nicht übertreiben. Niemand hat mir erzählt, daß man eine neue Telefonistin eingestellt hat. Übrigens wurde mir gesagt, daß man mit dem neuen System niemanden mehr in der Telefonzentrale braucht. Antworten Sie nicht?«

»Was kann ich für Sie tun?«

»Sagen Sie mir nur Ihren Namen. Hören Sie, ich weiß nicht, was man Ihnen über mich erzählt hat, aber ich bin kein strenger Chef, durchaus nicht. Ich bleibe nur so lange im Büro, weil das, ehrlich gesagt, der Ort ist, wo ich mich am wohlsten fühle. Meine Frau spricht nicht einmal mehr mit mir. Ich fühle mich viel besser hier, an meinem Tisch, auf meinem Drehstuhl, mit meinen Sachen und jetzt mit diesem neuen Telefon … verstehen Sie? Ich weiß gar nicht, warum ich Ihnen das alles erzähle. Ah, vielleicht, damit Sie keine Angst haben, sich mit mir zu unterhalten. Ich bin wirklich harmlos. Die Angestellten dieses Büros sind für mich Teil des Mobiliars, verstehen Sie? Ihnen gegenüber wahre ich immer den nötigen Respekt. Übrigens auch allen Frauen gegenüber, hören Sie? Haben Sie mir denn gar nichts zu sagen?«

»Sie haben keine Nachricht.«

»Wie bitte?«

»Was kann ich für Sie tun?«

»Mein Gott, bin ich ein Rindvieh. Du bist eine elektronische Aufzeichnung. Jetzt verstehe ich. Und ich rede die ganze Zeit … Weißt du aber, daß du eine irrsinnige Stimme hast?«

»Was kann ich für Sie tun?«

»Ich will mit dir Sex haben. Jetzt. Auf dem Schreibtisch. Du mit zurückgelegtem Kopf über dem elektronischen Kalender. Die Plexiglasstifte bohren sich in deine Haut. Und du lachst hemmungslos vor Lust und Schmerz. Dann werden wir über den Boden rollen wie Wahnsinnige. Wie zwei Tiere. Und werfen den Kaffeetisch um.«

»Kaffee: Drücken Sie den rosa Knopf.«

»Ah … Sag das nochmal. Drücken Sie den rosa Knopf. Sag's. Kaffee.«

»Kaffee: Drücken Sie den rosa Knopf.«

»Meine Liebe, meine Leidenschaft. Kaffee.«

»Kaffee: Drücken Sie den rosa Knopf.«

»Ich will dich für den Rest meines Lebens hören und deinen rosa Knopf drücken. Ich werde das Büro nie mehr verlassen. Es gibt nur noch uns beide. Ich will alles mit dir machen. Alles! Darf ich das?«

»Was kann ich für Sie tun?«

Die Wahrheit

Eines Tages saß eine Jungfrau an einem Weiher und ließ das Wasser durch ihre schneeweißen Finger rinnen, als sie merkte, daß die Fluten ihren Diamantring mit sich nahmen. Da sie die Strafe ihres Vaters fürchtete, erzählte die Jungfrau zu Hause, daß sie im Wald von einem Mann überfallen worden sei, der ihr den Diamantring vom Finger gerissen und sie bewußtlos in einem Margeritenbeet liegengelassen habe. Der Vater und die Brüder der Jungfrau machten sich hinter dem Räuber her und fanden ihn schlafend im Wald. Sie töteten ihn, aber den Diamantring fanden sie nicht.

Da sagte die Jungfrau:

»Jetzt entsinne ich mich, es war nicht ein Mann, es waren zwei!«

Und der Vater und die Brüder der Jungfrau machten sich hinter dem zweiten Mann her, fanden und töteten ihn. Aber er trug keinen Ring bei sich. Da sagte die Jungfrau:

»Der dritte wird ihn haben.«

Denn sie erinnerte sich, daß es noch einen dritten Räuber gegeben hatte. Und der Vater und die Brüder der Jungfrau machten sich hinter dem dritten Räuber her und fanden ihn im Wald. Aber sie töteten ihn nicht, denn sie hatten das Blutvergießen satt. Sie brachten den Mann ins Dorf, durchsuchten ihn und fanden den Diamantring – zur großen Verwunderung der Jungfrau.

»Der also hat der Jungfrau den Ring vom Finger gerissen und sie bewußtlos liegengelassen!« schrien die Dorfbewohner. »Tötet ihn!«

»Wartet!« rief der Mann, als man ihm den Galgenstrick um den Hals legen wollte. »Ich habe den Ring nicht gestohlen. Sie hat ihn mir selbst gegeben!«

Und er zeigte zur Empörung aller auf die Jungfrau.

Der Mann erzählte, er habe am Weiher gefischt, als die Jungfrau zu ihm herangekommen sei. Sie habe um einen Kuß gebeten, und er habe ihr den Kuß gegeben. Danach habe sie ihre Kleider ausgezogen und verlangt, daß er sie liebe, denn sie wollte wissen, was die Liebe sei. Aber da er ein ehrenwerter Mann sei, habe er das abgelehnt und ihr geraten, Geduld zu haben, bis sie die Liebe ihres Ehemannes in der Hochzeitsnacht kennenlernte. Dann aber habe ihm die Jungfrau den Ring geboten: »Da meine Reize dich nicht verführen, wird dieser Ring deine Liebe kaufen.« Und dem sei er erlegen, da er sehr arm sei und die Not der Henker der Ehre.

Alle drehten sich zur Jungfrau und schrieen:

»Unkeusche! Schlampe! Teufelin!« und verlangten, sie zum Opfer zu bringen. Und ihr eigener Vater legte ihr den Strick um den Hals.

Bevor sie starb, wandte sich die Jungfrau an den Fischer:

»Deine Lüge war größer als die meine. Man hat wegen meiner Lüge getötet, man wird wegen deiner töten. Wo liegt nun die Wahrheit?«

Der Fischer zuckte die Achseln und sagte:

»Die Wahrheit ist, daß ich den Ring im Bauch eines Fisches gefunden habe. Aber hätte das jemand geglaubt? Die Leute wollen Gewalt und Sex, aber keine Fischergeschichten!«

Der Mann, der im Prado
verschwand

Die Nachricht erschien eine Woche lang in den Zeitungen und erregte großes Aufsehen. Später sprach man nicht mehr darüber. Es gab nichts mehr dazu zu sagen. Ein brasilianischer Tourist verschwand einfach – im Prado in Madrid. Er blieb zurück, während die Reisegruppe die Museumssäle im Schnelldurchgang besichtigte, weil man noch am selben Nachmittag mit dem Bus nach Barcelona fahren wollte. Der Mann wurde nie wieder gesehen. Seine Frau, die ihn auf der Reise begleitet hatte, blieb in Madrid. Sie suchte das brasilianische Konsulat auf. Sie ging zur Polizei. Es gab eine Untersuchung, eine Suchaktion, Verwirrung – eine Entführung? –, aber nichts. Der Mann blieb verschwunden. Wo genau hatte man ihn das letzte Mal gesehen? Die Frau wußte es nicht so genau. Im Saal mit diesen Bildern von langen, dürren, sehr häßlichen Menschen. El Greco? Ich glaube, ja. Hatte Ihr Mann irgendwelche Gründe, hmm, Sie zu verlassen, gnädige Frau? Ausgeschlossen! Wir waren glücklich verheiratet! Wenn Sie Brasilianer wären, wüßten Sie genau, wer wir sind. Wir sind sehr bekannt.

Wieder in Brasilien, erzählte die Frau der Presse, daß dies ihre dritte Reise nach Europa gewesen sei. Bei der ersten hatten sie Shows und Restaurants besucht. Bei der zweiten hatten sie die wichtigsten Denkmäler und Landschaften abgehakt und alles fotografiert, um zu Hause den Neid der Freunde zu erwecken. Bei dieser Reise wollten sie eine Museumstour machen. Sie wissen, Kultur ist auch wichtig. Prado, Louvre, das Picasso-Museum in Barcelona. Sie bestand darauf, »Picasso« mit Betonung auf dem »o« auszusprechen. Hatte sie Hoffnung, ihren Mann wiederzusehen? Ja. Sie war sich sicher, daß das Rätsel eines Tages gelöst werden würde. Armer Oscar.

Einige Monate später erschien eine andere seltsame Nachricht in den Zeitungen. Jemand hatte im Prado in einer Ecke des Bildes »Las Meninas« von Velázquez eine Gestalt entdeckt, die vorher nicht dort gewesen war. Eine fast menschliche Form wie die Umrisse eines Gesichts. Man verwarf den Gedanken, daß dies das Werk eines feinsinnigen Vandalen sei. Der Zahn der Zeit vielleicht? Etwas in der Luft? Auch nicht. Die Zeit und die Luftverschmutzung verdecken Details, sie legen sie nicht frei. Und während noch eine große Diskussion im Kunstmilieu im Gange war und Spezialisten sich bereits daran machen wollten, das große Gemälde ins Labor zu bringen, um dort das Geheimnis zu lüften, wurde das Ganze noch undurchsichtiger. Die Gestalt verschwand, wie sie gekommen war. Ohne Erklärung.

Wochen danach eine neue Sensation. Die Gestalt tauchte wieder im Prado auf – auf einem Goya-Gemälde, mitten in einer Bauernschar. Nur war diesmal mehr zu erkennen. Das Gesicht war das eines Mannes mittleren Alters, mit Brille und dünnem Schnurrbart und einem erstaunten Ausdruck, als ob er nicht wisse, wie er in dieses Bild gekommen sei. Am darauffolgenden Tag war die Figur nicht mehr dort. Sie war in ein anderes Bild von Goya gesprungen. Anschließend in wieder ein anderes. Als sie dann endlich hinter dem Diwan der »Nackten Maja« erschien – jetzt mit einem leichten Grinsen im runden Gesicht – ging diese Sensationsmeldung um die Welt. Man gab das Bild zum Fotografieren frei. Jemand in Brasilien entdeckte dann das Foto in der Zeitung und zeigte es der Frau des verschwundenen Touristen. »Ionita, sieht der nicht wie …«

»Aber das ist ja Oscar!« schrie Ionita und fiel in Ohnmacht.

Ionita flog nach Europa. Vielleicht konnte sie sich

irgendwie mit ihrem Mann verständigen. Aber der war schon wieder verschwunden. Jemand glaubte sein Gesicht hinter einem glühenden Busch auf einem Bild von Hieronymus Bosch erkannt zu haben, aber das war ein Fehlalarm. Auf den Goyas ließ er sich aber definitiv nicht mehr auffinden.

Niemand konnte sich das Geschehen erklären. Besser gesagt, Erklärungen gab es genug, aber keine schlüssige. Man behauptete sogar, daß dies die Rache der europäischen Hochkultur an den Touristenhorden sei, die, Interesse heuchelnd, an ihnen vorbeidefilierten, ihnen mit ihren Polaroidfotos die Seele raubten und mit ihrem Getrampel den Boden erschütterten. Die Kultur hatte zurückgeschlagen. Sie hatte einen Gefangenen gemacht. Aber warum ausgerechnet den armen Oscar?

»Wie war Ihr Mann am Tag seines Verschwindens bekleidet, gnädige Frau?«

»Er hatte ein getupftes Hemd an. Nicht aus dem Kaufhaus, sondern aus einer Nobelboutique.«

»Dann war er es …«

Oscars Gesicht wurde auf keinem anderen Bild im Prado mehr gesehen. Als Ionita schon aufgeben und nach Brasilien zurückkehren wollte, erhielt sie eine Nachricht: Man habe das mysteriöse Gesicht in einem Museum in Amsterdam gesichtet, auf Rembrandts »Nachtwache«. Ionita flog dorthin. Es gab keinen Zweifel. Es war Oscar. Er schien nicht mehr erstaunt zu sein, eher gelangweilt.

»Oscar, sprich mit mir!« schrie Ionita ins Bild. »Komm da raus! Du hast noch die Travellerschecks!«

Nichts. Oscar war ins Bild integriert. Wenn da nicht sein Tupfenhemd gewesen wäre, hätte er ein Mitglied der Wache sein können. Von da aus sprang er in ein expressionistisches Bild van Goghs. (»Was machen sie mit dir,

Oscar!« schrie Ionita vor dem deformierten Gesicht ihres Mannes.) Danach sprang er ins »Jeu de Paume« in Paris über, immer mit Ionita auf den Fersen. Er machte alle Impressionisten durch. Ionita folgte Oscar bei seiner Wanderung durch Bilder und Stile, und die Presse folgte Ionita. Schließlich wurde sie sogar krank, als Oscar auf einem kubistischen Bild Picassos in Barcelona erschien. Die Nase auf der einen Seite, die Augen auf der anderen, der Schnurrbart oben und die Hemdtupfen über das ganze Bild verteilt. Danach verschwand Oscar. Monatelang. Man überwachte alle Museen in Europa. Bis man eines Tages Ionita in ihrem Hotel in Paris anrief:

»Madame, kommen Sie schnell!«

Ionita eilte zum Louvre. Oscar stand neben der Mona Lisa. Er schien sich wohl zu fühlen. Er hatte sogar den Arm um die Schultern des Mädchens gelegt und lächelte mit ihr ins Publikum.

»Armer Oscar«, seufzte Ionita resigniert. »Wenigstens scheint er glücklich zu sein ...«

Und sie zückte ihre Polaroid.

Die Stimme des Glücks

»Hallo?«

»Hier ist die Stimme des Glücks. Mit wem spreche ich?«

»Wie?«

»Hier spricht die Stimme des Glücks. Die Stimme, die Glück in den Alltag bringt. Amaro Amaral, der König der Hausfrauen, der Wellenreiter ohne Surfbrett, der Seiltänzer ohne Seil. Der Ihnen das Glück ins Haus bringt. Stück für Stück.«

»Ich verstehe Sie nicht …«

»Wie ist Ihr Name?«

»Eh …«

»Wie? Sie wissen nicht, wie Sie heißen? Ich habe schon schlecht informierte Leute erlebt, aber Sie verdienen einen Preis!«

»Nein. Es ist nur …«

»Nehmen Sie es mir nicht übel. Hier ist Amaro Amaral, der König der Hausfrauen. Ihr Glücksbringer. Für Glück zahlt man keine Steuern. Reden Sie. Ist Ihnen Ihr Name jetzt eingefallen?«

»Maria.«

»Die Mutter Gottes? War nur ein Spaß. Und so. Guten Tag, Dona Maria!«

»Guten Tag. Ich …«

»Wann zieht die Frau ihre Wäsche am schnellsten runter?«

»Was bitte?«

»Es ist ein Rätsel, Dona Maria. Wenn Sie innerhalb einer Minute antworten, gewinnen Sie eine Himmlische Matratze, die anatomische Wolke. Die Zeit läuft. Die Uhr joggt. Sie haben vierzig Sekunden.«

»Es ist nur … ich bin halb …«

»Dreißig Sekunden, Dona Maria. Die Uhr läuft um den Häuserblock. Haben Sie gerade geschlafen, Dona Maria? Um diese Zeit? Sie haben eine schläfrige Stimme! Die Sonne steht hoch am Himmel, und Amaro Amaral singt *O sole mio* mit kräftiger Stimme. Alles in Ordnung, Dona Maria? Jetzt stop. Wie ist des Rätsels Lösung?«

»Ich …«

»Ich werde Ihnen eine zweite Chance geben, die Himmlische Matratze zu gewinnen, die anatomische Wolke, auf der man sogar mit geschlossenen Augen schlafen kann. Weil Sie anscheinend immer noch schlafen, nicht wahr,

Dona Maria? Ich mache nur Spaß. Soll ich die Frage wiederholen, Dona Maria?«

»Ja, ich …«

»Wann zieht die Frau ihre Wäsche am schnellsten runter? Vorsicht bei dem, was Sie jetzt sagen, Dona Maria. Das ist eine Sendung für die Familie.«

»Sendung?«

»Wir sind live dabei, Dona Maria. Die Stimme des Glücks, mit Amaro Amaral, dem Mann fatal. Sagen Sie was, Sie haben noch eine Minute. Wachen Sie auf, Dona Maria!«

»Ich bin etwas benommen. Ich habe einige Tabletten …«

»Was ist denn los, Dona Maria? Glück kauft man nicht in der Apotheke. Also. Und die Lösung?«

»Ich habe eine ganze Schachtel genommen. Ich wollte mich umbringen.«

»Sagen Sie doch nicht sowas, Dona Maria! Wie häßlich. Die Welt ist so gut.«

»Nein, das ist sie nicht.«

»Dona Maria, geben Sie mir Ihre Adresse, damit ich einen Arzt zu Ihnen schicken kann.«

»Nein, ich …«

»Regie, bitte. Kann man die Nummer von Dona Maria und Ihre Adresse herausfinden? Dona Maria, warum haben Sie das getan? Haben Sie Familie, Dona Maria? Wie ist denn Ihr Nachname?«

»Einsam …«

»Maria Einsam. Hallo, Familie Einsam. Helfen Sie Dona Maria!«

»Seit einem Jahr warte ich darauf, daß dieses Telefon läutet. Seit einem Jahr. Heute läutet es und …«

»Und es ist die Stimme des Glücks, Dona Maria. Amaro Amaral, Ihr Morgenfreund. Dona Maria, hören Sie mich?«

»Einigermaßen.«

»Legen Sie nicht auf, Dona Maria! Wir werden Ihnen helfen. Passen Sie auf, Dona Maria. Sensationell. Man hat mir gerade einen Zettel gegeben. Der Sponsor sagt, Sie brauchen das Rätsel nicht zu lösen, Sie haben bereits die Himmlische Matratze, die anatomische Wolke gewonnen. Sehen Sie nur, was Sie verpassen würden, Dona Maria. Die Welt ist gut.«

»Ein Jahr hat es nicht geläutet ...«

»Hallo, Dona Maria. Wo sollen wir die Matratze hinschicken? Ich werde sie Ihnen persönlich überbringen, Dona Maria, Amaro Amaral, Ihr Morgenfreund. Also. Geben Sie uns Ihre Adresse, damit ...«

»Einsam ...«

»Achtung. Der Chef vom Dienst hat mir gerade erlaubt, die Lösung des Rätsels preiszugeben. Sie werden die Antwort erfahren, Dona Maria, und dazu gewinnen Sie noch die sensationelle Himmlische Matratze, die anatomische Wolke, ohne was zu tun. Schreiben Sie auf, Dona Maria. Legen Sie nicht auf.«

»Ein Jahr ... nichts ... niemand ...«

»Legen Sie nicht auf, Dona Maria. Hat man denn diese Adresse noch nicht herausgefunden? Achtung, Dona Maria, die Frage war, wann die Frau ihre Wäsche am schnellsten runterzieht. Die Antwort ist, wenn es zu regnen anfängt. Die Frau läuft zur Wäscheleine und zieht die Wäsche runter, verstehen Sie, Dona Maria?«

»Ahn ...«

»Die Frau läuft ... Hallo, Dona Maria? Dona Maria?«

(Klick)

Tiergeschichten

Dona Casemira lebte allein mit ihrem Hündchen. Sie hatte das schwarzweiße Tierchen eines Tages auf der Straße gefunden und nach Hause mitgenommen, damit es sie im Alter begleite. Arme Dona Casemira.

Dona Casemira wachte jeden Morgen auf und rief:

»Dudu!«

Das Hündchen, das im hinteren Teil der Wohnung schlief, hob den Kopf.

»Komm, Dudu!«

Das Hündchen kam nicht. Dona bereitete dem Hündchen das Futter und brachte es ihm.

»Bist du hungrig, Dudu?«

Sie stellte ihm den Napf vor die Füße.

»Nun friß aber schön, ja, Dudu?«

Dona Casemira sprach den ganzen Tag mit dem Hündchen.

»Scheußlicher Tag, nicht, Dudu?«

»Wollen wir fernsehen, Dudu?«

»Gehen wir spazieren, Dudu?«

Sie gingen auf die Straße. Dona Casemira sprach fortwährend mit ihrem Hündchen.

»Bist du müde, Dudu?«

»Hast du auch schön Pipi gemacht, Dudu?«

»Gehen wir wieder heim, Dudu?«

Dona Casemira und ihr Hündchen lebten sieben, acht Jahre miteinander. Bis Dona Casemira starb. Auf der Beerdigung von Dona Casemira saß das Hündchen mit erstarrtem Blick in einer Ecke. Irgendwann seufzte es dann und murmelte:

»Arme Dona Casemira …«

Die Verwandten und Freunde schauten sich an. Wer hatte das gerade gesagt? Es bestand kein Zweifel, es mußte der Hund gewesen sein.

»Was … was hast du gerade gesagt?« fragte das wagemutigste Enkelkind, während alle anderen überrascht zurückwichen.

»Arme Dona Casemira«, wiederholte der Hund. »Irgendwie fühle ich mich ein bißchen schuldig …«

»Weswegen denn?«

»Weil ich auf ihre Fragen keine Antwort gab. Sie fragte mich den ganzen Tag über irgend etwas. Dudu hin, Dudu her. Und ich gab nie eine Antwort. Jetzt ist es zu spät.«

Es war eine Riesensensation. Ein sprechender Hund! Holt doch das Fernsehen!

»Und warum hast du ihr nie eine Antwort gegeben?« fragte das wagemutigste Enkelkind.

»Also, ich dachte immer, das seien nur rein rhetorische Fragen …«

Und nun die Geschichte vom depressiven Papagei.

Sie hatten sich einen Papagei gekauft, mit garantierter Gesprächigkeit. Er rede andauernd. Das würde sicher lustig werden! Es gibt doch nichts Lustigeres als einen plappernden Papagei, oder? Diese schamlose Stimme, diese spaßige Art. Aber dieser Papagei war ganz anders.

Als der Papagei bei ihnen eintraf, wurde er sofort von den Kindern umringt. Nach einer Weile kam einer der Jungen zum Vater und fragte:

»Vater, wer ist Kierkegaard?«

»Wer?«

Der Papagei zitierte den Kindern gerade Kierkegaard. Etwas über die Bedeutungslosigkeit des Seins vor dem Nichts. Er betonte, daß er im Gegensatz zu Kierkegaard die Antwort nicht durch eine Rationalisierung der christlichen Kosmogonie finden konnte. Der Vater schickte die Kinder fort und schaute dem Papagei ins Gesicht.

»Gib Pfötchen, Lora.«

»Warum?« fragte der Papagei.

»Wie – warum? Einfach so!«

»Diese Antwort ist inakzeptabel. Außer als Folgesatz einer breiteren Auffassung über die Grundlosigkeit des Handelns, das …«

»Es reicht!«

»Na gut, ich hör ja schon auf. Ich habe dieses zwanghafte Analysieren selbst satt. Wie sagte der Barde: ›Die Welt ist uns zuviel.‹ Aber was tun? Wir sind zur Selbstreflektion verdammt. Existieren ist reflektieren, sagte schon …«

Der Vater versuchte, den Papagei umzutauschen, aber man nahm ihn nicht zurück. Die Garantie habe sich nur auf seine Gesprächigkeit bezogen, von »lustig« habe keiner etwas gesagt. Und der Papagei hörte wirklich nicht mehr auf zu sprechen.

Eines Tages kam der Vater nach Hause und wurde von der Neuigkeit empfangen, daß die Köchin versucht habe, sich umzubringen. Wie war das möglich? Rosaura war doch immer so gut drauf?

»Es war der Papagei.«

»Der Papagei?!«

»Er hat ihr Flausen in den Kopf gesetzt. Über die Nichtigkeit des Seins und die Gleichgültigkeit des Universums, irgendwie sowas.«

So konnte es nicht weitergehen. Die Freunde kamen zu Besuch und wollten sich mit den Reden des depressiven Papageis amüsieren. Zu Anfang lachten sie sogar sehr und stellten kopfschüttelnd fest: »Schau mal einer an, ein Papagei, der philosophiert …« Aber nach einer Weile wurden sie ernst und gingen dann nachdenklich heim. Und deprimiert.

»Weißt du, einiges von dem, was er gesagt hat …«

»Ich hatte noch nie über diese eine Frage nachgedacht, die er über die Vergänglichkeit der Materie aufgeworfen hat …«

Die Nachbarn beschwerten sich. Die negativen Reden des Papageis drangen durch die Fenster in den Innenhof und von dort in die Küchen ein. Als ob sie nicht genug Sorgen mit den Lebensmittelpreisen hätten, jetzt kam noch diese Sache mit der Endlichkeit der menschlichen Existenz dazu. Der Papagei mußte zum Schweigen gebracht werden.

Da ging der Vater im Morgengrauen in die Küche. Machte das Licht an und unterbrach damit einen kritischen Diskurs des Papageis über Camus – er war nämlich Sartre-Anhänger.

Der Vater nahm ein großes Messer.

»Hm«, sagte der Papagei. »Dann wird es so sein.«

»Genau.«

»Es ist auch in Ordnung. Du hast die Macht. Und das Messer. Ich bin nur ein Papagei, gefangen in diesem Käfig. Aber hast du dir gut überlegt, was du zu machen gedenkst?«

»Es ist die einzige Lösung. Außer du versprichst, nie wieder den Mund aufzumachen.«

»Das kann ich nicht. Ich bin ein gesprächiger Papagei. Biologie ist Schicksal.«

»Dann ...«

»Warte mal. Denk einen Moment über das Unmoralische deines Handelns nach.«

»Aber du behauptest doch selbst, daß Moral ein relativer Begriff ist. Absolut betrachtet ist in einer absurden Welt kein Handeln mehr oder weniger moralisch als das andere!«

»Sicher, aber wir sprechen gerade über deine bürgerliche Moral. Wenn sie auch illusorisch ist, so existiert sie doch, solange sie dein Wertesystem bestimmt.«

»Ja, aber ...«

»Warte mal, laß mich das zu Ende führen. Setz dich hin, laß uns diese Frage ausdiskutieren. Wittgenstein meinte, daß ...«

Glossar

Araponga:
brasilianische Vogelart, deren »Gesang« an das Gegeneinander-
schlagen von Eisenstangen erinnert. Man nennt Araponga auch
einen Menschen, der laut spricht oder viel schreit

Batista:
aus Rio Grande do Sul stammender ehem. Nationalspieler der
bras. Fußballmannschaft

Carioca:
Einwohner von Rio de Janeiro

Chuí:
südlichste Grenze Brasiliens, Tor zu Uruguay

Colégio Anchieta:
Elitegymnasium der Jesuiten in der Heimatstadt des Autors, Porto
Alegre, das von der oberen Mittelschicht besucht wird

Colégio Estadual Júlio de Castilhos:
Das Júlio de Castilhos ist ein staatliches Gymnasium der Mittelschicht. Julinho ist die Abkürzung für ein anderes Gymnasium derselben Stadt

Colégio Nossa Senhora do Rosário:
katholisches Elitegymnasium in Porto Alegre

Copacabana, Abschnitt 5:
Der Strand von Copacabana wird zwecks besserer Orientierung in
Abschnitte eingeteilt

Cuper:
Verballhornung von Cooper, amerik. Begründer d. Laufens als Belastungssport

Dom Pedrito:
Kleine Stadt mitten im Bundesstaat Rio Grande do Sul

Espírito Santo:
Bundesstaat nördlich von Rio de Janeiro

Fafá de Belém:
brasilianische Sängerin aus der Stadt Belém, die neben ihrer Stimme auch ihrer üppigen Formen wegen bekannt ist

Fantástico:
Varietéprogramm am Sonntagabend im Fernsehen

Feijoada:
typisch brasilianisches Gericht, ein Eintopf aus schwarzen Bohnen und geräucherten Schweineteilen. Serviert wird dieser Eintopf mit Reis, Orangenscheiben und geröstetem Maniokmehl

Gaúchos:
Einwohner des südlichsten Bundesstaates von Brasilien, Rio Grande do Sul

Guarapari:
Strandort im Bundesstaat Espírito Santo, bekannter Kurort

IPA:
Abkürzung für »Instituto Porto Alegre«, Methodisten-Gymnasium, besucht von der Mittelschicht.

Ipanema:
Strand von Rio, der sich nördlich an die Copacabana anschließt

Leme:
Strand, der sich an die Copacabana Richtung Innenstadt anschließt

Lins, Ivan:
brasilianischer Popmusiker

Malba Tahan:
Pseudonym von Júlio César de Mello e Souza, populärer brasiliani-scher Mathematiker und Autor, 1895–1974

Millôr Fernandes:
bekannter brasilianischer Karikaturist und Autor

Mineiro:
Einwohner des Bundesstaates Minas Gerais, Mitte Brasiliens

Mocotó:
Eintopf, der aus Innereien, Pansen und Füßen vom Rind gemacht wird

Moqueca:
Gericht aus dem Nordosten Brasiliens. Fisch oder Muscheln wer-den mit viel Petersilie, Koriander, Zitronen und Zwiebeln gewürzt und in reichlich Kokosmilch und Palmöl gekocht

Nelson Ned:
beliebter brasilianischer Sänger

Neto, Delfim:
früherer brasilianischer konservativer Finanzminister

Pai-de-Santo:
Priester bei afrobrasilianischen Kulten, der sich an die Götter wendet und von ihnen Rat für die Gläubigen einholt. Der Pai-de-Santo regiert über einen Terreiro, den Ort, an dem die Kulthandlungen abgehalten werden

Pinheiro Machado, Ivan und José Antônio:
der eine Verleger der qualitätsbewußten Editora L&PM, der andere Schriftsteller

Ponte:
die Brücke, wird die Flugverbindung zwischen Rio de Janeiro und São Paulo genannt

Prestes, Luís Carlos:
bekannter brasilianischer Kommunist

Quindins:
Süßspeise aus Eigelb, Kokosraspeln und Zucker

Santos, Nilton:
berühmter Fußballspieler der ehemaligen brasilianischen National-mannschaft

UDR:
União Democrática Rural – Institution der Großgrundbesitzer, die eine reaktionäre Politik vertritt. Sie arbeitet gegen die Bewegung der Landlosen und der Arbeiterpartei und versammelt in sich die gesamte rurale Aristokratie

Zico:
aus Rio stammender Nationalspieler der bras. Fußballmannschaft, in der Weltmeisterschaft 98 Coach zusammen mit Zagallo